W0463522

HET ZOUTPAD

Raynor Winn

Het zoutpad

Over oude wegen naar
een nieuw begin

Uitgeverij Balans

Eerste druk, januari 2019
Eenentwintigste druk, november 2020

Oorspronkelijke titel *The Salt Path*
Oorspronkelijke uitgever Michael Joseph/Penguin Random House UK
Copyright © 2018 Raynor Winn
Copyright Nederlandse vertaling © 2019 Annemie de Vries/Uitgeverij Balans, Amsterdam

Alle rechten voorbehouden.

Omslagontwerp Suzan Beijer
Omslagillustratie © Angela Harding
Typografie en zetwerk Adriaan de Jonge
Druk Bariet, Meppel

ISBN 978 94 638 2105 6
NUR 320

www.uitgeverijbalans.nl

facebook.com/uitgeverijbalans
twitter.com/balansboeken
instagram.com/uitgeverijbalans
uitgeverijbalans.nl/nieuwsbrief

Inhoud

Voor het team

South West Coast Path

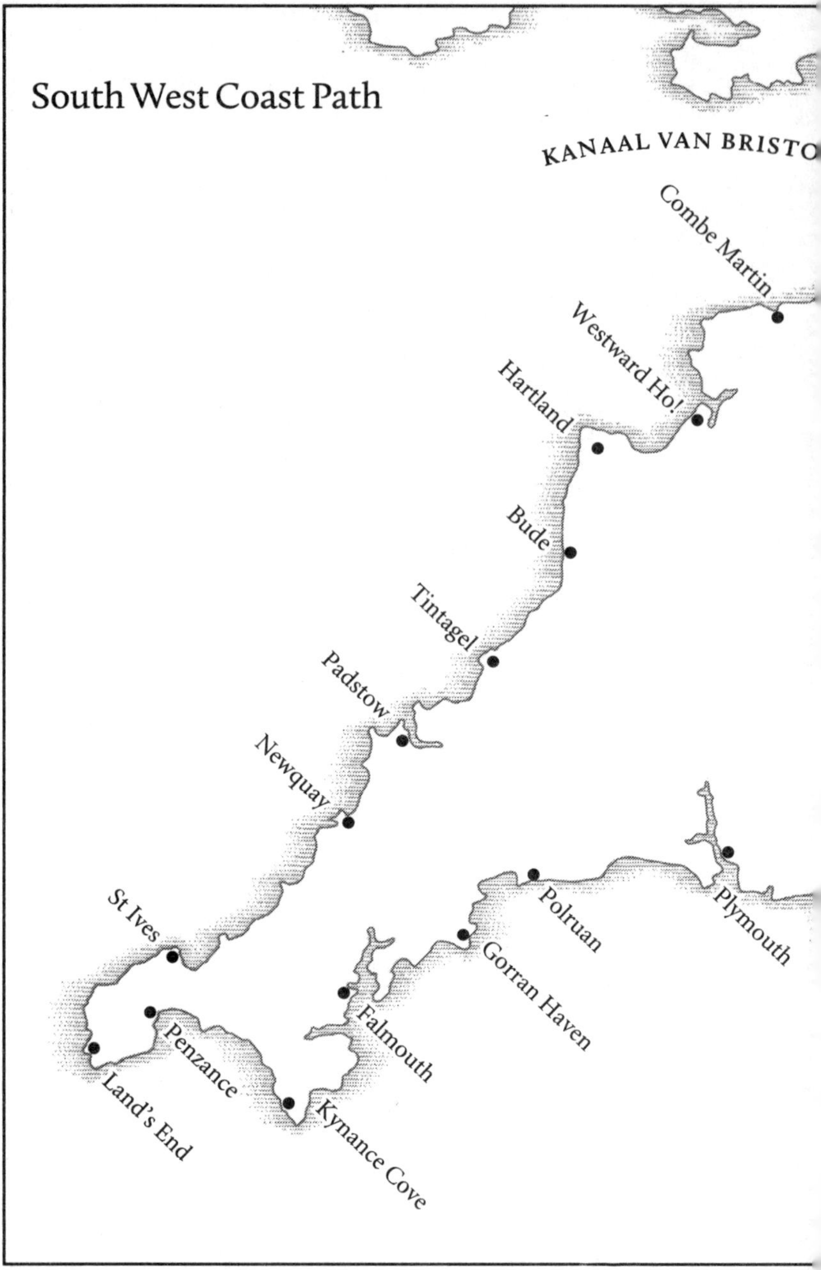

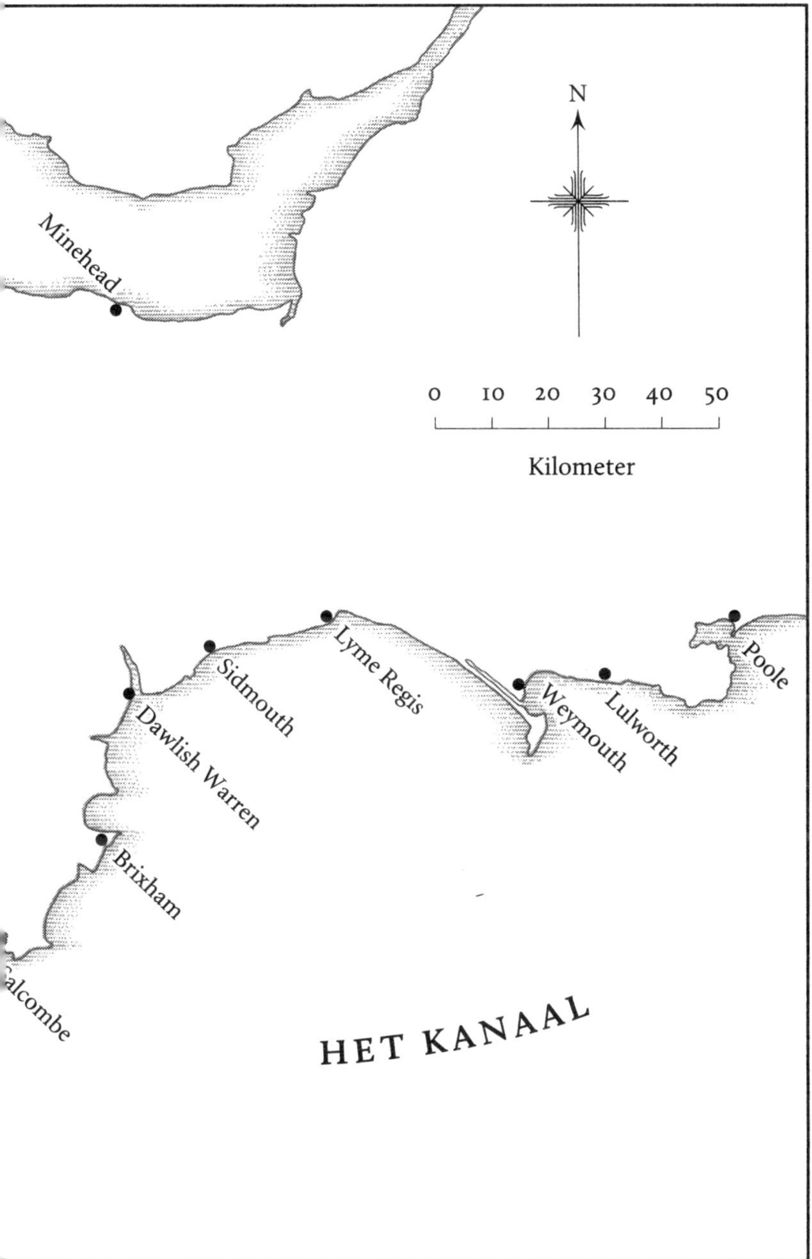

Minehead
N
0 10 20 30 40 50
Kilometer
Lyme Regis
Sidmouth
Dawlish Warren
Brixham
Salcombe
Weymouth
Lulworth
Poole
HET KANAAL

Proloog

Van dichtbij heeft de branding een heel eigen geluid. Op de achtergrond het onmiskenbare gebulder, daarbovenuit het ruisen van de brekende golf en dan de zuigende klank van het terugstromende water. Het was donker, er was nauwelijks een sprankje licht, maar al zag ik het niet, ik herkende de kracht van het neerslaande water en wist dat het dichtbij moest zijn. Ik probeerde logisch na te denken. We hadden onze tent ruim boven de vloedlijn opgezet; beneden ons liep het strand af en het hoogste punt van het water lag nog daar voorbij: het kon niet bij ons komen; we stonden hier goed. Ik liet mijn hoofd weer op mijn opgerolde vest zakken en probeerde de slaap weer te vatten. Néé, we stonden hier niet goed, we stonden hier helemaal niet goed. Het ruisen en zuigen klonk niet van beneden, het was vlakbij.

Ik worstelde me door de groene donkerte in de tent en ritste de flap open. Maanlicht viel schuin over de toppen van de kliffen en liet het strand beneden volkomen donker, maar verlichtte het opstuivende schuim van de brekende golven en het water dat al over de zandhelling likte tot nog maar een paar meter van onze tent. Ik schudde aan de slaapzak naast me.

'Moth, Moth, het water, het komt eraan.'

We propten de zware spullen in onze rugzakken, schoten onze schoenen aan, rukten de haringen los en pakten de tent in zijn geheel op, met onze slaapzakken en kleren er nog in, zodat het grondzeil doorzakte tot op het zand. Als een reusachtige groene krab holden we het strand over naar wat gisteravond een smal stroompje had geleken met zoet water dat naar de zee liep, maar nu een geul van een meter diep was vol zeewater dat in de richting van het klif stroomde.

'Ik kan hem niet hoog genoeg houden. De slaapzakken worden drijfnat zo.'

'Nou, doe iets, anders worden niet alleen de slaa...'

We holden terug naar de plek vanwaar we gekomen waren. Toen de golf zich terugtrok, zag ik hoe de geul afvlakte tot een brede strook water van maar zo'n dertig centimeter diep. Weer holden we het strand over, terwijl de volgende golf ver boven de helling omsloeg en over het zand naar ons toe stroomde.

'Wacht tot het water zich weer terugtrekt, en ren dan naar de andere kant van de geul en over het strand omhoog.'

Ik wist niet wat ik zag. Deze man, die nog maar twee maanden geleden nauwelijks zonder hulp zijn jas aan kon krijgen, stond nu in zijn onderbroek op een strand, met een opgezette tent in zijn handen en een rugzak op zijn rug, en zei: 'Rennen.'

'Rennen, rennen, rennen!'

We plonsden door het water met de tent zo hoog mogelijk en ploegden wanhopig het strand op, terwijl de golf tegen onze kuiten brak en het water ons mee terug naar zee probeerde te zuigen. Struikelend worstelden we ons door het mulle zand, met onze schoenen vol zout water. Aan de voet van het klif lieten we de tent vallen.

'Weet je, ik geloof nooit dat deze kliffen stabiel zijn. We moeten een eind verderop gaan staan.'

Wat? Hoe kon hij zo voorzichtig doen om drie uur 's morgens?

'Nee.'

We hadden 391 kilometer gelopen, 36 nachten wildgekampeerd, en al die tijd voornamelijk op droogvoer geleefd. Volgens het routeboekje van het South West Coast Path hadden we in achttien dagen op dit punt moeten aankomen, via de heerlijkste eetgelegenheden en de gerieflijkste overnachtingsadressen met zachte bedden en warm water. Dat tijdschema en al dat comfort lagen buiten ons bereik, maar dat kon me niet schelen. Moth rende bij maanlicht over het strand in een gescheurde onderbroek die hij al vijf dagen aanhad en met een opgezette tent boven zijn hoofd. Het was een wonder. Beter kon het niet worden.

Het werd al licht boven Portheras Cove, terwijl we onze rugzakken inpakten en theezetten. Weer een dag. Weer een dag lopen. Nog maar 623 kilometer te gaan.

DEEL EEN

Het licht in

'Muze, zing van de vindingrijke man
Die lang over de wijde wereld zwierf.'

Homeros, *Odyssee*, vertaling Bertus Aafjes

1

Stof van het leven

Ik zat onder de trap toen ik besloot te gaan wandelen. Op dat moment had ik er nog niet bij stilgestaan hoe het was om 1014 kilometer te lopen met een rugzak op mijn rug. Ik had geen idee of ik me dat wel kon veroorloven, wist niet dat ik bijna honderd nachten wild zou kamperen, of wat ik daarna zou gaan doen. Ik had de man met wie ik al tweeëndertig jaar samen was, niet verteld dat hij met me meeging.

Nog maar een paar minuten daarvoor had het een goed idee geleken ons onder de trap te verstoppen. Om negen uur die ochtend begonnen de mannen in het zwart op de deur te bonken, maar we waren er niet klaar voor. We waren niet klaar om los te laten. Ik had meer tijd nodig: nog een uur, een week, een leven. Er zou nooit tijd genoeg zijn. Dus hurkten we samen onder de trap, dicht tegen elkaar aan, en fluisterden als bange muizen, als stoute kinderen, die wachten tot ze ontdekt worden.

De deurwaarders liepen om naar de achterkant van het huis, tikten op de ramen, probeerden alle deurknoppen, om te zien of ze binnen konden komen. Ik hoorde hoe een van hen op de tuinbank klom en iets riep terwijl hij tegen het bovenraampje van de keuken duwde. Net op dat moment viel mijn oog op het boek in een verhuisdoos. Als twintiger had ik *Five Hundred Mile Walkies* gelezen, het verhaal van een man die met zijn hond het South West Coast Path loopt. Moth zat vlak naast me, met zijn hoofd op zijn knieën en zijn armen eromheen, verdedigend, vol pijn en angst en woede. Woede vooral. De afgelopen drie jaar waren één groot slagveld geweest. Het leven had alle munitie verzameld die het kon vinden en die met volle kracht op hem afgeschoten. Hij was uitgeput van woede. Ik legde mijn hand op zijn haar. Ik had dat haar gestreeld toen het lang en blond was, en er zeezout, takjes hei en jeugd in zaten; toen het bruin was en korter, met bouwgips en speelklei van de kinderen erin; en nu was het zilver, dunner en zat het vol stof van ons leven.

Ik had deze man leren kennen toen ik achttien was; nu was ik vijftig. We hadden samen zijn vervallen boerderij opgeknapt, steen voor steen alle muren hersteld, we hadden groenten en kippen en twee kinderen grootgebracht, een schuur ingericht voor bezoekers die ons leven kwamen delen en geld in het laatje brachten. En als we die deur uit gingen, zou dat allemaal achter ons liggen, alles achter ons, voorbij, afgelopen, uit.

'We kunnen gewoon gaan wandelen.'

Het was belachelijk om te zeggen, maar ik zei het toch.

'Wandelen?'

'Ja, gewoon wandelen.'

Zou Moth dat redden? Het was immers maar een kustpad; zo zwaar kon het niet zijn, en we konden langzaam lopen, gewoon de ene voet voor de andere zetten en de kaart volgen. Ik had heel erg behoefte aan een kaart, aan iets wat me de weg wees. Dus waarom niet? Zo moeilijk kon het niet zijn.

Die hele wandeltocht langs de kust, van Minehead in Somerset, via Noord-Devon, Cornwall en Zuid-Devon tot Poole in Dorset, leek me best te doen. Maar het idee dat wij over heuvels, stranden, rivieren en heidevelden zouden gaan lopen, leek op dat moment even ondenkbaar en onwaarschijnlijk als de mogelijkheid dat we onder de trap vandaan kwamen en de deur opendeden. Dat was iets wat anderen misschien zouden doen, wij niet.

Maar we hadden een ruïne herbouwd, onszelf leren loodgieten, twee kinderen opgevoed, onze eigen verdediging gevoerd tegenover rechters en goedbetaalde juristen, dus waarom niet?

Omdat we hadden verloren. De rechtszaak verloren, het huis verloren, en onszelf verloren.

Ik stak mijn hand uit om het boek uit de doos te pakken en keek naar het omslag: *Five Hundred Mile Walkies*. Wat klonk dat idyllisch. Ik besefte toen niet hoe meedogenloos het South West Coast Path was en wat het betekende: bijna vier keer de hoogte van de Mount Everest beklimmen, 1014 kilometer lopen over een pad van vaak maar dertig centimeter breed, in het wild overnachten, in het wild leven en elke pijnlijke actie verwerken die er de oorzaak van was dat we hier nu zaten, op dit moment, verborgen. Ik wist alleen dat we moesten gaan wandelen. En nu hadden we geen keus meer. Ik had mijn hand naar de doos uitgestoken, en nu wisten ze dat we thuis waren, ze hadden me gezien, we konden niet meer terug, we moesten vertrekken. Toen we uit het donker onder de trap vandaan kropen, draaide Moth zich naar me om.

'Samen?'

'Altijd.'

We bleven staan bij de voordeur, waarachter de deurwaarders klaarstonden om de sloten te verwisselen, ons af te grendelen van ons oude leven. We stonden op het punt het donkere, eeuwenoude huis waarin we ons twintig jaar geborgen hadden gevoeld, te verlaten. Als we eenmaal die deur door waren, konden we nooit meer terugkomen.

Hand in hand liepen we het licht in.

2

Verliezen

Wanneer begon onze voettocht: op die dag onder de trap, of op de dag dat we in Taunton uit de auto van een vriendin stapten en in de regen langs de kant van de weg achterbleven met onze rugzakken op het asfalt? Of had die tocht jaren in de lucht gehangen, had hij ergens voorbij onze horizon liggen wachten, om zich pas op ons te storten toen we echt niets meer te verliezen hadden?

Die dag in het gerechtsgebouw kwam er een eind aan een drie jaar durend gevecht, maar iets eindigt nooit zoals je verwacht. Toen we naar de boerderij in Wales verhuisden, scheen de zon, de kinderen holden om ons heen en ons hele leven lag voor ons. Een vervallen hoop stenen op een afgelegen plek aan de voet van de bergen. We stopten alles wat we hadden in de restauratie, werkten er elk vrij moment aan, terwijl de kinderen om ons heen opgroeiden. Het was ons thuis, ons bedrijf, ons toevluchtsoord, dus ik verwachtte niet dat er een eind aan zou komen in een groezelige grijze rechtszaal naast een amusementshal. Ik verwachtte niet dat er een eind aan zou komen terwijl ik voor een rechter stond en tegen hem zei dat hij het bij het verkeerde eind had. Ik verwachtte niet dat ik dan het leren jasje aan zou hebben dat de kinderen mij voor mijn vijftigste verjaardag hadden gegeven. Ik verwachtte niet dat er een eind aan zou komen.

Op mijn stoel in die rechtszaal zag ik hoe Moth aan een witte vlek op de zwarte tafel voor hem peuterde. Ik wist wat hij dacht: Hoe heeft het zo ver kunnen komen? Hij was goed bevriend geweest met de man die de financiële claim tegen ons had ingediend. Ze waren samen opgegroeid in een vriendengroep; hadden samen rondgefietst, samen rugby gespeeld, samen hun tienertijd beleefd. Hoe had het zo ver kunnen komen? Ze hadden nauw contact gehouden, ook toen anderen al weggevallen waren. Terwijl ze volwassen werden en ze elk een verschillende kant op gingen in hun leven, was Cooper zich met financiële zaken bezig gaan houden waar maar weinigen van ons iets van snapten. Toch bleef Moth met hem omgaan, bleven ze vrienden. En toen de gelegenheid zich voordeed te investeren in een van zijn bedrijven, vertrouwden we hem genoeg om die aan te grijpen en een aanzienlijke som geld in te leggen. Het bedrijf waarin we hadden belegd, ging uiteindelijk failliet, met achterlating van een aantal openstaande schulden. Ongemerkt kwam het gevoel op dat we geld verschuldigd waren. In het begin negeerden we het, maar na verloop van tijd ging Cooper steeds meer aandringen dat wij die schulden aflosten, omdat we daartoe volgens de overeenkomst verplicht waren. Aanvankelijk vond Moth de breuk in hun vriendschap erger dan de financiële claim, en zo bleef de ruzie jarenlang tussen hen rommelen. Wij wisten zeker dat we niet aansprakelijk waren voor die schulden, want dat stond niet met zoveel woorden in de overeenkomst, en Moth was er vast van overtuigd dat zij er uiteindelijk wel met z'n tweeën uit zouden komen. Tot de dag dat we per post een dwangbevel voor die aflossing kregen.

Ons spaargeld werd al snel opgeslokt door de honoraria voor advocaten. Sindsdien werden we 'een partij die zichzelf vertegenwoordigt', gewoon een nummer in de massa mensen zonder juridische vertegenwoordiging, een verschijnsel dat de overheid heeft gecreëerd met de recente hervorming van de rechtsbijstandsregelingen, waardoor wij geen recht meer hadden op een pro-Deoadvocaat, omdat onze zaak 'te gecompliceerd' werd geacht om voor rechtsbijstand in aanmerking te komen. Die hervorming mag dan 350 miljoen pond per jaar aan bezuinigingen hebben opgeleverd, maar heeft er ook voor gezorgd dat kwetsbare mensen geen toegang meer hebben tot het recht.

De enige tactiek die wij konden inzetten, was vertragen, vertragen, en nog meer vertragen, tijd winnen, terwijl we ondertussen contact hielden met juristen en accountants, en probeerden zwart op wit bewijs te vinden waarmee we de rechter of de jury konden overtuigen van de waarheid: dat onze interpretatie van de oorspronkelijke overeenkomst klopte, en dat wij niet aansprakelijk waren voor de schulden. Zonder advocaat aan onze zijde werden we telkens afgetroefd, en er kwam een aanschrijving op de boerderij als onderpand voor de betaling van het geld dat Cooper eiste.

We hielden onze adem in, en toen gebeurde het: er werd beslag gelegd op onze plek, op het huis en het land, op elke steen die we zo zorgvuldig hadden geplaatst, de boom waarin de kinderen vroeger altijd speelden, het gat in de muur waar de pimpelmezen nestelden, het losse stuk lood bij de schoorsteen waar de vleermuizen woonden. Beslag op alles. Wij bleven vertragen, dienden bezwaarschriften in, verzoeken om uitstel, tot we eindelijk dachten dat we het hadden, het glanzend witte licht van een stuk papier dat bewees dat Coopers claim niet terecht was, aangezien wij hem niets verschuldigd waren. Na drie jaar en tien rechtszittingen hadden we het bewijs waarmee we ons huis konden redden. We hadden kopieën gestuurd naar de rechter en de advocaat van de tegenpartij. We waren er klaar voor. Ik had mijn leren jasje aan, ik was zo zeker van mijn zaak.

De rechter zat door zijn papieren te bladeren alsof wij er niet waren. Ik keek opzij naar Moth, omdat ik behoefte had aan een geruststellende blik, maar hij zat recht voor zich uit te kijken. De afgelopen paar jaar hadden hun tol geëist; zijn dikke haar werd dunner en wit, en zijn huid had een wasachtige, grijzige tint gekregen. Het leek of er een gat in hem was geslagen; zelf was hij goed van vertrouwen, eerlijk en vrijgevig, en dit verraad van zo'n vertrouwde vriend had hem heel diep geraakt. Een voortdurende pijn in zijn schouder en arm vrat aan zijn krachten en leidde zijn gedachten af. Voor ons moest het gewoon klaar zijn nu, we moesten verder met ons normale leven en ik wist zeker dat hij zich dan beter zou gaan voelen. Maar ons leven zou nooit meer zo normaal worden.

Ik stond op, mijn benen voelden slap aan, alsof ze onder water bungelden. Ik klemde me aan het stuk papier in mijn hand vast als aan een anker. Ik hoorde meeuwen buiten ruziemaken met opgewonden, afleidende kreten.

'Goedemorgen, meneer. Ik hoop dat u het nieuwe bewijsmateriaal hebt gekregen dat maandag aan u is opgestuurd.'

'Dat heb ik ontvangen, ja.'

'Als ik mag wijzen op dat bewijs...'

De advocaat van Cooper stond op en trok zijn das recht, zoals hij altijd deed voordat hij de rechter aansprak. Zelfverzekerd. Meester over de situatie. Alles wat wij niet waren. Ik wilde zo graag een advocaat, ik smeekte erom.

'Meneer, deze informatie, die u en ik allebei hebben ontvangen, is nieuw bewijsmateriaal.'

De rechter keek mij verwijtend aan.

'Is dit nieuw materiaal?'

'Nou, ja, we hebben het pas vier dagen geleden in handen gekregen.'

'In dit stadium kan geen nieuw bewijs meer worden ingediend. Ik kan het niet aanvaarden.'

'Maar het bewijst alles wat we de afgelopen drie jaar hebben gezegd. Het bewijst dat wij de eiser niets verschuldigd zijn. Het is de waarheid.'

Ik wist wat er kwam. Ik wilde de tijd bevriezen, hem stilzetten op dat moment, voorkomen dat de volgende woorden zouden klinken. Ik wilde Moths hand vastpakken, opstaan en de rechtszaal uit lopen, er nooit meer aan denken, naar huis gaan en de haard aansteken, met mijn handen de stenen muren strelen, terwijl de kat zich opkrulde in de warmte van het vuur. Weer ademen zonder die druk op mijn borst, aan ons huis denken zonder de angst het te verliezen.

'U kunt niet met bewijsstukken komen zonder de juiste juridische procedure. Nee, ik ga mijn vonnis uitspreken. Ik wijs de eiser het bezit toe. U dient het pand binnen zeven dagen te verlaten, om negen uur 's morgens op die dag. Goed, dan nu over naar de kosten. Wilt u nog iets zeggen over de proceskosten?'

'Ja, u maakt een grote fout, hier klopt niets van. En nee, ik wil het niet over de proceskosten hebben, we hebben toch geen geld, u neemt ons ons huis af, ons bedrijf, ons inkomen, wat wilt u nog meer?' Ik greep me aan de tafel vast, terwijl de vloer onder me wegzakte. Niet huilen, niet huilen, niet huilen.

'Daar hou ik rekening mee en ik wijs de eis voor het betalen van de proceskosten af.'

Mijn gedachten dreven weg, op zoek naar een veilige plek. Moth maakte een beweging in zijn stoel en ik kon de geur van warm droog grind en vers gesnoeide buxus die uit zijn jasje opsteeg bijna aanraken. Op dat grind hadden de kinderen hun knieën geschaafd toen ze leerden fietsen, en slipten ze als ze wegreden naar de universiteit. De rozen stonden in volle bloei en hingen als wattenbollen over de buxushaag; ik zou binnenkort de uitgebloeide bloemen eruit halen.

'Ik wil beroep aantekenen.'

'Nee, ik ontzeg u het recht op beroep. Deze zaak heeft al veel te lang geduurd; u hebt kansen genoeg gehad om met bewijzen te komen.'

De ruimte kromp, de muren kwamen op me af. Het telde niet dat we dit bewijs nog maar pas hadden gevonden, of dat daar de waarheid in stond; het enige wat telde, was dat ik het niet op de juiste manier had ingediend, dat ik niet de juiste procedure had gevolgd. Wat moest ik doen, wat moesten we doen, wat moest ik met de kippen, wie zou het oude schaap 's morgens een snee oud brood geven? Hoe konden we in een week tijd de hele boerderij leeg krijgen, hoe moest het met de gezinnen die een vakantie hadden geboekt, met de katten, met de kinderen? Hoe kon ik de kinderen vertellen dat we hun thuis hadden verloren? Ons thuis. Verloren omdat ik de procedures niet kende. Ik had een simpele basisfout gemaakt: ik had geen officieel verzoek gedaan om nieuw bewijsmateriaal te mogen indienen. Ik wist niet dat dat moest. Ik was zo blij geweest, zo zeker van mijn zaak, ik had het gewoon opgestuurd. Ik had mijn volmaakte witte stuk papier met de volmaakt heldere waarheid verspild. En nu hadden we alles verloren. Geen geld meer, geen huis.

We deden de deur van de rechtszaal achter ons dicht en liepen stijf en zwijgend door de gang. Ik wierp een blik op de advocaat in de zijkamer en wilde doorlopen, maar Moth ging naar binnen. Nee, Moth, nee Moth, sla hem niet. Ik voelde alle woede, alle spanning van de afgelopen drie jaar. Maar hij stak de advocaat zijn hand toe.

'Het is al goed, ik weet dat u alleen maar uw werk doet, maar het was de verkeerde beslissing, dat weet u ook wel, hè?'

Hij nam Moths hand aan en schudde die.

'Het is de beslissing van de rechter, niet van mij.'

Ik huilde nog steeds niet, maar binnen in me steeg een geluidloos gejammer op, dat zich vastklemde in mijn borst en me bijna de adem benam.

Ik stond in het weiland achter het huis, onder de gespleten es, waarin de kinderen tijdens de grote sneeuwval van '96 een iglo hadden gebouwd. Ik scheurde een snee witbrood in zes stukken, een ritueel dat de afgelopen negentien jaar het begin van elke dag had gemarkeerd. De oude ooi snuffelde aan mijn hand en haar zachte lippen pakten het brood aan: ze was negentien jaar oud, had geen tanden meer, maar nog steeds een gezonde eetlust. De kinderen hadden haar Smotyn genoemd, Welsh voor 'gevlekt'. Nu was ze een knorrige oude ooi, met een mottige zwart met witte vacht en twee gammele hoorns. Of eigenlijk nog maar één, ze had de andere er een paar jaar eerder af gestoten toen ze al te haastig haar kop in een emmer voer stak. Tom had de hoorn bewaard en die lag nu samen met zijn fossielen en Pokémonkaarten in de schatkist die hij had meegenomen toen hij het huis uit ging om te gaan studeren. Toen Rowan drie jaar was, had ik haar in ons busje meegenomen voor een rit van zestig kilometer. Bij een boerderij tegen een helling met uitzicht op zee kochten we drie springerige, gevlekte lammetjes. Ze zette een keel op toen ik haar niet bij de lammetjes achterin liet zitten, dus ik gaf toe en reed naar huis met het hele span op het stro achter in het busje. Sindsdien hadden deze dieren deel uitgemaakt van ons leven, van ons gezin. Ze hadden in de loop der jaren veel lammetjes gekregen, maar nu was alleen Smotyn nog over, haar zusters waren gestorven en ik had de andere schapen het vorige jaar aan een andere fokker verkocht, op een punt in de rechtszaak dat we dachten dat we niet verder konden en zouden gaan verliezen. Ik had het niet over mijn hart kunnen verkrijgen Smotyn ook weg te doen: niemand anders zou haar willen onderhouden op haar leeftijd; de gemiddelde levensduur voor een schaap is zes tot zeven jaar, en dan wordt het verwerkt tot hondenvoer of vleesballetjes. De dag na de uitspraak van de rechtbank had ik de kippen naar een vriendin gebracht, maar daar was geen plaats voor Smotyn. Nu hobbelde ze over het weiland, gehuld in wolken paardenbloempluisjes, naar de plek onder de beukenbomen waar het gras altijd droog was. Allebei kenden we dat weiland alsof het een deel was van onszelf. Hoe zou ons leven eruitzien als we dat niet hadden?

Over vijf dagen zouden we allebei dakloos zijn; dan zouden we het weten.

Wat ik niet wist, wat ik niet kon weten, was dat het geen vijf dagen zou duren voordat mijn leven voorgoed zou veranderen, voordat alles wat mij overeind hield plotseling onder me in drijfzand veranderde. Dat zou de volgende dag gebeuren.

We zaten in een spreekkamer van een ziekenhuis in Liverpool. Eindelijk zouden we de uitslag krijgen van jarenlang medisch getreuzel en zouden we weten wat de oorzaak was van Moths schouderpijn. Na een leven van lichamelijk werk had een arts tegen hem gezegd: ‘Pijn is normaal, het is niet zo vreemd dat je pijn voelt wanneer je je armen optilt of dat je een beetje struikelt onder het lopen.' Anderen hadden wel hun twijfels gehad over een lichte trilling in zijn hand en een doof gevoel in zijn gezicht. Maar deze arts was de beste, toonaangevend op zijn terrein, het echte werk. Hij zou ons gaan vertellen dat het een gescheurde pees was of zoiets en wat daaraan gedaan kon worden; dat het gebeurd was toen Moth jaren geleden door het dak van de schuur viel – misschien was er toen ergens iets beschadigd. Hij zou ons in ieder geval vertellen hoe het weer goed kon komen. Hij zou vol autoriteit achter zijn bureau zitten en ons dat vertellen. Zonder enige twijfel.

We hadden nauwelijks een woord gewisseld tijdens de lange rit naar Liverpool, allebei weggezakt in ons eigen moeras van ontzetting en uitputting. De dagen na de rechtszitting waren één waas geweest van dozen inpakken en vuren stoken, van eindeloze krampachtige telefoongesprekken en wanhoop. Het was tot ons doorgedrongen dat we nergens heen konden. Het ergste wat had kunnen gebeuren, was gebeurd. Deze rit van zeven uur heen en terug konden we er niet bij hebben. Elk uur was kostbaar, elk uur om het inpakken voor elkaar te krijgen, elk uur dat we nog veilig en geborgen waren binnen die muren.

De eindeloze ritten naar wachtkamers van dokters waren zes jaar daarvoor begonnen. Vanwege de verlammende pijn in zijn schouder en arm en daarna een trilling die in zijn hand begon, vermoedden de artsen eerst dat hij de ziekte van Parkinson had, maar toen dat niet het geval bleek te zijn, dachten ze dat er misschien een zenuw was beschadigd. De kamer van deze specialist was net als al die andere: een vierkante, witte, emotieloze doos met uitzicht op het parkeerterrein. Maar deze dokter zat niet achter zijn bureau; hij kwam op een hoek van dat bureau zitten, naast Moth, legde zijn hand op Moths arm en vroeg hem hoe het met hem ging. Dat klopte niet. Dat doen dokters niet. Geen enkele dokter bij wie we waren geweest – en we hadden er al aardig wat achter de rug – had dat ooit gedaan.

'Het beste wat ik voor je kan doen, Moth, is je een diagnose geven.'

Nee, nee, nee, nee, nee. Zeg niets meer, wees stil, straks komt er iets verschrikkelijks uit die zelfgenoegzame, strakke mond van je, doe hem niet open, zeg niets.

'Ik denk dat je corticobasale degeneratie hebt, CBD. We kunnen die diagnose niet met honderd procent zekerheid stellen. Er is geen test voor, dus we zullen het pas post mortem weten.'

'Post mortem? En wanneer zal dat dan zijn, denkt u?' Moth hield zijn handen wijd uitgespreid over zijn bovenbenen, zodat hij met zijn brede vingers zoveel van zichzelf vasthield als hij maar kon.

'Tja, normaal gesproken zou ik zeggen tussen de zes en acht jaar vanaf de eerste verschijnselen. Maar bij jou verloopt het kennelijk heel langzaam, want het is al zes jaar geleden dat je voor het eerst klachten kreeg.'

'Dat moet dan wel betekenen dat u het mis hebt. Het is iets anders.' Ik voelde mijn maag omhoogkomen en zag de kamer wazig worden.

De arts keek me aan alsof ik een kind was; toen ging hij verder met zijn poging uitleg te geven over de zeldzame slopende hersenaandoening die deze prachtige man, van wie ik al sinds mijn tienertijd hield, in bezit zou nemen, eerst zijn lichaam zou vernietigen en dan zijn geest, zodat hij zou wegzakken in verwarring en dementie tot hij uiteindelijk niet meer zou kunnen slikken en waarschijnlijk zou stikken in zijn eigen speeksel. En daar konden ze niets, maar dan ook niets tegen doen. Ik kreeg nauwelijks adem; de kamer zwom voor mijn ogen. Nee, niet Moth, neem hem niet, je kunt hem niet nemen, hij is alles, hij is het allemaal, alles van mij. Nee. Ik probeerde mijn gezicht in de plooi te houden, maar vanbinnen schreeuwde ik het uit, in totale paniek, als een bij tegen een glazen ruit. De echte wereld lag daar, maar was opeens onbereikbaar.

'Maar u kunt het mis hebben.'

Waar had hij het over? Dit was niet hoe wij zouden doodgaan. Het was niet Moths leven, het was ons leven. Wij waren één, versmolten, verweven, moleculair. Niet zijn leven, niet mijn leven: ons leven. We hadden allang bedacht hoe we zouden doodgaan. Als we vijfennegentig waren, zouden we op een berg zitten, de zon zien opkomen en dan gewoon gaan slapen. Niet stikken in een ziekenhuisbed. Niet apart, gescheiden, alleen.

'U hebt het mis.'

In het busje op de parkeerplaats van het ziekenhuis klemden we ons aan elkaar vast, alsof we dit simpelweg konden tegenhouden door onze lichamen tegen elkaar aan te drukken. Als er geen licht tussen ons in was, kon niets ons scheiden, was dit niet echt waar en hoefden wij het niet onder ogen te zien. Over het gezicht van Moth liepen stille tranen, maar ik huilde niet, kon niet huilen. Als ik het wel deed, zou ik bezwijken onder een rivier van pijn die me zou wegspoelen. Ons hele volwassen leven hadden we samen geleefd. Alle dromen en plannen, alle successen en mislukkingen waren twee helften van één leven geweest. Nooit apart, nooit alleen, één.

Er waren geen medicijnen om het ziekteproces te stuiten, geen behandelingen om de ziekte op afstand te houden. De enige steun die Moth kon krijgen, was pregabaline, een medicijn om de pijn te verlichten, maar dat slikte hij al. Meer was er niet. Ik wilde dat ik naar de apotheek kon gaan om een doosje tovermiddel te kopen, wat dan ook, om de verwoesting die zich een weg door ons leven brandde, tegen te houden.

'Fysiotherapie kan helpen tegen de stijfheid,' had de dokter gezegd. Maar Moth had al een serie oefeningen die hij elke dag deed. Misschien kon hij er nog meer doen; misschien konden we zorgen dat het niet erger werd, als hij nog meer oefeningen deed. Ik klampte me vast aan elke strohalm, elk dun draadje dat me uit deze verstikkende mist van ontzetting zou kunnen trekken. Er waren geen draden, geen uitgestoken handen om mij op de veilige oever te trekken, geen sussende stem die zei: 'Alles is goed, het is maar een nare droom.' Alleen wij tweeën, die ons vastklampten aan de werkelijkheid, aan elkaar, op een ziekenhuisparkeerterrein.

'Je kunt niet ziek zijn, ik hou nog van je.'

Alsof het genoeg was van hem te houden. Het was altijd genoeg geweest, het was altijd het enige geweest wat ik nodig had, maar nu zou het ons niet redden. De eerste keer dat Moth tegen me zei dat hij van me hield, was de allereerste keer dat ik die woorden hoorde. Niemand had ooit eerder tegen me gezegd dat hij van me hield, mijn ouders of vrienden niet, niemand, en door die woorden was ik stralend, gloeiend opgetild naar de volgende tweeëndertig jaar van mijn leven. Maar woorden konden niets uitrichten tegen de zelfvernietiging van Moths hersens, tegen een eiwit dat tau heette en dat cellen opslorpte, verbindingen blokkeerde.

'Hij heeft het mis. Ik weet het gewoon, hij zit ernaast.' Hij moest ernaast zitten. De rechter had het mis gehad, dus waarom de dokter niet?

'Ik kan niet denken, niet voelen...'

'Laten we dan denken dat hij het mis heeft. Als we weigeren hem te geloven, kunnen we doorgaan met leven alsof dit niet echt waar is.' Ik kon het niet laten binnenkomen. Niets klopte, niets was echt.

'Misschien zit hij ernaast. Maar stel dat hij toch gelijk heeft? Stel dat we in dat laatste stadium komen waar hij het over had? Ik kan daar niet aan denken, ik wil niet denken...'

'Daar komen we niet; we zullen hier op de een of andere manier tegen vechten.'

Ik geloof niet in God, in een hogere macht. We leven, we gaan dood; de koolstofkringloop gaat door. Maar alstublieft, God, alstublieft laat ons daar niet terechtkomen. Als Hij bestaat had Hij zojuist de wortels van mijn leven beetgepakt en uit de grond gerukt en zo mijn hele bestaan op zijn kop gezet. We reden naar huis met de cd-speler op volle sterkte, we schuilden in het lawaai. De bergen vielen onder me weg, en de zee stortte zich over mijn hoofd, mijn wereld stond op zijn kop. Toen het busje stilhield, liep ik op mijn handen.

*

Ik werd achtervolgd door de gedachte aan stikken. Nog weken na de diagnose schrok ik elke nacht wakker, koud van het zweet en met een bonkend hoofd, panisch van een nachtmerrie waarin ik verdronk in slijm. Visioenen van Moth met een opzwellende nek, een verwrongen kaak, vechtend om lucht te krijgen tot hij stikkend aan zijn eind kwam, terwijl de kinderen en ik erbij stonden en hulpeloos toekeken.

De zwaluwen waren laat gekomen, apart of in paartjes, maar eindelijk hadden ze na hun enorme reis de weg terug naar huis gevonden, en nu doken ze weer door de beukentakken om insecten te verorberen. Was ik maar een zwaluw, vrij om naar huis te komen als ik dat wilde. Ik scheurde het brood voor Smotyn en ging naar buiten, de frisse juniochtend in. De lucht was zacht en licht, en streelde mijn gezicht met de belofte van een prachtige dag. Ik wrong me tussen de takken van de wilde perenhaag door over het hek heen. De boompjes voor die heg had ik in de uitverkoop gekocht bij een boomkwekerij; ze werden verkocht als beukjes, maar uiteindelijk bleken ze uit te groeien tot een heg met kleine blaadjes, zonder peren en nogal stekelig tegen me als ik over het hek klom. Ik wreef over de verse schrammen op mijn arm, tussen de al geheelde littekens. Het was nu niet meer de moeite waard de haag te snoeien. Het weiland was warm en geurde naar honing van de klaver die in bloei stond. De mollen waren die nacht weer flink bezig geweest, en het midden van het weiland was bezaaid met hopen fijnkorrelige aarde. Instinctief stampte ik ze plat, nog steeds begaan met het welzijn van het land, ons land. Moth had dit stukje grond terugveroverd op een overwoekerd stuk onkruid.

Hij weigerde chemische bestrijdingsmiddelen te gebruiken en had in die tijd nog geen machines, dus had hij met de hand dit stuk land van anderhalve hectare gemaaid. Het puin weg geharkt. Brandnetels uitgegraven. Hij had de afrastering hersteld door geduldig en precies honderden stenen terug te plaatsen in muurtjes die al jaren in verval waren. Het was het veld waar de kinderen van gasten eieren raapten, nog warm van onder de kippen, en in de lente de huislammetjes voerden. Wij hadden er met ons gezin eindeloos spelletjes cricket gespeeld, in het hoge gras gelegen voordat het werd gemaaid voor het hooi, en naar de sterren gekeken die langs de donkere zomerhemel omlaag vielen. Ons land.

Smotyn kwam niet. Anders kwam ze altijd naar het hek in de haag toe voor haar snee brood. Altijd. Ik liep het veld op om haar te zoeken, maar wist al wat ik zou vinden. Op haar favoriete plekje onder de beukenbomen, met haar kop op het gras, alsof ze lag te slapen. Ze wist het. Ze wist dat ze niet weg kon van haar wei, haar plek, en ze was simpelweg gestorven. Legde haar hoofd op het gras, deed haar ogen dicht en stierf. Terwijl ik haar harige kop streelde en mijn hand nog een laatste keer over de kromme hoorn liet glijden, kwam het opzetten, als een wee. Allesverterend en onbeheersbaar. Ik kroop in elkaar op het gras naast haar en snikte het uit. Ik huilde tot mijn lichaam ophield, uitgeput was, geen tranen meer overhad, uitgedroogd was door verlies. Het gras boog zich over mijn gezicht en ik lag onder de beukenbomen en probeerde te sterven, alles los te laten en vrij te zijn net als Smotyn, vrij om met de zwaluwen mee te vliegen en niet het vertrek van deze plek of Moths aftakeling te hoeven meemaken. Laat me nu doodgaan, laat mij degene zijn die gaat, laat me niet alleen achterblijven, laat mij sterven.

Ik haalde de schop en begon te graven, om Smotyn naast haar zusters in hun wei te ruste te leggen. Moth kwam het huis uit en we groeven samen het gat, zwijgend, want we weigerden te praten, weigerden het steeds groter wordende gat te zien. Het duister waar we de dag daarvoor in hadden gestaard, was nog te schokkend, te nieuw voor ons om te erkennen dat het bestond, zelfs als idee. Ik legde een theedoek over haar kop; we konden niet aanzien hoe de aarde over haar gezicht viel. Ze was weg. Het was voorbij. De droom die de boerderij was geweest, was met haar begraven.

3

Aardverschuiving

Nadat we voor de laatste keer de deur achter ons dicht hadden getrokken, hadden we twee weken de tijd om onze weinige bezittingen op te slaan in de schuur van een vriend en te bedenken wat we nu moesten doen. De kinderen konden ons niet helpen: ze studeerden allebei, woonden op kamers en hadden zelf nauwelijks genoeg geld om het hoofd boven water te houden. Moths broer was met vakantie, en we mochten zolang zijn huis gebruiken, maar hij zou al over twee weken terugkomen met zijn gezin, en dan was er geen plaats meer voor ons en moesten we vertrekken. Het was dertig kilometer van ons huis, verderop aan dezelfde weg, maar we konden niet terug. Het was een kwelling. Nog totaal verdwaasd na het vertrek uit ons huis, en terwijl we probeerden te bevatten wat de dokter had gezegd, leefden we die eerste dagen in een bijna catatonische mist.

Als je het logisch bekeek, zouden we hard moeten werken en een huurwoning moeten zoeken. Niet alleen ons huis was ons afgenomen, ook ons vakantieverhuurbedrijf. Ons inkomen was weg. We zouden werk moeten vinden, zodat we ons leven weer konden opbouwen. Maar wij hadden het probleem dat ons leven samen misschien beperkt was tot een korte periode van relatief goede gezondheid, gevolgd door aftakeling, verlamming en de dood. Ik kon hem niet alleen achterlaten en zelf uit werken gaan – ik moest elke minuut van zijn kostbare maar fragiele gezondheid bij hem zijn. Ik moest elke herinnering bewaren om met me mee te nemen naar een eenzame toekomst.

Ik haatte de dokter, zoals hij daar op de rand van zijn bureau zat en zijn diagnose afleverde alsof hij ons een geschenk gaf. 'Het beste wat ik nu voor je kan doen, Moth, is je een diagnose geven.' Het was het allerergste wat hij kon doen. Kon hij die diagnose maar weer meenemen en mij laten doorleven zonder het te weten. Ik wilde niet elke keer als ik Moth aankeek de zwarte leegte van mijn toekomst zien. We strompelden door die dagen heen alsof we van een slagveld kwamen, gewond, ondersteboven en ontheemd.

Misschien konden we een tijdlang gaan kamperen tot we iets beters vonden; maar het beste aanbod dat we van een camping kregen, was tachtig pond per week, veel meer dan we ons konden veroorloven, en er bestond geen huursubsidie voor het huren van een kampeerplek. We kenden geen mensen die een kamer overhadden of een tuin die ze langer dan een paar weken wilden opofferen. En we hadden een plek nodig waar we onze gedachten op orde konden krijgen en alles wat er was gebeurd konden verwerken. Er waren geen caravans vrij in een vakantieoord waar midden in de zomer elke caravan bezet is door vakantiegangers die heel wat meer betalen dan huursubsidie.

In een ideale wereld zouden we iets hebben gevonden wat we konden huren, maar het werd al snel duidelijk dat het vrijwel onmogelijk is om een huurhuis te krijgen als er beslag op je huis is gelegd. We hadden een kredietwaardigheid van nul. De gemeente kon ons op de wachtlijst zetten als we dat wilden, maar we waren niet urgent en het enige onderdak dat ze ons op dat moment konden bieden, was een kamer in een pension waar voornamelijk mensen met alcohol- en drugsproblemen huisden. Een meisje met een strakke donkere paardenstaart achter een bureau in het gemeentehuis zei in een zwaar Welsh accent tegen ons: 'Tja, als u niet binnenkort doodgaat, bijvoorbeeld over een jaar, kan ik u niet urgent verklaren, toch?' Toen wisten we het zeker: we woonden nog liever in een tent.

Terug in het huis van Moths broer staarde ik versuft uit het raam, niet in staat een uitweg te bedenken.

'Ik ben er eigenlijk wel blij om. Ik moet er niet aan denken om vlak bij de boerderij in zo'n sociale huurwoning te wonen. Daar zou ik aan onderdoor gaan.' En dat niet alleen, we zouden die hechte plattelandsgemeenschap ook maandenlang stof tot roddel geven.

'Ik weet het. Op de boerderij konden we ons voor iedereen afsluiten, hè? Op ons eigen eiland.'

Dat was de boerderij voor ons geweest, in alle opzichten: een eiland. Zodra we de grote weg af gingen en het bos in reden, lieten we de rest van de wereld achter ons. Voorbij de bomen opende zich een nieuw uitzicht, alsof we in een andere wereld waren beland. Naar alle kanten een landschap met historische indelingen en elementen zoals de kleine taluds met een heg erop rond de weilanden. Bergen die in het westen hoog oprezen en zich naar het oosten uitstrekten en waar een tere, zachte wolk tussendoor slingerde. Een grote buizerd hief zijn vleugels, cirkelde langs de hemel en bleef dan in de blauwe lucht hangen, ergens tussen de boomtoppen en de bergen. De wereld van de weg, de dorpen en het menselijke lawaai bleef achter, wanneer het bos de deur achter ons dichtdeed. Maar nu waren we op drift geraakt en we hadden geen veilige haven om naar terug te keren, terwijl we op een vlot van wanhoop door de mist ronddreven, zonder te weten waar we aan de oever zouden komen en of er nog wel een oever was.

Moth stond voor het raam en keek uit over de met brem en heide begroeide helling. Thuis, maar geen thuis.

'Ik geloof niet dat ik ertegen kan om hier te blijven. Ik moet wat afstand scheppen tussen Wales en ons; het is te pijnlijk om te blijven. Ik weet niet hoe het op de langere termijn zal zijn, en of ik een langere termijn heb, maar nu heb ik er behoefte aan om ergens anders te zijn. Om op zoek te gaan naar een andere plek die we thuis kunnen noemen.'

Ik ademde diep in.

'Laten we dan onze rugzak inpakken en zien wat er gebeurt.'

'Dan wordt het dus het South West Coast Path.'

Een rugzak inpakken is op je vijftigste iets heel anders dan op je twintigste. De laatste keer dat we hadden gepakt voor een wandeltocht, was voordat de kinderen waren geboren, toen Moth nog lang haar had en ik zeven kilo lichter was. Toen hadden we alles in de rugzakken gepropt wat we nodig dachten te hebben en het gewoon meegetorst met ons jonge lijf dat zich gemakkelijk herstelde van vermoeidheid en blessures. We hadden het Lake District en Schotland doorkruist en elke dag kilometers afgelegd, maar wel bijna elke nacht op een camping gestaan, heel zelden in het wild. Nu was het dertig jaar later en had ik de pijntjes van twintig jaar lichamelijk werk, schade die nooit helemaal herstelt, maar boosaardig op de achtergrond blijft. Ik was stijf van drie jaar vechten in een rechtszaak, gebogen over de laptop terwijl ik probeerde onze verdediging op te bouwen, en mijn spieren konden bij elke draai of wending gemakkelijk beschadigd raken. En Moth? Hoe zou hij ooit het gewicht van vroeger kunnen dragen? We pakten de rugzak net zo in als we dat in het verleden zouden hebben gedaan en tilden hem opgewekt op naar zijn rug. Een rugzak van zestig liter, volgepropt met onze oude oranje canvas tent en twee enigszins roestige kampeerpannen. Twee rondjes door de kamer en hij zakte kermend door zijn knieën.

'Haal hem eraf. Dit kan ik niet.'

'Dan moeten we zien dat we andere spullen krijgen. Een lichtere tent om te beginnen.'

'Daar hebben we geen geld voor.' Het grootste deel van wat we het afgelopen jaar hadden verdiend, was opgegaan aan de rechtszaak en aan ons eigen levensonderhoud. Plus twee kinderen tegelijkertijd op de universiteit. Ik had iedereen die voor de komende zomervakantie de schuur had geboekt, zijn aanbetaling teruggestort, en nu hadden we nog maar 320 pond over. Maar we zouden wel 48 pond per week van de belasting terugkrijgen; toen Moth steeds minder kon werken, was de huuropbrengst van de schuur het enige inkomen geworden dat we nog hadden, en daardoor kwamen we in aanmerking voor een wekelijkse uitkering van de overheid. Zelfs voor die kleine uitkering had je een adres nodig, wat betekende dat we in de regio moesten blijven. We konden niet blijven, dus lieten we de uitkering op het adres van de boerderij staan en zorgden ervoor dat de post werd doorgestuurd naar Moths broer. 48 pond per week. Daar konden we vast wel van leven.

Ik had *Five Hundred Mile Walkies* herlezen en nog een keer tegen mezelf gezegd dat wij dit best zouden kunnen. De schrijver, Mark Wallington, had fluitend het South West Coast Path gewandeld, met een geleende rugzak en een mottige hond. Wij konden dit, geen probleem. Maar het was duidelijk dat wij de route in de andere richting zouden moeten lopen, van Poole naar Minehead. Voor zover ik had begrepen, was het eerste gedeelte, van Minehead naar Padstow, verreweg het zwaarst en het stuk verderop, van Plymouth naar Poole, het lichtst. Dus het was heel logisch om de route in de andere richting te lopen en onszelf wat tijd te gunnen om te wennen, voordat we aan de zwaardere gedeelten toekwamen. We hadden alleen een routegids nodig. Het moest een gids zijn die de hele route besloeg, maar ik kwam er al snel achter dat er geen gids bestond die de route met de klok mee beschreef, ze gingen allemaal tegen de klok in. Ik speurde het hele boekenschap bij Cotswolds Outdoors af, maar tussen de grote hoeveelheid wandelgidsen stond geen enkele gids die andersom ging. Die arme magere verkoper kreeg de volle laag van mijn teleurstelling over zich heen.

'Ik moet de andere kant op lopen, snap je dat dan niet, het begin moet gemakkelijk zijn voor Moth. Mark Wallington was in de twintig en het grootste probleem dat hij had waren losspringende klinknagels.' Ik zag rood van woede en paniek en zelfmedelijden, en mijn eigen klinknagels konden elk moment losspringen.

'Het spijt me heel erg, mevrouw, maar zo'n gids is er niet.' De verkoper glipte weg en ik ging achter in de winkel zitten mokken. Als we met het zware stuk moesten beginnen, zou Moth het misschien nog geen week volhouden. En wat dan? Ik was niet klaar om dat 'wat dan' onder ogen te zien; mijn hersens gingen in de verdedigingsstand. Er was alleen die wandelroute; ik kon nergens anders aan denken, verder kon ik niet kijken. We keken of de Ordnance Survey-wandelkaarten een oplossing konden zijn, maar als we de hele wandeling wilden hebben, moesten we veel meer kaarten meenemen dan we konden betalen – of dragen.

'Ray, ik ga geen 750 kilometer wandelen met een gids die ik achterstevoren moet lezen. We beginnen gewoon in Minehead en dan doen we het maar heel rustig aan.' Moth streelde mijn haar, maar ik wilde alleen maar in een slaapzak kruipen en een potje janken. Niet instorten nu. Jij wordt geacht de sterkste te zijn, jij bent niet degene die zal stikken. Wankel als ik was, bleef ik ternauwernood overeind.

We moesten een routegids kiezen en toen we nog eens goed keken, was de keus niet echt moeilijk. Het bruine boekje van Paddy Dillon, *The South West Coast Path. From Minehead to South Haven Point*, met zijn geruststellende waterproof cover en een OS-kaart van de hele route, paste zo fijn in mijn hand en in Moths broekzak, dat deze het wel moest zijn. Maar toen we het bij een kop thee doorbladerden, werd duidelijk dat Mark bij het uitlaten van zijn hond ofwel de tel was kwijtgeraakt of een stuk had overgeslagen, of dat er in de decennia tussen zijn boek en nu een aardverschuiving had plaatsgevonden waardoor Cornwall nu verder de Atlantische Oceaan in stak. Het pad was niet 750 maar 1014 kilometer lang.

We moesten wat nieuwe spullen kopen; daar konden we niet onderuit. Aan de oude rugzak van Moth zaten ijzeren gespen die roestig en geblokkeerd waren, en van de mijne was de stof vergaan, zodat het water erdoorheen kwam. Wilden we ze vervangen door iets van dezelfde kwaliteit, dan waren de prijzen gruwelijk hoog. Twee nieuwe rugzakken zouden ons bijna 250 pond lichter maken. We zochten naar een goedkopere oplossing en kozen uiteindelijk voor twee rugzakken van Mountain Warehouse, voor minder dan de helft van de prijs van één merkrugzak. Deze hadden geen toeters en bellen, maar ze waren functioneel genoeg. In de paar dagen die volgden, richtten we ons volledig op die rugzakken. Spullen erin, en nog eens, inpakken, uitpakken en met de rugzak op rondjes door het huis lopen. Het ging niet. Wat we wilden meenemen, paste gewoon niet in die kleine tassen.

'Nee, Ray, een grotere kan ik niet dragen. Laten we het gewoon net zo doen als toen we uit de boerderij weggingen. Laten we ze nog een keer inpakken met alleen het absoluut noodzakelijke om te overleven. Niets anders. Dan lukt het me misschien.'

'De tent is te zwaar. Ik krijg hem er niet in en hij is te zwaar voor jouw schouder, maar we kunnen nooit een fatsoenlijke tent betalen, eentje die ertegen kan maandenlang op een klif te staan. We kunnen het wel vergeten.'

'EBay?'

Het was zenuwslopend om te moeten wachten tot de biedingsprocedure op eBay was afgerond voor wat de komende paar maanden, en misschien nog wel langer ons huis moest worden. Nog drie seconden, twee, één, en hij was van ons. Een maar één keer gebruikte Vango tent van drie kilo, een kwart van het gewicht van onze oude canvas Vango, en een fractie van het formaat. We dansten rond de keukentafel; we hadden ons nieuwe huis gekocht, voor 38 pond.

Enthousiast belde ik onze dochter Rowan, vanuit de wanhopige behoefte om dit flintertje goed nieuws over te brengen, om de sfeer te verlichten die de laatste paar weken vol eindeloze narigheid tussen ons was ontstaan. Om weer de moeder te zijn die zorgt dat alles goed komt. Die moeder moest ik weer worden, maar zodra de telefoon overging, had ik spijt. Ze waren dan wel volwassen en zelfstandig, maar het huis dat we hadden verloren was ook hun thuis. Moth was hun vader, en zijn ziekte was voor hen even moeilijk te aanvaarden als voor mij. De kern van mijn relatie met hen veranderde in deze weken. Er gebeurden dingen waartegen ik hen niet kon beschermen. Het evenwicht verschoof, en dat vond ik verschrikkelijk. Ik was er niet klaar voor. Maar het waren twee verrassend goed aangepaste volwassenen – we hadden goed werk verricht – en zij waren er wel klaar voor. Ik was degene die nog steeds de wereld bij hen weg wilde houden, zodat ze in een volmaakte bubbel konden blijven leven. Als ik niet meer die beschermende hand voor hen was, wat was ik dan wel? Het was het laatste snippertje dat ik, diep in mijn hart, nog herkende als 'mij'. Wat bleef er over zonder dat? Niets.

'Hoe kom je erbij, mam, ben je gek geworden? Stel je voor dat hij van een klif valt?' Rowans stem sleurde me terug naar de werkelijkheid. 'Jullie hebben geen geld, dus waar wil je van eten? Willen jullie nou echt de rest van de zomer in een tent gaan wonen? Hoe verzin je het? Papa kan af en toe al nauwelijks uit zijn stoel opstaan; hoe moet het als hij een aanval krijgt boven aan een rotswand? Waar dacht je te gaan kamperen? Weet je wel hoeveel een camping kost? Heb je het al aan Tom verteld?'

'Ik weet het, Row, het is volkomen krankzinnig, maar wat moeten we anders? We kunnen niet op een sociale huurwoning gaan zitten wachten. Zo zijn we niet. We hebben dit nodig; zolang we maar bij elkaar zijn, komt het wel goed, maak je geen zorgen.'

De lijn kraakte in de stilte.

'Ik stuur je een nieuwe mobiele telefoon, met een batterij die langer dan tien minuten meegaat. Bel me elke dag, en neem op als ik jou bel. En vertel het aan Tom.'

'Oké, Row, ik hou ook van jou.'

'Hoi, Tom. Papa en ik hebben besloten het South West Coast Path te gaan wandelen. Ik denk dat we er zeker twee maanden over zullen doen. Misschien drie.'

'Oké.'

'Het is 1014 kilometer en we moeten de hele weg kamperen.'

'Tjee, wat tof.'

Onze manisch op en neer springende peuter was relaxter geworden dan goed voor hem was, terwijl de discodansende glitterkoningin was veranderd in mijn moeder.

Maar wie was ik nu? Wie was Moth? Zou 1014 kilometer ver genoeg zijn om het antwoord te vinden?

De tent kwam drie dagen later en we zetten hem op in de woonkamer: een lage, brede groene koepel, die de vloer bedekte als het laagje mos op een granieten rots. We rolden onze zichzelf opblazende slaapmatjes uit en kropen in onze super-lichtgewicht slaapzakken, voor vijf pond per stuk gekocht bij Tesco. Ik zette thee op het Campingaz-brandertje en zittend in de tentopening keken we naar *Gardeners' World* op tv. Toen we uit de tent probeerden te komen, zat Moth muurvast. Hoe hij ook zijn best deed, hij kon niet opstaan. Ik trok hem met slaapzak en al naar buiten en hees hem overeind.

'Denk je dat Rowan gelijk heeft? Het is waarschijnlijk niet het verstandigste wat we ooit hebben gedaan.'

'Maar wanneer hebben we ooit de makkelijkste weg gekozen?'

We pakten de rugzakken in, nu definitief, in de wetenschap dat als we iets vergaten, of als er iets niet in paste, we het de hele zomer zonder moesten stellen. Nieuwe spullen kopen zat er absoluut niet in; we zouden geen geld overhebben om onderweg onze uitrusting te vervangen. We mochten al van geluk spreken als we te eten hadden, zeker omdat we onze inkopen aan de zuidwestkust moesten doen, in het hoogseizoen. De stapel spullen die we mee wilden nemen naast de twee rugzakken, werd steeds hoger. Het was duidelijk dat het er allemaal niet in zou passen, maar we begonnen de spullen er toch in te proppen. Ik deed eerst mijn extra kleren erin, het minimum voor een paar maanden, en toen was de rugzak al halfvol. Niets aan te doen, hier kon ik ruimte besparen. Ik gooide de kleren op de bank en begon opnieuw, met alleen wat ik absoluut niet kon missen. Een oud katoenen zwempak, drie onderbroeken, een paar sokken, een katoenen vest, een legging en een T-shirt met lange mouwen voor in de slaapzak. Alle andere kleren zou ik aantrekken, dus die legde ik opzij; nog een katoenen legging, een kort viscose jurkje met bloemen van de kringloopwinkel, een paar rode wandelsokken en een goedkoop fleecevest. Dat was het.

Ik rolde de kleren tot een bal in een kleine waterdichte zak en stopte die onder in de rugzak. Daarna de andere spullen. Een zichzelf opblazend slaapmatje, het Campingaz-brandertje, een gastankje, een roestvrijstalen pan met een handgreep die je kon omklappen om het deksel af te sluiten, lucifers, een emaillen bord en beker, een theelepel en een plastic spork, een veel te klein indrukbaar kussen, de slaapzak die met zijn drukbanden klein genoeg kon worden samengeperst om in een zijvak te passen, regenjack en regenbroek. Daarna alle andere attributen waarvan ik vond dat ik ze niet kon missen, een zaklantaarn van acht centimeter, een schrift op A5-formaat, pen, reistandenborstel en een minitube tandpasta, reisshampoo, een blauwe, sneldrogende handdoek, lippenbalsem, papieren zakdoekjes, gezichtsreinigingsdoekjes, mobiele telefoon, opvouwbare telefoonoplader, een plastic Volvic waterfles van twee liter die ik onder de bandjes boven op de rugzak vastsnoerde. En een portemonnee met 115 pond – alles wat we nog hadden – en een bankpas. Ik zou ook de etenswaren dragen: het meeste zouden we onderweg kopen, maar om te beginnen hadden we een acht centimeter hoog blik geconcentreerde suiker, die de helft minder ruimte innam dan gewone suiker, vijftig theezakjes, twee pakken rijst en twee pakken noedels, een pakje houdbare, vreemd oranje gekleurde gehaktballetjes, een blikje makreel, wat ontbijtrepen en twee Marsrepen. Dat was onze provisiekast, die we van plan waren als noodrantsoen te houden en onderweg aan te vullen.

Met moeite kreeg ik de bovenkant van de rugzak dicht en ik trok de compressieriemen strak om hem in elkaar te persen. Hij was zo vol en hard als een rugbybal. Ik ging erop zitten en hij deukte niet eens in.

Moths rugzak was net zo, al had hij geen bloemenjurk bij zich, maar een legerbroek die hij kon oprollen tot aan zijn knieën, zodat het een korte broek werd. Hij had de eerstehulpdoos, een zakmes en een verrekijker van tien centimeter om de route voor ons uit te kunnen bekijken. In het binnenvak zat een dunne uitgave van *Beowulf*, in de vertaling van Seamus Heaney, die hij jarenlang op elke reis bij zich had gehad. In plaats van eten en kookspullen zou hij de tent dragen, bevestigd aan de buitenkant van zijn rugzak. Hij stopte Paddy Dillon in de bovenbeenzak van zijn legerbroek, en we waren klaar om te gaan.

We wogen de rugzakken op de badkamerweegschaal en op de een of andere manier waren ze bijna even zwaar: maar acht kilo. Ik vond dat nog steeds te veel voor Moth, maar hij pakte hem toch op en stak zijn arm erdoor.

Het lukte hem niet om zijn pijnlijke schouder door de band te krijgen, dus tilde ik de rugzak bij de onderkant omhoog om het gewicht van de band te halen en liet hem over zijn schouder zakken. Dat moest ik doen voordat ik mijn eigen rugzak om deed, want als die op mijn schouders drukte kon ik mijn armen niet ver genoeg omhoog krijgen om zijn schouderbanden te bewegen. Als ik vervolgens mijn rugzak op mijn knie liet rusten, kon ik hem omzwaaien en mijn arm erdoor steken, en dan lichtte Moth het gewicht op en stak ik mijn andere arm erdoor. Makkelijk.

Daar stonden we dan met z'n tweeën, als een stel gestrande schildpadden.

'Dit is krankzinnig.'

Krankzinnig, maar we moesten het doen. Als we het niet deden, zouden we onder ogen moeten zien dat er ook na deze zomer nog een toekomst kwam, en wat die toekomst zou inhouden. Daar waren we geen van beiden klaar voor.

'Het is een feit: we zijn niet meer zulke stoere ninja's als vroeger.'

We zetten de rugzakken in het busje en reden naar het zuiden, weg van alles. Het was een droom. Niets was werkelijk. We reden weg van twintig jaar gezinsleven, werkleven, van alles wat we hadden bezeten, van onze verwachtingen en dromen, onze toekomst, ons verleden. We waren niet op weg naar een nieuw begin, niet naar een nieuwe start waarmee een leven voor ons openlag. De aarde was opengebarsten; we lieten onszelf achter aan de andere kant van een kloof die we nooit konden oversteken. We vluchtten weg voor de scheur in de huls van een ander. Reden gewoon weg. En vóór ons? De wandeltocht, alleen de wandeltocht.

4

Schurken en zwervers

Een korte aantekening over dakloosheid in het Verenigd Koninkrijk

Vraag iemand hoe een dakloze eruitziet, en hij zal meestal een man of vrouw beschrijven die buiten slaapt, ergens op straat een matje en wat beddengoed uitrolt, misschien een hond bij zich heeft, maar altijd bedelt om geld voor drugs of alcohol. Stereotiepe figuren die een scala aan emoties oproepen bij de bezitters van de voeten die hen voorbijlopen terwijl ze in een portiek liggen te slapen, van licht ongemak tot agressieve gewelddadigheid. Maar dit is het beeld dat de meeste mensen voor ogen staat.

In een onderzoek uit 2013 door de Britse daklozenopvangorganisatie Crisis samen met de Joseph Rowntree Foundation, meldden minstens 280.000 huishoudens in het Verenigd Koninkrijk dat ze dakloos waren of op het punt stonden dat te worden. Dat waren alleen degenen die zich als dakloos hadden laten registreren. Daarvan werden maar 52.000 huishoudens door de autoriteiten erkend als wettelijk dakloos, omdat ze geen vrienden of familieleden hadden bij wie ze terechtkonden. Van de overige 228.000 kregen veel mensen hulp van plaatselijke overheden via het hulpverleningscircuit. In totaal vroegen dat jaar dus 280.000 huishoudens om hulp bij dakloosheid. Deze cijfers gelden voor huishoudens, niet voor afzonderlijke individuen

Helaas zijn er vreemde verschillen tussen de cijfers. Volgens gegevens van de overheid waren er in 2013 in heel Engeland 2414 mensen die buiten moesten overnachten, maar dat getal is een momentopname van één nacht. Onderzoek door Chain, het netwerk van daklozenorganisaties, gefinancierd door de gemeente Londen, levert een getal op van 6508 mensen die in 2013 in Londen op straat sliepen. Maar volgens de telling van de overheid voor deze periode waren het er maar 543, geteld via dezelfde methode (momentopname), die dus een veel minder verontrustende manier van tellen is voor wie niet al te goed wil kijken. Wat gebeurt er dan met al die anderen die volgens de officiële cijfers dakloos zijn, en de krakers, de 'bankhoppers', de onzichtbare buitenslapers en de verborgen daklozen die zelfs geen getal op een lijst zijn? De mensen op de lijst waren alleen maar degenen die ze konden vinden, of die ergens in een systeem een spoor hadden achtergelaten. In 2013 waren er in Londen 6508 mensen die op straat sliepen, of 543, voor wie zijn ogen in zijn zak had. Hoe zit het met de rest?

De politie beschikt over een aantal wettelijke bepalingen die gebruikt kunnen worden om de bevolking tegen daklozen te beschermen, en de belangrijkste daarvan is de Wet op de landloperij uit 1824. Deze werd van kracht na honderd jaar wettelijke maatregelen tegen mensen op openbare plekken die in de ogen van de autoriteiten verdacht waren. In een artikel voor het blad *The Pavement* (De stoep) schetst advocaat Alan Murdie de gevolgen van jarenlange discriminerende wetgeving en laat hij zien dat de omschrijving 'verdacht' voor allerlei mensen kon gelden, zoals zigeuners, acteurs, prostituees, verdachten van hekserij, kunstenaars, bedelaars en daklozen.

De Boerenopstand leidde in 1381 tot de eerste Wet tegen bedelarij, die pas in 1547, na de sluiting van de kloosters, werd gevolgd door de antilandloperijmaatregelen. Toen het aantal daklozen toenam, als gevolg van de *Enclosure Acts* – waardoor veel boeren hun weidegrond kwijtraakten – en de Industriële Revolutie, nam ook de wetgeving toe. De Wet op de landloperij van 1744 legde de basis voor alle latere wetgeving. Hierin werden dakloze mensen bestempeld tot 'bedelaars, luiaards, landlopers en misdadigers' en wie herhaaldelijk in een van deze categorieën werd betrapt, heette een 'onverbeterlijke misdadiger'. Dit gaf de gezagsdragers het recht iedereen te arresteren die ze verdacht vonden of die geen eigen middelen van bestaan had. Helaas moesten vanaf 1713 de plaatselijke autoriteiten vijf shilling betalen aan iedereen die een 'niet-werkend of schandelijk persoon' in de kraag greep. Dit leidde ertoe dat de wet op grote schaal werd misbruikt en er in één jaar tijd meer dan vijfhonderd mensen werden gearresteerd.

Na de napoleontische oorlogen nam het aantal daklozen weer toe, en klonk de roep om strengere wetgeving tegen landloperij steeds luider. Dat leidde tot de Wet op de landloperij van 1824, die nog steeds gedeeltelijk van kracht is, al zijn er in de loop der jaren wel veranderingen in aangebracht. Paragraaf 1 van die wet wordt, naast het Wetboek van Strafrecht van 1982, nog steeds toegepast om bedelaars te weren en omschrijft de 'leeglopers en bandelozen' als 'ieder persoon die buiten rondzwerft of zich op een openbare plaats, straat of weg, binnenplaats of steeg bevindt om te bedelen of aalmoezen te vergaren'. Onder het predicaat 'schurken en landlopers' valt volgens paragraaf 4 'iedereen die buiten rondzwerft en verblijft in een schuur of stal of in een verlaten of onbewoond gebouw, of in de openlucht, of onder een afdak, of in een kar of woonwagen, die geen zichtbare middelen van bestaan heeft en die geen goede reden kan aantonen om daar te zijn'.

In 2014, het jaar nadat wij aan het South West Coast Path begonnen, werd de Wet op antisociaal gedrag, misdaad en beveiliging van kracht. Daarin staan onder andere bepalingen voor de bescherming van de openbare ruimte. Dit betekent dat iemand die anderen overlast bezorgt, gearresteerd kan worden en van de autoriteiten het bevel kan krijgen 'te vertrekken en niet naar die omgeving terug te komen'. Deze bepalingen zijn voor allerlei heel verschillende zaken van stal gehaald, van het vreemd geformuleerde verbod op hinderlijke schapen in de regio Forest of Dean, tot het bij je hebben van golfclubs in een openbare ruimte. Simpel gesteld, als het lokale gezag vindt dat jij er verdacht uitziet, kun je weggestuurd of gearresteerd worden. Met deze wet in de hand konden veel gemeenten verordeningen invoeren om activiteiten die te maken hebben met daklooshied te verbieden: op straat slapen, bedelen, rondhangen enzovoort. Zo kunnen ze iemand een boete van honderd pond opleggen voor het overtreden van de verordening, en wie die niet betaalt, kan rekenen op een boete van duizend pond en een strafblad. En denk erom dat je nooit iemand om geld vraagt of in het verkeerde deel van de stad wordt gesignaleerd met een slecht opgevoed schaap.

De angst voor daklozen leeft nog even sterk als altijd, en de meeste mensen denken dat iemand die dakloos is ook wel alcoholist of drugsgebruiker of psychisch gestoord zal zijn. Deze problemen komen weliswaar veel voor onder daklozen, maar kunnen evengoed het gevolg als de oorzaak van de dakloosheid zijn. Deze angst en de vrees dat de problemen van de daklozen slecht zijn voor het toerisme, hebben de autoriteiten van Centraal-Londen ertoe gebracht op straat slapen te verbieden en gaarkeukens illegaal te verklaren. Is het uithongeren van deze schandvlek in het straatbeeld werkelijk het antwoord? Schurken, landlopers of zwervers: in welke categorie je daklozen ook stopt, in de zomer van 2013 werden wij er ook twee.

DEEL TWEE

Het South West Coast Path

'Sommige mensen schrikken misschien terug bij het vooruitzicht om wekenlang te moeten lopen, elke nacht ergens anders te overnachten, terwijl je voor je eigen eten en drinken moet zorgen, maar het is gewoon een kwestie van zorgvuldig plannen.'

Paddy Dillon, *The South West Coast Path. From Minehead to South Haven Point*

5

Dakloos

We hadden twee dagen later in Taunton kunnen zijn. Als dat was gelukt, waren we misschien aan de ergste hitte ontkomen. Het zou ook gelukt zijn als de engelen er niet waren geweest.

We waren al zo vaak de M5 op en neer gereden, altijd met een duidelijke bestemming of een agenda om ons aan te houden. Maar als je enige agendapunt is wanneer je weer zult eten, raak je gemakkelijk afgeleid.

'Hoe vaak zijn we niet langs het bord naar Glastonbury gereden en zeiden we dan tegen elkaar: "Volgende keer?" Laten we nu gewoon een uurtje gaan; dan komen we toch nog wel vanavond bij Jans huis in Yeovil aan, laten we daar de bus achter en zijn we over twee dagen vertrokken.'

Moths vriendin Jan was graag bereid geweest ons het beetje hulp te bieden dat ze kon geven. We hadden geen haast om er te komen; we konden best even de kegelvormige heuvel van Glastonbury Tor op klimmen om het uitzicht aan de andere kant over de kustvlakte van Somerset te zien. En dan weg.

'Ach ja, waarom niet?'

Er hangt een enorme wolk Keltische mythologie rond de Tor van Glastonbury, de heuvel waar sporen van menselijk leven zijn gevonden die teruggaan tot de ijzertijd. Zoals zo'n beetje een derde van alle dorpen in Groot-Brittannië maakt ook Glastonbury aanspraak op banden met de legende van koning Arthur. We waren net langs een meer gekomen waarin hij zijn zwaard zou hebben gegooid en dus leek het niet meer dan logisch om deze omweg te maken. Ik snap nog steeds niet waarom de Koning der Britten 'het' zwaard in een grauw meertje naast de A5 zou hebben gegooid, of waarom hij lang genoeg in Glastonbury zou zijn blijven hangen om kracht te putten uit leylijnen en de inspiratie te vormen voor een keten van kristalwinkels. Misschien zouden we er door dit bezoek meer van gaan begrijpen, of anders door Tintagel in Cornwall, waar de route doorheen liep – als we zo ver kwamen.

Het was fijn om even het busje uit te zijn en ons te kunnen uitrekken na een lange, deprimerende reis. We namen met de mobiele telefoon foto's van de Somerset-kustvlakte en van Amerikanen en Chinezen die bewonderend naar ons keken terwijl wij foto's namen van hen terwijl zij bewonderend naar de Somerset-kustvlakte keken, en liepen toen terug naar het stadje. Dat puilde uit van het alternatieve newagekristalgeschitter. En van verrassend veel mensen die zo te zien dakloos waren. Ze zaten in portieken en nissen, gewikkeld in een deken of slaapzak, vaak met een bakje waarmee ze om geld vroegen. Een jongen van begin twintig had zich tussen de vuilnisbak en de afvoerpijp buiten de witte heksenkristalwinkel geïnstalleerd. Onder dat zwerversuiterlijk en ondanks de vieze kleren, het slordige haar en de gescheurde pet had hij de gladde huid, perfecte tanden en heldere ogen van een kostschooljongen. Wij gingen aan de overkant van de weg zitten en aten een met kristal ingezegende quiche, terwijl hij de rest van de bedelmarkt duidelijk overtroefde. De welgestelde voorbijgangers voelden zich blijkbaar aangemoedigd door zijn frisse, volmaakte lach en de ronde klinkers van zijn antwoord, ten koste van zijn minder fortuinlijke collega's.

'Kijk eens.' Ik had het affiche overal in het stadje zien hangen. 'Healing met engelen op Heavenly End. Drie pond per persoon. Zullen we erheen gaan, gewoon voor de echte Glastonbury-beleving? Het begint over twintig minuten. Dan gaan we daarna weer verder. Even iets leuks, voor we gaan.' En stel dat het niet alleen maar onzin was en dat het hem zou helpen?

'Nee.'

'Ach, kom op, gewoon voor de lol.'

Terwijl we over het parkeerterrein dwaalden op zoek naar de toegang tot het Hemelse Eind, zagen we de kostschoolbedelaar het openbare toilet binnengaan. Toen hij er weer uit kwam, had hij zijn voddige jas verruild voor het skateboard in zijn rugzak en zou je hem aanzien voor de eerste de beste surfer, terwijl hij naar het filiaal van de bank rolde. Wij zaten op een bankje, toen hij het bankgebouw uit kwam, terugging naar de toiletten en weer tevoorschijn kwam in zijn gescheurde jas, om opnieuw zijn positie bij de vuilnisbak in te nemen. In Glastonbury is bedelen blijkbaar een carrièrepad.

Een vrouw in het wit deed de deur open.

'Hallo, ik ben Michelle, welkom in Heavenly End. Ik zal niet alles uitleggen wat er gaat gebeuren, laat je maar gewoon door de engelen leiden.' Ze ging ons voor door het huis naar haar salon.

'Hier hebben jullie een deken en een kussen, zoek maar een plekje en ontspan je. Iedereen is er al.' Overal in de kamer lagen mensen als sardines naast elkaar op de vloer, op de divan, gedrapeerd over de stoelen, allemaal braaf onder hun dekentje met hun ogen dicht. Ik zocht een weg tussen de lichamen door naar een plekje en keek om naar Moth, die cynisch een wenkbrauw optrok.

'Dan zet ik nu de muziek aan waarmee we de engelen kunnen oproepen.' Onder de klanken van Zuid-Amerikaanse blaasinstrumenten en walvisgezang ontstak Michelle een brander die de ruimte vulde met 'hemelse adem'. Toen riep ze haar engelen op.

'Gabriel uit het zuiden is hier; hij heeft een blauw licht bij zich. Neem dat blauwe licht op via je tenen.' Vervolgens brachten al haar andere engelen allerlei andere kleuren mee, en zo lagen we daar met hun engelenkracht in een hete, geurende, sardinevormige regenboog. Als engelen zo ruiken, dan is de hemel het helemaal voor mij. Ik weet nog hoe we het op school noemden, en dat was niet 'hemelse adem'.

'Adem diep in, breng de kracht van de engelen naar het punt van je pijn, naar je armen en benen, naar je hart en je hersens, naar je lever, naar je, uhhh, nieren. En ontspan je.'

De muziek hield op en de kamer ademde rustig. De stilte werd verbroken door een bekend gesnurk, eerst zacht, zoals altijd, dan steeds luider. Ik hees me op mijn elleboog; de andere vissen lagen gedwee in en uit te ademen. Behalve Moth, die vast in slaap was en vol overgave lag te snurken.

'Neem afscheid van de engelen en keer terug in je lichaam, en terug naar de wereld.'

Iedereen kwam overeind en begon rustig de diverse engelenuitjes te vergelijken: zwemmen met walvissen, vliegen met de vogels, lopen op water. Ik was al heel blij met deze dosis 'hemelse adem' voor drie pond. Maar Moth bleef liggen snurken.

Ik porde hem wakker.

'Moth, sta eens op.'

'Dat kan ik niet.'

'Ik weet dat je lekker ligt zo, maar sta nu toch maar op.'

'Nee, ik kan het niet, ik kan me niet bewegen. Shit, denk je dat dit het is? Ben ik verlamd? Ik kan me niet bewegen.'

Michelle hield zich op een afstandje, ze bood ons alleen een glas water aan en trok zich toen terug. Dacht ze soms dat ze de verkeerde engelen had gestuurd, of dat we haar voor de rechter zouden slepen?

'Ik voel mijn benen niet. Denk je dat het zo zal gaan? Dat ik opeens niet meer kan lopen, zomaar?'

Uiteindelijk wist hij op zijn knieën te komen, daarna in de stoel.

'Het komt doordat je een uur lang plat op je rug hebt gelegen. Je weet dat je dan helemaal vastzit.'

'Ik zei toch dat ik hier niet naartoe wilde.'

'Er is niks aan de hand; het komt door al dat gesnurk, je hebt te veel "hemelse adem" binnengekregen.' O shit, stel je voor dat dit op het pad gebeurt? Als we daar ooit komen.

Toen we het stadje uit reden, zagen we de Eton-student op een bankje zitten – keurig schoon en met een welgevulde maag, druk in gesprek op zijn mobiele telefoon.

Het werden geen twee dagen, maar bijna twee weken bij Jan op de vloer slapen, voordat de rugpijn en stijfheid over waren die Moth had opgelopen bij de engelen van Glastonbury. Nu was het tijd om verder te gaan: we moesten vertrekken voordat Jans gastvrijheid opraakte; niemand wil voor eeuwig zijn badkamer delen. We lieten het busje op Jans oprit staan, terwijl we wanhopig wensten dat het iets groter was geweest, zodat we erin hadden kunnen slapen, en zij bracht ons met haar auto naar Taunton, opgelucht om haar twee indringers te zien vertrekken. We namen afscheid en beloofden plechtig niet te lang stil te liggen en uit de buurt van engelen te blijven.

Zo stonden we begin augustus met onze rugzak aan onze voeten aan de kant van de weg in Taunton, en waren eindelijk echt dakloos. Ik was nog nooit dakloos geweest. Ik had wel gereisd, wekenlang in een busje gebivakkeerd, maar dit was iets anders. Als je reist in de wetenschap dat je iets hebt om naar terug te keren, geeft dat je de kracht om steeds verder weg te willen gaan. Er is altijd een deur waar je naar terug kunt en je bagage kunt neergooien, zelfs al is het de deur waaraan je juist wilde ontsnappen. Maar die dag voelde het totaal anders. Er was geen deur. De ruimte waarin ik me op dat moment bevond, was de veiligste, zekerste plek die ik had en ik wilde niet in beweging komen.

'Zullen we dan maar de bus naar Minehead zoeken?'

Iets anders konden we niet doen. Daarom waren we hier, om onszelf een reden te geven in beweging te blijven, om op een of andere manier onze toekomst vorm te geven. Maar op tien pond per persoon voor een buskaartje naar Minehead had ik niet gerekend. Tel daarbij op de diesel voor onze rit naar Somerset, het eten in een wegrestaurant en een paar flessen wijn als dank voor het stallen van het busje, en mijn rode portemonneetje oogde al dunner. Veel dunner. We hadden nog vijftig pond. Maar dat was genoeg; we kregen elke week 48 pond op onze bankrekening. Genoeg.

Op de achterbank van de bus werd ik wat rustiger. Misschien

kwam het doordat we in de geborgenheid van de bus zaten, maar ik voelde zelfs een trilling van opwinding. We reden door Somerset naar het noorden. We konden doen alsof we een dagje naar zee gingen, met broodjes en koffie mee.

'En waar gaan jullie naartoe? Het South West Coast Path zeker, hè? Wij ook. Waar logeren jullie? Eerste avond? Voor ons ook.' De ongelooflijk harde Amerikaanse stem die door de bus schalde, kwam uit een klein, parmantig vrouwtje met bruine krullen en een erg serieus jack waarin veel erg handige zakken zaten.

'Dat klopt, we beginnen vandaag te wandelen.'

Ze schuifelde met haar al even kleine partner onze kant op. Hij zag eruit alsof hij op safari ging, met zo'n zelfde jack aan en een broek met zelfs nog meer zakken, die opbolden van allerlei dingen die er belangrijk uitzagen.

'Nee toch, om deze tijd van de dag kun je echt niet op weg gaan. Je moet 's morgens vroeg vertrekken. Het is een dag lopen naar de volgende overnachtingsplaats na Minehead. Waar logeren jullie? Kom een borrel met ons drinken.'

'Wij kamperen.' Ik wierp een blik op de volgepropte rugzakken, die als enorme schildpadschilden op de zitplaats naast ons stonden, nogal duidelijk, eigenlijk. 'Wij kamperen, dus we gaan gewoon op pad en zetten dan later de tent op.'

'Wat? Zit daar een tent in? En ook nog kookspullen? Die van ons zijn net zo groot en wij logeren in B&B's en hebben bagagevervoer.'

'Wat is bagagevervoer?'

'Nou ja, wij hoeven alleen maar te wandelen en dan brengt een aardige jongeman onze rugzakken naar de volgende B&B. We gaan helemaal door naar Westward Ho! Tot waar gaan jullie?'

'Als het lukt tot Land's End, en daarna waarschijnlijk door naar Poole, maar we hebben geen haast, we kijken gewoon hoe het gaat.' Moth keek mij met een opgetrokken wenkbrauw aan terwijl hij stilzwijgend ons achtergrondverhaal verzon. Er waren heel wat dingen die we hun niet hoefden te vertellen.

'Land's End! Jullie kunnen toch niet al die tijd kamperen, daar zijn jullie, nou ja, te oud voor.'

'Nou, we zien wel hoe het gaat. Jullie halen ons vast over een dag of twee wel in, we zijn nogal langzaam.' Ik ben pas vijftig, hoe oud dachten ze dat we waren?

We hadden zelfs niet eens naar een kaart van Minehead gekeken, dus we hadden geen idee waar we het begin van het kustpad moesten zoeken, behalve dat we wisten dat we hier aan de kust met ons gezicht naar het noorden stonden en naar het westen moesten, ergens links. Op goed geluk liepen we omlaag, door een menigte emmertjes, schepjes en slippers, langs horden pensionado's aan de *cream tea*, tot we eindelijk bij de zee waren. Opgelucht lieten we de rugzakken vallen en gingen op de promenade zitten met thee en een chocoladereep. Links lag een hoge heuvel, die zo te zien bijna loodrecht oprees vanaf de boulevard. Dat kon toch niet de heuvel zijn aan het begin van het pad... Paddy Dillon zegt dat het pad 'geleidelijk omhoog slingert'; hij zegt niet: klauter een berg op. Dit voorspelde niet veel goeds.

'Nee, hij zegt echt: de boulevard af tot het monument.' Moth volgde met zijn vinger de oranje lijn van het pad, vaardig getekend over de Ordnance Survey-kaart in *The South West Coast Path*. 'Het klopt. Het zal wel over de voet van de heuvel heen gaan en dan ergens om de bocht omhoog lopen. Goed.' Hij stopte de kaart en zijn leesbril terug in zijn zak. 'Heb je er zin in?' Hij zag er moe uit, maar had zo te zien niet veel pijn.

'Toch niks beters te doen.'

De drukte werd minder terwijl we in de richting van het monument liepen dat het begin van het pad markeert: twee reusachtige metalen handen die een kaart vasthouden. We bleven veel te lang bij het monument hangen: maakten foto's, prutsten aan onze rugzakken, probeerden onszelf zover te krijgen dat we die eerste stap zetten. Opgewonden, bang, dakloos, dik, stervend, maar hadden we die eerste stap eenmaal gezet, dan hadden we tenminste een plek om naartoe te gaan, een doel. En we hadden op donderdagmiddag om halfvier inderdaad niks beters te doen dan aan een wandeling van 1014 kilometer te beginnen.

Halverwege een ondraaglijk steil zigzaggend pad door het bos boven Minehead begrepen we dat Paddy Dillon de meester van het understatement zou blijken. We gingen op een bank zitten vanwaar je door de takken heen een glimp van de zee beneden kon zien, om op adem te komen en nog een keer in zijn gids te kijken.

'Nee, hij zegt toch echt "slingert een eindje landinwaarts en geleidelijk de heuvel op".'

'Nou, als dit geleidelijk slingeren is, hebben we echt een probleem waar hij "tamelijk steil" zegt.'

We hadden nog geen kilometer gelopen, een halve liter water gedronken en mijn hoofd voelde aan alsof het op ontploffen stond. Een groot gezin op weg omlaag kwam voorbij.

'Die rugzakken zien er behoorlijk vol uit; waar gaan jullie heen?'

'Land's End, hopen we.'

'O, ja, natuurlijk – nou, veel succes!'

Lachend draafde de groep verder naar beneden.

Mijn heupen kreunden en mijn voetzolen deden pijn. Ze hadden gelijk met hun gelach; ik zou ook gelachen hebben als het niet over mezelf was gegaan.

'Denk je dat ze gelijk hebben? Dat we eigenlijk een beetje belachelijk zijn?'

'Tuurlijk hebben ze gelijk, en dan alleen nog maar voor zover zij weten. Stel je voor dat ze de waarheid wisten? Ik durf tegen niemand te zeggen dat we op weg zijn naar Poole.'

'Poole? We mogen al blij zijn als we Porlock te zien krijgen.'

Het leek uren later toen we eindelijk uit het bos kwamen, op het hoger gelegen heidelandschap, dat afvlakte en waar pony's graasden en we uitzicht kregen op Zuid-Wales in de verte.

'Het lijkt wel of we er niet aan kunnen ontsnappen.'

De dag ging snel over in de avond en daarmee kwam het besef dat we op de onherbergzame rand van Exmoor zaten, boven het Kanaal van Bristol, en het straks donker zou worden. We moesten op zoek naar een plek om de tent op te zetten. Het open terrein met kort afgegraasd gras lag achter ons, en nu lagen de enige vlakke stukjes gras op het pad zelf, terwijl er verder alleen heide en bremstruiken omheen stonden. Het leek me logisch dat de tent op het pad zou moeten staan.

'We kunnen hem niet op het pad zetten. Hoe gaat het dan morgenochtend? Dan komt er natuurlijk iemand zeggen dat we eraf moeten.'

We liepen door, mijn heupen brandden.

'Misschien is het artritis.'

'Misschien heb je te veel achter de computer gezeten. Daar is een vlak stukje.'

Alleen al bij de gedachte aan stoppen was de rugzak van mijn schouders af, maar binnen een paar seconden zagen mijn voeten zwart van de mieren, duizenden mieren die over het afgegraasde stukje heide kropen en vlogen.

'We zoeken wel verder.'

Maar nu we beter keken, zagen we dat elk stukje kort gras één grote massa mieren was: kruipende mieren, vliegende mieren. Ze waren in de lucht; we liepen door wolken vliegende zwarte lijfjes, mieren in onze kleren, in ons haar. Op de vlucht voor een zwarte massa, voor ik ze zou inhaleren, bleef ik in de hei staan om me te krabben, en weg waren ze, ik had ze achter me gelaten. Ze zweefden alleen boven het lage gras.

Een tent opzetten op de hei is niet gemakkelijk. Een stukje grond waar jonge, nog lage heideplantjes groeiden, was de enige mogelijkheid, maar een groot risico voor het grondzeil van de lichtgewicht tent; dat zou hierdoor al in onze eerste nacht kapot kunnen gaan. Toch deden we het. Na een halfuur worstelen met onbekende tentstokken en scheerlijnen stond de tent overeind. De onderkant bolde op als een veren matras, maar wij hadden het gevoel dat we in een la met vorken lagen.

'Hebben we ducttape bij ons?'

'Nee.'

Terwijl het licht verdween, wegkroop, zich terugtrok in het westen, priemden de vuurtorens van Zuid-Wales door het donker heen. Zo ver weg en toch was hun licht nog binnen bereik, nog aan te raken, terwijl het land waarop ze stonden al weggleed. Ik kneep mijn ogen dicht en liep over het weggetje naar de boerderij, streek met mijn handen langs de stenen muren, voelde de warmte van het vuur. Dat gevoel mocht ik niet kwijtraken, ik moest het altijd met me meedragen, het gevoel van veiligheid en thuis.

'Ik geloof dat ik me nu dakloos voel, als een losgesneden ballon in de wind. Ik ben bang.'

'Ik wil best mijn armen om je heen slaan, Ray, maar ik kan niet overeind komen.'

'Zullen we de gehaktballetjes opeten? Ik weet zeker dat die het zwaarst zijn.'

Koud van boven, koud van opzij, koud van onderen. Wat maakt een slaapzak lichtgewicht? Dat werd duidelijk om vier uur in de ochtend, terwijl de kou zich erdoorheen vrat in het grijsgroene licht van de tent. Minder isolatie, veel minder isolatie. Lag ik op mijn rug, dan werd de ergste kou opgevangen door het isolerende slaapmatje. Maar ik kon niet op mijn rug liggen; die deed te veel pijn. Lag ik op mijn zij, dan was mijn rug net ijswater, blootgesteld aan een tot in het merg doordringende kou. Ik drukte mijn rug tegen die van Moth aan, om een beetje warmte op te zuigen, maar hij bewoog, draaide zich op zijn rug en begon te snurken. En te snurken. Ik trok alles over me heen wat ik te pakken kon krijgen, legde een stinkend vest over mijn hoofd en mijn voeten op de rugzak. Bijna draaglijk. Waarom had ik geen muts meegenomen?

Ik viel in een onrustige slaap en droomde van lege huizen en van Moth die stikte. Zwetend, met bonzend hart en suizend hoofd werd ik wakker. Die afschuwelijke nacht was ik doorgekomen, ik had het eindelijk warm nu de zon op was, maar slapen ging niet meer, ik moest de slaapzak uit. Ik worstelde me door de tentopening en struikelde over de gasbrander en een pan, terwijl ik tegelijkertijd probeerde naar buiten te komen en mijn schoenen aan te trekken, omdat ik ontzettend nodig moest plassen. Ik hurkte neer in de hei, waar de brem tot in de zee afliep en Wales werd, onder een zacht geel licht en een lucht zo helder en schoon alsof hij niet bestond.

'Goedemorgen. Wat een mooie ochtend, hè?'

Ik zakte zo diep mogelijk de begroeiing in, met mijn legging rond mijn enkels en mijn kont in de ochtendbries.

'Ja, heerlijk, deze ochtend.'

Hondenuitlaters, waarom zijn die al zo vroeg buiten?

Om halfnegen werd Moth eindelijk wakker, stilletjes, worstelend met zijn stijve lijf. Hij had altijd de pest aan de ochtend, omdat hij wist dat de pijn weer begon wanneer hij wakker werd. Hij had de gewoonte aangenomen dat laatste moment van slaperigheid zo lang mogelijk vast te houden, voordat hij wel moest opstaan en de dag onder ogen moest zien. Pijnstillers, een kop thee, en nog een. Halfelf: het lukte hem de tent uit te komen. Gietijzeren blaas. CBD zou incontinentie veroorzaken, maar daar had hij tot nu toe duidelijk nog geen last van.

'Hoe gaat het? Kun je verder?'

'Het gaat beroerd, maar wat moeten we anders doen?'

Tegen halftwaalf was alles ingepakt, hingen we de rugzakken om pijnlijke schouders en klommen de hei uit. Iedereen die iets over wildkamperen schrijft, benadrukt niet alleen dat het in Engeland en Wales officieel verboden is, maar ook dat je, als je het toch doet, je tent uit de buurt van openbare plekken moet opzetten, laat je kamp op moet slaan, vroeg moet vertrekken, en geen enkel spoor mag achterlaten. Ik keek om; de hei was platgedrukt. Op alle onderdelen gezakt, dus. Misschien zouden we er wel beter in worden.

Tijdens de afdaling naar Bossington kon ik maar niet kiezen wat erger was: heuvelaf lopen met een zware last op mijn rug, of heuvelop. In mijn hoofd maakte ik al lijstjes van alles wat pijn deed – voetzolen, heupen, schouders enzovoort enzovoort – maar tegen de tijd dat we beneden waren, kwam ik tot de conclusie dat die twee qua pijnniveau niet voor elkaar onderdeden en dat ik waarschijnlijk niet goed bij mijn hoofd was om te denken dat wij dit pad konden wandelen.

In het idyllische dorpje konden we het bordje naar een tearoom niet weerstaan. We wisten dat we geen geld hadden voor tearooms, of voor cafés of wat dan ook trouwens, maar toch gingen we de tuin binnen. We bestelden onze eerste en laatste *cream tea* van de hele zomer, terwijl ik mijn schoenen uittrok. Nog maar twaalf kilometer onderweg en een paar schoenen dat ik al langer dan tien jaar bezat, had de bal van mijn voet veranderd in één grote blaar van zeker vijf centimeter. Kwam het door het gewicht van de rugzak? Ik maakte het gewicht dat ik moest torsen nog wat groter en propte hongerig de scone met *clotted cream* in mijn mond. Als ik toen had geweten dat het mijn laatste zou zijn, had ik er wat meer tijd voor genomen. Ik plakte een lappendeken aan blarenpleisters over mijn voet en trok mijn sokken weer aan.

'Jullie lopen zeker het pad?' Een grote man zat met zijn kleine vrouw en hun kind aan een tafeltje naast ons, verborgen door het weelderige groen.

'Ja, dat klopt.'

'Nou, dan gaan jullie genieten. Dit is het mooiste deel van het hele pad. Je moet alleen geen hoogtevrees hebben als je Exmoor over gaat.'

'Is het daar steil dan?' Hij barstte in lachen uit. Waren we zo grappig? Moth vertrok geen spier; hij had een beetje last van hoogtevrees sinds hij van het dak van de schuur was gevallen.

'Hoe komt het dat jullie zoveel tijd hebben? Ik wou dat ik dat had.'

'We zijn dakloos. We zijn ons huis kwijtgeraakt en we kunnen nergens anders heen, dus het leek ons een goed idee om gewoon maar te gaan wandelen.'

Het kwam er zomaar uit, zonder dat ik erbij nadacht. De waarheid. Maar toen de man zijn kind vastgreep en naar zich toe trok en zijn vrouw huiverde en de andere kant op keek, wist ik dat ik het nooit meer zou zeggen. Hij riep om de rekening en ze waren binnen de kortste keren vertrokken.

We liepen over de moeraslanden, waar de zee door de rietkraag heen was gebroken en het akkerland had veranderd in een zoutmoeras. De geraamten van witte, door het zout verbrande bomen staken scherp af tegen de grijze lucht. Dood, maar nog steeds deel van het leven.

In het groepje gebouwen dat samen Porlock Weir vormt, hoorden we door een gat in een muur een stem roepen.

'Lopen jullie het pad? Dan moeten jullie echt even een patatje eten voor je de bossen in gaat.' Twee mannen keken ons aan vanuit iets wat een vierkant gat van een meter in een muur leek, maar eigenlijk het luik van een frietkraam was.

'De lekkerste patat die je ooit hebt geproefd.'

We bezweken onmiddellijk.

'Kom maar op.'

De man met het ronde gezicht legde omstandig uit hoe de patat drie keer werd gebakken, en het bleek inderdaad de lekkerste patat te zijn die we ooit hadden geproefd. En ook de duurste. Drie kilometer had ons zestien pond gekost. Dit kon zo niet. Maar we waren zo murw en moedeloos, dat we 'o ja, graag' zeiden tegen elk beetje comfort dat we tegenkwamen. Dat moest ophouden, of we zouden al heel snel helemaal geen geld meer hebben.

We lieten Porlock Weir beneden achter ons en klommen het bos in. Moth werd moe en elke stap kostte hem moeite. Ik voelde me loodzwaar en had overal pijn. Misschien kwam het door onze slechte conditie, door de CBD, of misschien gewoon door de patat. Volgens Paddy hadden we hier aan het eind van onze eerste dag zullen zijn, maar aan het eind van de middag van onze tweede dag hadden wij het helemaal gehad.

Voor ons uit werd het pad breder en op de open plek stond een man op het pad die zo te zien yogaoefeningen deed. We bleven staan, om hem niet te storen, en dachten dat hij wel zou opkijken en ons dan langs zou laten. Hij stond met zijn gezicht naar een bebost dal, zich totaal niet van onze aanwezigheid bewust. Het was een lange, magere, pezige figuur. Hij leek ziek of misschien was er iets anders, leed hij aan een of andere emotionele kwelling die vanuit hemzelf kwam. Hij zakte door zijn knieën, strekte zijn handen uit naar het dal en haalde iets onzichtbaars naar zich toe, een of andere essentie, Joost mag weten van wat. Hij drukte het onzichtbare zijn lichaam in, perste het door zijn middenrif en omlaag door zijn benen. En nog eens en nog eens, hij hulde zich in het onbekende.

Uiteindelijk gaven we het op en liepen langs hem heen. Hij ging gewoon door, totaal verdiept in zijn bewegingen en merkte niet eens dat we hem passeerden. Het pad leidde omlaag het dal in naar de stokoude Culbone Church, het kleinste kerkje van Engeland, dat ooit bij een leprozenkolonie had gehoord. Geloofde de man dat hier een of andere kracht huisde? Ik ging op het kerkhof zitten en liet de ultieme vredigheid van de plek over me heen komen. Het was er intens spiritueel, een spiritualiteit die niets te maken had met God of religie, maar diepmenselijk was. Een stukje van de knoop die ik al de hele tijd in me meedroeg, liet los. Misschien wás er wel een bepaalde kracht hier. Ik schepte met mijn handen wat lucht op en gooide die naar Moth, je wist maar nooit.

Terwijl we daar zaten en het groene licht lieten doordringen in onze pijnlijke gewrichten, kwam de yogaman langzaam en met afgemeten passen de heuvel af. Hij keek ons niet aan, maar bleef wel staan. Mochten we hier niet zijn? Ging hij tegen ons zeggen dat we moesten doorlopen?

'Hallo. We hebben even de kerk bekeken. Wat is het hier vredig.'

'Dat weet ik. Jullie zijn me gepasseerd op het pad.'

'O, we dachten dat u ons niet zag. We wilden u niet storen.'

'Ik zag jullie niet; ik kan niets zien. Ik hoorde jullie.' Hij was blind. Waarom hadden we dat niet opgemerkt?

'We lopen het pad.'

'Ja, en jullie zullen vele kilometers afleggen.'

'Nou ja, 375 tot Land's...'

'Je zult veel dingen zien, prachtige dingen, en veel tegenslagen te verwerken krijgen, problemen die onoverkomelijk lijken.' Hij stak zijn hand uit en legde die op Moth. 'Maar je zult eroverheen komen, je zult overleven, en het zal je sterk maken.'

We keken elkaar met grote ogen aan en zeiden geluidloos: 'Wat?'

'En je zult wandelen met een schildpad.'

We liepen de heuvel op en zetten de tent neer in een weiland boven de weg waar we door hoge heggen onzichtbaar waren vanuit een boerderij.

'Je ziet hier in het zuidwesten niet veel schildpadden in het wild, hè?'

'Over het algemeen niet, nee.'

Eindelijk, na een koude nacht op de hobbelige ondergrond, werd het ochtend. Om elf uur zaten de rugzakken op onze rug en slopen we achter de heg vandaan, keken om ons heen of iemand ons zag, en kropen onder de afrastering door naar de weg, als ontsnapte gevangenen. Het pad steeg en daalde, door weilanden en over smalle groene weggetjes met hoge heggen erlangs, waar de wind nauwelijks kon doordringen. In het normale leven ging er zelden een dag voorbij zonder dat we een bad of douche namen, maar nu hadden we al drie dagen reizen, wandelen en in de tent slapen achter de rug. Zonder wind riekte het sterk op de weggetjes en niet naar koeien. Ik had gedacht dat het niet erg was dat we geen campings konden betalen en ons dus nooit zouden kunnen wassen: we konden elke dag gaan zwemmen. Ik had er niet op gerekend dat we vrijwel nooit op zeeniveau zouden zijn. De enige keren dat we aan zee waren geweest, was in Minehead en aan de stenige kust van Porlock. We stonken. Het was een opluchting toen we op de beboste kliffen kwamen, waar eikenbomen zich naar de rotswand kromden en de zeewind door de bladeren blies.

De eiken maakten plaats voor rododendrons en we bleven uitgeput staan. Zonder het te merken waren we in Devon aangekomen: onze eerste mijlpaal was bereikt. Twee dagen onderweg, en we liepen nog. Overal om ons heen stonden rododendrons, boven ons en beneden ons, over de hele rotshelling. Veerkrachtige en vaak bestreden planten die, anders dan veel mensen denken, duizenden jaren geleden al in het Verenigd Koninkrijk voorkwamen. Er zijn fossielen gevonden waaruit blijkt dat ze hier vóór de laatste ijstijd hebben gegroeid, maar alleen soorten die hier voorkwamen na het terugtrekken van het ijs, komen in aanmerking voor de status van inheemse plant. Halverwege de achttiende eeuw zijn de planten opnieuw geïntroduceerd in het Verenigd Koninkrijk en vervolgens hebben ze in snel tempo het platteland gekoloniseerd: een golf migranten met rijke, glanzende, groenblijvende bladeren, die vorm en kleur brengen in saaie, grauwe, bladerloze Britse winters, en vervolgens de heuvels en het kreupelhout in de bossen versieren met een verbazingwekkende lentetooi van weelderige paarse en lila bloemen. In een populair dal in Wales trok de maand mei elk jaar weer als een schitterende vlam door een duister ravijn, tot de National Trust besloot dat de niet-inheemse veroveraars moesten verdwijnen. Daarop werd er maandenlang in het wilde weg op planten ingehakt, tot alles was neergemaaid en de hellingen oogden als een slagveld. Nog jaren later zijn de puinhopen van de verwoesting zichtbaar, hier en daar hebben kleine inheemse soorten hun plaats ingenomen, een enkel bosje berken en wat heide. Maar de rododendronstompen komen weer tot leven, ze vechten terug, met stugge, groene snelheid. Een van beide zal uiteindelijk de strijd winnen, maar geen van beide zal er ongeschonden uit komen.

Het pad liep met de rotskust mee omhoog en weer omlaag, met daartussen nauwelijks meer dan een meter vlakke grond. We haalden de brander tevoorschijn en zetten voor ons allebei een kop thee, zittend op het vlakke stuk pad. We hoorden de Amerikanen aankomen: de stemmen in de verte waren onmiskenbaar. Zij had het over problemen op haar werk, die ze maar niet achter zich kon laten. Ik roerde in mijn thee met het vreemde besef dat ik geen werk had om me druk over te maken, geen huiselijke problemen om op te lossen; ik had eigenlijk helemaal geen problemen. Behalve dan dat we dakloos waren en dat Moth doodging. Ze bleven even staan, duidelijk een beetje van hun stuk gebracht. Ik dacht dat ze misschien benedenwinds stonden, maar begreep toen dat ze ons niet konden passeren.

'We zijn al laat, vandaag, moeten om vier uur in Lynmouth zijn, we lopen achter op ons schema.'

Verontschuldigend drongen ze zich langs ons. Hij transpireerde als een otter, het zweet droop van zijn kin en ellebogen.

'Weet je zeker dat jullie niet willen stoppen voor een kop thee, even uitrusten?'

Ze keek me aan alsof ik een gruwelijke misdaad had begaan.

'Nee, geen tijd; we moeten ons aan het schema houden. Jullie hebben geen schema, hè?'

Weg waren ze, maar terwijl haar stem in de verte verdween, konden we nog minutenlang horen hoe blij hij moest zijn dat ze überhaupt weg had gekund, met zo'n volle agenda en 'je moet gewoon dankbaar zijn'.

'Hebben wij een schema?'

'Tuurlijk. We lopen door tot we stoppen en misschien vinden we onderweg wel een toekomst.'

'Dat is een goed schema.'

Terwijl we door het bos sjokten, begon het zacht te regenen, maar de dichte luifel van rododendrons hield ons droog. Zodra we uit de beschutting van de bomen waren, kwam het weer rechtstreeks aanzetten uit het Kanaal van Bristol, zachte regen werd een loeiende storm. We strompelden voort, met flapperende regenkleren, ik kon nauwelijks iets zien door al het water dat over mijn gezicht stroomde. Moth wankelde van de hoogte, de wind en de uitputting, terwijl we het pad over het klif op gingen. Hierboven, zo onbeschut en hoog, vingen onze zware rugzakken veel wind, waardoor we uit ons evenwicht raakten en angstig werden. Voor ons uit, rond Foreland Point, verscheen een volmaakte regenboog die de kleuren van de heuvel overnam en zo een modderig groen, bruin en paars aan zijn palet toevoegde. Moth klampte zich vast aan het gras op handhoogte, om overeind te blijven in de toenemende draaikolk van zwarte en grijze mist waar de zee was geweest. Een zestig centimeter breed pad, daarachter een leegte van wolken. Liepen we langs een grashelling of over de rand van een klif? We hadden geen idee. Toen, opeens, doemde er een kerktoren op uit de mist.

'Weet je nog, dat schema? Het is tijd om te stoppen.' Moth liet zich op een kerkbank vallen. Hij had een brandende pijn in zijn schouder doordat hij zich schrap had moeten zetten tegen de wind en zijn been zakte af en toe door, zodat hij struikelde. We overwogen de nacht door te brengen in het gangpad van de St John the Baptist-kerk, tot we de lichten van de Blue Ball pub in het oog kregen. We wankelden het korte eindje van de kerk naar de pub, plonsden de deur door en drupten water over de vloer en over een hond die bij de ingang lag.

Een kale man achter de bar keek uitdrukkingsloos naar ons. En vervolgens naar onze dampende rugzakken en de plassen op de vloer. Moth pakte zijn rugzak weer op, als altijd degene die het anderen makkelijk wil maken.

'Het spijt me van de rommel, kerel, we wandelen het Coast Path en we werden overvallen door die bui. Zal ik de rugzak buiten laten staan?'

'Het Coast Path? Geen sprake van, verdomme, laat je spullen daar maar staan.' De barman barstte uit in een stroom hartelijke woorden met een Australisch accent en wij vielen neer op een doorgezakte divan bij een brandend haardvuur. Terwijl ik mijn sokken aan een stoel te drogen hing, bedacht ik dat we wel een pub binnen waren gegaan, maar ons eigenlijk niet konden veroorloven om iets te bestellen. Een enorme hond zo groot als een kleine ezel kwam de eetzaal uit, snuffelde aan de sokken, pakte er een in zijn grote kwijlende muil en nam hem mee naar de bar. Ik liep achter het beest aan en trok aan de sok in een poging hem zover te krijgen dat hij hem losliet, terwijl ik een pot thee bestelde, wat me de goedkoopste mogelijkheid leek.

'Bob, laat die sok los. Oké, thee, heel Engels. Jullie leken me meer toe aan een avondje single malt.'

'Kon dat maar.' Ik pakte de sok op, waar nu een groot gat in zat, en ging terug naar het vuur. Single malt, haardvuur, warm bad, zacht bed. Ik hou helemaal niet van whisky, maar als we geld hadden zou het een heel ander verhaal zijn. In plaats daarvan deden we zo lang mogelijk over de thee en doezelden weg voor het vuur terwijl de sokken droogden en de regen ophield.

Het was elf uur en pikdonker toen we eindelijk zover waren dat we de warmte van de pub konden verlaten. We zetten de tent op in een inham tussen de rotsen waar hij enigszins beschut was tegen de storm, en vielen in slaap terwijl boven ons de wind gierde.

Ik had geweten dat het moment zou komen. Het enige waar ik niet aan had willen denken toen ik met het idiote idee was gekomen om in het wild te gaan leven op het South West Coast Path. Het moment dat ik die grote onbeantwoorde vraag onder ogen zou moeten zien: schijten beren in het bos? Nu had ik het antwoord: ik was geen beer, er was geen bos, maar het antwoord was zonder enige twijfel ja. Halfzeven in de ochtend. Ik hoorde de meeuwen komen en gaan over de rotswand en de inmiddels bekende ochtendworsteling met schoenen en tentopeningen duurde veel te lang. Toen ik overeind kwam, werd ik overmand. Niet alleen door het verlangen naar een wit, glimmend, doorspoeltoilet, maar vooral door een golf van duizeligheid. Op een of andere manier hadden we in het donker en de mist van de avond daarvoor de tent twee meter van de rand van de rotswand af opgezet. Tent, pad, stukje gras, honderd meter loodrecht omlaag. Ik hervond mijn evenwicht en keek om me heen op zoek naar een enigszins beschutte plek. Ik zag alleen een open helling met een klein groepje bremstruiken. Uitstellen ging niet meer; dat moest maar genoeg zijn. Uit alle macht probeerde ik een gat te graven met de hak van mijn schoen – we hadden hier geen schep voor meegenomen, veel te veel gewicht en trouwens we zouden heus altijd wel een openbaar toilet vinden. In de haast scheurde ik met mijn duim door de band van mijn legging, terwijl ik achter de scherpe stekelige brem hurkte, even opgelucht als Mark Renton in de toiletscène van de film *Trainspotting*.

Hondenuitlaters. Wat is dat toch met hondenuitlaters?

'Morgen. Dus jullie hebben een kampeerplek gevonden?'

De Australiër van de pub kwam het pad op gelopen in de richting van de tent. Ik kon niet opstaan, zo hoog was de brem niet, dus ik bleef gehurkt zitten en fluisterde met een klein stemmetje: 'Morgen.'

'Nou, ik laat jullie verder maar met rust. Prettige wandeling.'

'Bedankt.'

De hond sleurde hem mee terug naar waar hij vandaan was gekomen, terwijl ik een kunstige wigwam van dode brem bouwde en het schaamrood van mijn kaken verdween. Ik zag hem verdwijnen door dikke, doorzichtige wolken die opkwamen uit Lynmouth Bay en nu haastig over het vasteland stroomden, om de storm in te halen die al kilometers ver weg was. Door de wolken heen werd een groot, vlak stuk grasland zichtbaar; we waren er de avond tevoren in de storm pal langs gelopen. Het maakte niet echt iets uit; we waren niet van de rotsen gevallen, dus onze inham was prima. Ik ging de tent weer in en Moth werd wakker.

'Wat ben jij vroeg op.'

'Maar niet vroeger dan de hondenuitlaters. Ik dacht dat jíj de controle over je darmen zou kwijtraken, niet ik?'

Er wordt wel gezegd dat het South West Coast Path is aangelegd door de kustwachters die goed zicht moesten hebben op de eindeloze hoeveelheid inhammen en baaien bij hun jacht op smokkelaars. Maar de vele prehistorische vindplaatsen die in elke gids of toeristische folder staan, wijzen erop dat het pad al wordt gebruikt zolang er mensen over het land lopen. De overheidsorganisatie Natural England financierde het project om de verschillende delen met elkaar te verbinden, zodat het pad een aaneengesloten route werd. Zo ontstond ons langste National Trail. Het laatste stuk in Noord-Devon werd in 1978 voltooid, het jaar voordat ik van school kwam. Een meisje met hoog getoupeerd haar en een schooldas, zorgeloos op weg naar een toekomst waarvan we de uitkomst niet konden zien. Het pad en wij, tegelijk de wereld in gestuurd: waren we van het begin af aan voorbestemd elkaar te ontmoeten?

Het schijnt dat het South West Coast Path zo'n drie miljoen pond per jaar opbrengt. Wij kregen 48 pond per week en daarmee zouden we zeker niet veel aan de plaatselijke economie bijdragen. Ik trok met steeds meer tegenzin mijn portemonnee, maar na een omweg over een steile, winderige weg naar Lynton, moest ik wel; we hadden meer proviand nodig.

Voor de deur van een kruidenierswinkel op de hoek van de straat telde ik de munten in mijn hand, en probeerde te beslissen hoeveel we zouden uitgeven. Op dat moment kwam een vrouw in een felgeel met blauw zeiljack de hoek om met een witte, kwaadaardig kijkende hond. Ik had daar niet moeten staan, tussen de winkeldeur en een stang waaraan een zwarte labrador was aangelijnd, wachtend op zijn baasje. De grote witte hond had duidelijk een hekel aan andere honden. Hij deed een uitval naar de labrador, die rustig had liggen dromen van het blik hondenvoer dat straks de winkel uit zou komen. Hij sprong naar voren en raakte daarbij de rugzak op mijn rug, waardoor ik tegen de muur werd geslingerd. De munten vlogen uit mijn hand en verdwenen de heuvel af. Ik gooide mezelf op de grond toen een munt van één pond van de stoep af rolde, en wist hem nog bijna te vangen, maar hij glipte uit mijn vingers het rooster van een put in. Moth rende achter een munt van twee pond aan die wegrolde, tussen vakantiegangers door die net de heuvel op kwamen. Vanwaar ik lag, zag ik hoe hij probeerde te bukken om de munt te pakken, toen een jongetje hem lachend voor zijn neus weggriste.

'Ik heb geld gevangen, ik heb geld gevangen.' Nee, nee, dat hebben wij nodig.

'Goed zo kerel, het ijscokarretje staat op de top van de heuvel.' O, Moth, wat zou ik graag een ijsje hebben gewild.

De vrouw met de witte hond gaf me een por met haar voet. Ik lag nog steeds op de stoep, met mijn hand in de goot.

'Wat is er met jou aan de hand, ben je soms dronken?'

Even was ik verbijsterd dat ze zoiets dacht.

'Met mij is het prima, uw hond is het probleem.'

'Er is niks mis met mijn hond. Jullie zwervers moeten maar eens leren om jezelf in de hand te houden. Een beetje over de straat liggen rollen – walgelijk gewoon.'

Ik trok mijn hand uit de goot en stond op, terwijl de zwarte labrador zich uitrekte aan het eind van een lijn die helemaal was uitgerold. Zwerver. Dakloze zwerver. Een paar weken geleden had ik nog mijn eigen huis gehad, mijn eigen bedrijf, een kudde schapen, een tuin, land, een Aga-fornuis, wasmachines, een grasmaaier; ik had verantwoordelijkheden, respect, trots. De illusies van het leven waren even hard weggerold als de pondmunten.

Moth kwam de heuvel weer op, terwijl hij onderweg hier en daar een verdwaalde koperen munt opraapte.

'Hoeveel hebben we nog?'

'Negen pond en 23 pence.'

'En wanneer krijgen we weer wat geld?'

'Overmorgen, denk ik. Twee pakken rijst en iets voor daarbij, denk je? Of supernoedels?'

'Nee, alsjeblieft geen noedels.'

We kwamen de winkel uit met een iets zwaardere rugzak en nog 2,70 pond in de knip. Maar we hadden wel voor ieder een Mars.

De eerste keer dat ik Moth zag, aan de overkant van de schoolkantine, was ik achttien. Hij droeg een wit, kraagloos overhemd en doopte een Mars in een kop thee. Ik was betoverd. Later die dag hing ik met mijn vriendinnen uit het raam van de derde verdieping en zagen we hem over het schoolplein lopen: met kniehoge rijlaarzen en in een oude legerjas die flapperde in de wind. Ik kon nergens anders meer aan denken. Het duurde weken voor hij iets tegen me zei, weken waarin ik voortdurend heimelijk naar hem keek, vanachter boekenplanken, door winkeldeuren, vanuit bosjes. Ik kon alleen nog maar aan hem denken. En aan seks. Toen sprak hij me aan en kennelijk was dat ook het enige waar hij aan dacht.

Een kalverliefde groeide uit tot een vriendschap die ons in de greep van zijn passie door het volwassen leven voortstuwde. Een leven waarvan ik niet had geweten dat het bestond, over wegen die ik zelf niet zou zijn ingeslagen, van dagen op winderige heidevelden, weken luidruchtig protest op demonstraties, muziekfestivals en pizza's in het park toen hij me meesleepte in zijn milieuactivisme, en van praten, praten, praten, een gesprek dat nooit stilviel. Jaren gingen voorbij terwijl wij eindeloos kletsten en lachten, met onze benen in elkaar verstrengeld. Onze vrienden wisselden even vaak van relatie als van kleren, maar wij hadden niets anders nodig. We werden dertigers, veertigers en zagen stellen om ons heen terechtkomen in een grijze toestand van kameraadschap met als hoogtepunt de wekelijkse boodschappen of de zaterdagse wedstrijd, en wegzinken naar de onvermijdelijke scheiding. En al die tijd leefden wij met een passie die niet uitdoofde.

Nu we dakloos door Lynton strompelden, was er nog steeds iets in de manier waarop hij een Mars at, dat mijn hart onmiddellijk deed overslaan. Maar maanden geleden had een arts hem pregabaline voorgeschreven, een middel tegen de zenuwpijn in zijn schouder, en dat had alles veranderd. Nog een verlies. Nog steeds waren we zo hecht als vrienden maar kunnen zijn, maar er ontstond een onoverbrugbare fysieke kloof tussen ons.

'Er gaat niets boven een Mars.'

'Zo is het.' De chocoladekleurige herinneringen verdreven elke gedachte aan de hond.

Na Lynton werd het pad een smalle richel in de helling, tot het een hoek van negentig graden maakte om de rand van een klif. Dit was de meest onbeschutte plek die we tot nu toe waren tegengekomen en we liepen voetje voor voetje de hoek om, waar we oog in oog kwamen te staan met een Australiër die zonder een spoortje angst voort banjerde.

'Hé luitjes, jullie zijn flink bepakt, waar gaan jullie naartoe?'

'Land's End, als het lukt.' We hadden nog steeds niet genoeg zelfvertrouwen om te zeggen dat we het hele pad wilden wandelen.

'Wauw, nou, goed zeg. Je bent maar zo oud als je je voelt. Succes.'

Ik had altijd gedacht dat ik er goed uitzag voor mijn leeftijd. Ik had de vijftig gehaald zonder grijze haren of al te veel rimpels.

'Hoe oud dacht hij dat we zijn?'

'Maakt niet uit, kennelijk zijn we zo oud als we ons voelen.'

'Ja ja.'

'Ik voel me af en toe verdomme wel tachtig, ik ben zo verdomde moe. Alles doet pijn.' Moth gooide zijn rugzak af en hurkte neer op de rotsen. 'Ik weet niet of ik half in slaap ben of klaarwakker. Het is alsof mijn hoofd in de mist zit en mijn voeten door de stroop lopen. Dit is het stomste, onzinnigste wat we ooit hebben gedaan. Ik wil gaan liggen.'

Verbijsterd ging ik naast hem zitten op het smalle pad. Hij was in de loop der tijd vertrouwd geraakt met dit ziek-zijn, dat langzaam, naamloos bezit van hem nam. Hij had niet de angst ervaren van een ziekte die hem plotseling overviel. Sinds ons bezoek aan het ziekenhuis had hij wel wat momenten van totale negativiteit gekend, maar niet veel en ik was er nu niet op voorbereid. We hadden met de jaren telkens op elke nieuwe klacht gereageerd wanneer die zich voordeed, maar de realiteit van deze diagnose en de mentale afmatting van het leven met chronische pijn hadden we welbewust onder het tapijt geveegd. En hier zaten we nu, met onze rugzakken in de Valley of Rocks, en er was geen tapijt. De zee sloeg tegen de voet van de rotsen die doorliepen tot Castle Rock. We zaten er zwijgend naar te kijken. Ritmisch, telkens opnieuw, wit tegen zwart, wit tegen zwart, wit tegen zwart. Een groep wilde geiten, goed gecamoufleerd tegen het struikgewas en de rotswand, sprong vlak bij ons over het pad, met hun lange vacht wapperend in de wind, en verdween onder ons, ruig en vloeiend, alsof het landschap zelf in beweging kwam.

Ik zat aan de grond genageld.

'Wauw, zag je dat? Die geiten? Wat een enorme hoorns.'

'Je zit toch niet nog steeds aan die Mars te denken, hè? Waarom zit je hier eigenlijk? Laten we gaan. Maar we moeten nu wel gauw stoppen, ik ben op.'

Ik hees hem overeind en we gingen verder.

*

De drukke Valley of Rocks lag achter ons, een asfaltweg leidde door een weids, open parklandschap naar een groot landhuis. Overal groen, vlak gras.

'Ik weet dat het nog vroeg is, maar we moeten nu wel snel de tent opzetten, ik ben zo moe.'

Een bord bij het huis verkondigde dat dit een christelijk landgoed was. Iedereen kon er overnachten om er 'verkwikt en verfrist te worden door God' voor een vanaf-prijs van 120 pond, en het was absoluut verboden er te kamperen of vuren te stoken of rond te hangen, en voor loslopende honden en zeker voor zwervers.

Terwijl we vanuit het parklandschap een dal in liepen, hoorden we geroep en gelach. In de laagte beneden ons was een christelijk jongerenkamp bezig met de voorbereiding van een gezellig avondje. Een dj onder een luifel probeerde een groep tieners te interesseren voor een quiz. Christelijk of niet, het bleven tieners en ze vonden het spannender om in de bosjes weg te sluipen. De rook van de barbecue bracht de geur van worstjes naar het pad en het eerste echte gevoel van honger kwam op.

'Wat eten we vanavond?'

'Rijst en een blikje makreel.'

'Denk je dat ze het merken als we gewoon naar binnen lopen en een burger nemen?'

Verder en verder door het struikgewas, tot we niet verder zochten naar een open plek, maar de rugzakken over een hek gooiden en de tent opzetten in een weiland met schapen.

Vanaf Crock Point zagen we hoe het laatste licht roze en blauwe vegen over Duty Point schilderde. De zee brak op de rotsen beneden ons, terwijl we rijst met makreel aten.

'Zou er wel wat brood bij kunnen gebruiken. Sst, wat is dat?'

'Shit, vast de boer die ons komt wegjagen.'

Het gekraak en geritsel kwam dichterbij en we zaten al klaar om de tent in te pakken en door te lopen. Het struikgewas week uiteen en twee tieners kwamen door de heg gekropen, met hun haar vol twijgjes.

'Uh, o, hallo, we komen van het... strand, maar we gaan nu terug naar het kamp.'

'Mooi zo, ik zou maar opschieten, straks zijn de hamburgers op.'

6

Lopen

We hadden bar weer verwacht op het Coast Path, Brits weer. Wind, regen, mist, af en toe zelfs hagel, maar niet deze hitte, deze brandende, verstikkende hitte. Tegen lunchtijd waren we uit de schaduw van Woody Bay vandaan gekropen en in een intens warme middag beland. We deelden een mueslireep en een banaan, en keken naar het westen, waar we enkele van de hoogste kliffen van Engeland zagen liggen. Vrijwel verticale wanden van wel 250 meter hoog die zich in de verte uitstrekten tot de Great Hangman, met 318 meter het hoogste punt van het hele South West Coast Path. Maar tussen ons en de Hangman lag een hele reeks meedogenloze klimmen en afdalingen, waarvan zelfs Paddy moet toegeven dat ze steil zijn. Van boven aan het klif tot bijna zeeniveau, van zeeniveau tot boven aan het klif. En nog eens. Daarom had ik in Poole willen starten. Toen werd het nog warmer.

'Hebben we zonnebrandcrème bij ons?' Mijn neus klopte in de warmte.

'Nee.'

'Denk je dat we beter kunnen wachten tot het koeler wordt?'

'Dan zitten we vanavond vast op de rotsen. Ik denk dat we van geluk mogen spreken als we hier een vlak plekje vinden.'

'O hemel. Wat zouden we dit heerlijk hebben gevonden toen we dertig waren.'

'Zo oud als je je voelt?'

'Oké.'

Benen, heupen, schouders – alles kermde het uit toen we aan de andere kant van het dal bovenkwamen en in de richting van het klif liepen. Het rotsige pad kaatste de warmte in golven terug naar ons brandende gezicht. Een blauwe wind tilde mijn rugzak op en met mijn armen uitgespreid kon ik vliegen; de vrijheid van de hoogte benam me de adem. Mijn ogen traanden, mijn huid brandde en in de verte leek de kust van Wales nog verder weg. Elke bocht was een roes van duizeligheid en extase. Moth liep schuin naar de rotswand gebogen, weg van de zee, maar ik had heide en zoute lucht in mijn aderen en vloog met de meeuwen mee.

Op een gladde stenen richel voor een volgende achtbaan door een kloof kwamen we onze eerste backpackers tegen. Ze zagen er heel jong uit, fris en georganiseerd, met hun bij elkaar passende blauwe wandelshorts en nette gloednieuwe rugzakken. Maar het waren backpackers: ik voelde een band en wilde alles van hen weten.

'Waar kamperen jullie? Op campings of in het wild?'

'We kamperen wild, maar het is gekkenwerk. Dan is het zes uur, en kunnen we alleen nog maar aan een vlak stukje grond denken. Gisteravond konden we niets vinden en kwamen we uiteindelijk op het grasveldje voor de pub in Lynmouth terecht.'

'Hoe ver gaan jullie?'

'Tot Combe Martin, dus dit is onze laatste dag. We hebben alleen maar het weekend en ik heb nooit eerder wildgekampeerd, ik ben erg aan een douche toe.' Het meisje had springerig bruin haar en zag er in mijn ogen brandschoon uit. Opeens werd ik me erg bewust van mijn eigen lichaam en ging benedenwinds staan. 'En jullie, tot waar gaan jullie?'

Ik keek Moth aan; tot waar gingen wij? Na gisteren wist ik het niet zeker meer, maar hij antwoordde alsof hij het nog wel wist.

'Land's End. Wie weet verder, hangt van het weer af.'

'Fantastisch. Wat boffen jullie dat je daar tijd voor hebt.'

We keken hen na terwijl ze verder liepen over de rotswand en zwaaiden toen ze om de punt gingen. *Wat boffen jullie dat je daar tijd voor hebt.* Ik legde mijn hand op de achterkant van Moths arm, terwijl hij zijn hand op zijn broekriem liet rusten. Zijn huid voelde warm aan en zag roze onder de lijn van zijn T-shirtmouw; dezelfde huid als altijd, maar met rimpels boven zijn elleboog die ik nog niet eerder had gezien. Hadden we nog tijd?

Moth had een hoed: een groen canvas hoedje dat als een koektrommel op zijn hoofd stond, maar toch een hoed. Hoe kon ik zo dom zijn geweest om er geen mee te nemen? Ik voelde mijn schedel branden en zag uit mijn ooghoek het gloeien van mijn neus. We dachten dat we de Great Hangman zouden kunnen halen voor het avond werd, maar die was nog een heel eind weg. De kustlijn is bedrieglijk. Iets in de verte lijkt eerst vlakbij, maar dan blijkt dat achter de landtong op de voorgrond nog meer kammen en baaien en zelfs hele stukken heideland schuilgaan.

'Mijn hoofd staat in brand. Heb jij een bandana of zoiets bij je?' We liepen in de richting van Holdstone Down; het was aan het eind van de middag, maar de zon scheen nog steeds fel.

'Had het maar gezegd – met al dat haar van je had ik er nooit aan gedacht dat je een hoed nodig zou hebben. Ik heb dat oude linnen ding in mijn rugzak.'

Ik zette de versleten hoed op met zijn drie centimeter smalle rand, lang geleden gekocht op een hippiemarkt op Ibiza. Het ding hield de warmte van mijn verhitte hoofd vast en al snel had ik het tien keer zo warm.

Zittend op een kromme haagdoorntak zag ik de zon ondergaan achter de Hangman en verder weg naar het westen. De tent stond laag tussen de bremstruiken en hei, waar Moth op een blocnote zat te krabbelen. We hadden rijst gegeten met een blikje erwten, maar de honger lag nog op de loer. Ik zwaaide met mijn voeten over de droge kale aarde onder de tak, en toen bedacht ik het opeens. Een steenscherf vormde een volmaakt gereedschap en ik groef en groef. Perfect.

'Moth, Moth, kom eens kijken wat ik heb gemaakt.'

Hij rolde op zijn knieën en stond langzaam op.

'Wat dan? Ik zie niks.'

'Sufferd, kijk dan, het is een heel diepe plee.'

'O, god, ja, ha, ik eerst.'

Ik warmde het laatste zakje oranje vleesballetjes op. Morgen zouden we meer geld hebben en konden we in Combe Martin voorraden inslaan.

'Ons tweede avondmaal, we worden hobbits.'

Het was bijna donker toen we vanuit het oosten voetstappen hoorden naderen. Vier jongens van in de twintig met enorme, stampvolle rugzakken kwamen in marstempo voorbij.

'We zijn niet de enigen, dus. Zag je wat ze allemaal bij zich hadden? Die lopen vast het hele pad.' Moth keek hen na. Ik wist wat hij dacht: dat hij vroeger ook zo was.

'Die zijn vast op weg naar Combe Martin, om voor sluitingstijd bij de pub te zijn.'

'Nee, laat me nou niet aan bier denken, we hebben nog maar net genoeg water voor thee morgenochtend.'

Omlaag, omlaag, omlaag, Combe Martin in, een aardig dorpje aan het strand van Devon, met volgens de verhalen de langste dorpsstraat van het land, die drie kilometer landinwaarts door het nauwe dal slingert. We slenterden door het strandgedeelte met maar één doel voor ogen: een geldautomaat. Omdat we alleen maar snuisterijenwinkeltjes en een café tegenkwamen, probeerden we ons geluk bij het plaatselijke toeristenbureau, in de hoop dat ze ons daar de weg konden wijzen. Binnen stonden drie oude dametjes naast elkaar achter de toonbank; ze keken op toen we binnenkwamen en begonnen toen druk te fluisteren, te glimlachen en te knikken.

'Doe jij het woord maar, Moth, jij bent altijd goed met oude dametjes.'

'Dat klinkt nogal verdacht.'

We lieten onze rugzakken bij de deur staan.

'Dames, ik vraag me af of u ons kunt helpen. We zijn op zoek naar een geldautomaat, maar kennelijk hebben we geen geluk.

Kunt u ons misschien de weg wijzen?'

De dametjes schuifelden met hun voeten, stootten elkaar giechelend aan.

'Natuurlijk, heel graag zelfs. Gaat u maar gewoon naar de kruidenier, daar links. Daar kunt u extra geld pinnen, meneer Armitage, maar we hadden u nog niet verwacht.'

'Het spijt me, maar ik ben meneer Armitage niet.'

De dametjes keken elkaar samenzweerderig aan.

'Nee, natuurlijk niet, dat is goed hoor, ons geheimpje, wij zullen het niet verder vertellen.'

Moth keek verwilderd naar de dametjes die naar hem wuifden. We pakten onze rugzakken op en gingen naar buiten.

Met verse voorraden in de rugzak, nog 25 pond in de knip, en ieder een zak friet in de hand zaten we op het warmst van de dag tegen de rotsen geleund op het strand, met rafelige verbrande neus: het had een gewoon dagje naar het strand kunnen zijn. In Wales woonden we niet al te ver van zee, en we hadden veel van dat soort dagen gekend. Lange dagen met kinderen die onder het zand zaten, opblaasbootjes, tonijnsandwiches, kuilen graven, rotspoelen. Onze kinderen hadden alle gelegenheid gehad om de bossen, de bergen, het strand te ontdekken. Zelfs nu ze al een paar jaar de deur uit waren, hoefde ik maar zand onder mijn voeten te hebben, of ik voelde een steekje van pijn om het verlies. Daar moest ik me overheen zetten, anders werd het helemaal een afschuwelijke zomer.

Een kleine jongen holde het strand op met een emmertje water voor de slotgracht van zijn zandkasteel; zijn zusje greep naar het hengsel, omdat zij het water erin wilde gooien. Vanuit het niets verscheen hun vader, greep het jongetje vast en gaf het een klap.

'Wat heb ik nou gezegd, geen ruzie met je zusje.'

De jongen wrong zich los en verstopte zich achter een rots. De moeder stond op.

'Moest dat nou?'

'Hij moet het maar leren.' Een boze vader die zijn kind leerde een boze jongen te worden. Vreemd hoe het strand blijkbaar het beste en het slechtste in mensen naar boven haalt.

'Ik wilde net zeggen laten we gaan zwemmen, maar ik denk dat het tijd is om verder te gaan.' Moth was al overeind en klopte het zand van zijn rugzak.

'Ja, tijd om te gaan, meneer Armitage.'

Het werd warmer en warmer, terwijl we voorbij het dorp over de steile hellingen en afdalingen sjokten. De rugzak was veel zwaarder met de nieuwe voorraden erin en ik sleepte me voort over het stoffige pad, achter Moth aan die zo te zien ook nauwelijks zijn voeten van de grond kreeg. De hitte was ondraaglijk. Onverwacht verscheen er uit de trillende hitte voor ons ineens een camping, als een oase. Het Coast Path liep er dwars overheen.

'Wat denk je, zullen we eens kijken hoeveel het kost? Dan kunnen we even uitrusten, hoeven we vanavond geen plek voor de tent te zoeken, kunnen we een douche nemen.'

Ik vraag niet, ik smeek, was van Moths gezicht af te lezen.

'We kunnen het vragen.'

Het was druk op de camping met gezinnen, kinderen, fietsen, oudere echtparen en honden, veel honden.

'Dat is dan vijftien pond per tent.'

'Vijftien pond? Het is een kleine tent, we kunnen hem ergens in een hoekje zetten.'

'Vijftien pond, maakt niet uit hoe groot.'

'Maar we hebben niet eens een auto bij ons, we wandelen het Coast Path.'

'Had dat dan meteen gezegd.' De campingbeheerder wees naar een kartonnen bordje bij de deur. 'Voor wandelaars is het vijf pond per persoon.'

Tien pond. We hadden genoeg gedroogd voedsel gekocht voor bijna een hele week. Moth ging op de plastic stoel zitten en veegde zijn gezicht af met een vlekkerige blauwe bandana.

'Oké, voor één nacht dan.'

De douches waren warm en gratis en kenden geen tijdslimiet. Ik ontspande me in de warmte en misschien kwam het door de vermoeidheid, of doordat ik alles even losliet, maar ik kon niet meer ophouden met huilen. Ik hapte naar adem in het stromende water, terwijl ik een hele laag huid en zweet, bitterheid, verdriet, verlies, angst van me afspoelde. Maar alleen een laag. Zeurend zelfmedelijden: ik kon me niet veroorloven het toe te laten.

Ik droogde me zo goed en zo kwaad als het ging af met de superdunne, sneldrogende handdoek en zocht in het toilettasje naar een tandenborstel. De tandpasta, een haarnetje en een tampon vielen op de grond. Een tampon? In shock pakte ik hem op. Ik had er een aantal ingepakt, omdat ik verwachtte dat ik ze ooit nodig zou hebben, maar nu ik deze in mijn hand hield, drong het plotseling tot me door dat ik in alle verwarring van ons leven de laatste tijd niet had beseft dat het al drie maanden geleden was sinds ik er een had gebruikt. Echt? Wat te doen bij de overgang: word dakloos en ga 1014 kilometer wandelen met een rugzak op je rug. Ideaal. Meer dan genoeg belaste lichaamsbeweging: ik hoefde in elk geval niet bang te zijn voor osteoporose.

*

Schoon en uitgerust vertrokken we van de camping, maar het pad naar Ilfracombe slingerde verder met een voortdurende afwisseling van op en neer, hitte en schaduw, en al snel waren we weer even moe en smerig als de vorige dag. Het plaatsje was stampvol met de wandelwagentjes, polyester sportkleding en loophulpmiddelen van het voorseizoen. De etensgeuren waren een kwelling, op elke hoek viel iets anders te eten, maar na de luxe van de camping mochten we alleen nog maar kijken.

Een ouder echtpaar met een kingcharlesspaniël liep ons voorbij, een en al verontwaardiging onder hun strohoedjes.

'Nou komen we hier toch al jaren, maar zoiets walgelijks heb ik nog nooit gezien. Het kán gewoon niet.'

Aan het eind van de haven stonden mensen foto's te maken. Het mooie van onvoorbereid op reis gaan, niet lezen over elke plek die je gaat bezoeken, is dat je nog voor verrassingen kunt komen te staan.

'Tjee, dat is pas groot.' Een enorm standbeeld van staal en brons torende zeker twintig meter hoog boven de haven uit. Nog meer polyester stormde tongklakkend en hoofdschuddend weg. Iemand die zich blijkbaar ook uit de voeten had gemaakt, had een folder weggegooid en Moth pakte die op.

'Hier staat dat ze Verity heet, en het is van Damien Hirst. Hoe heeft hij daar toestemming voor gekregen? En hij schijnt hier toch ook al een studio en een huis te hebben.'

'Wat stelt het eigenlijk voor?'

'Waarheid en recht, kennelijk.'

'Recht? Daar kan ik hem wel het een en ander over vertellen.' Het beeld is een doorsnede van een zwangere vrouw. De ene kant is heel, in de andere is de baby in de baarmoeder te zien. Ze houdt een zwaard voor zich en de weegschaal van het recht achter haar rug. 'Geen wonder dat ze de weegschaal achter zich verstopt. Verberg de waarheid achter een fraaie voorkant. Een goede verbeelding van het Britse recht. Het is voor iedereen, zolang je het je kunt veroorloven om de weegschaal in jouw voordeel te laten doorslaan.'

'Dat is helemaal waar.' Naast ons op een bank zat een oude man, met zorgvuldig gepoetste schoenen. We bleven even hangen om een praatje met hem te maken. Hij was een gepensioneerde Gurkha, die in Groot-Brittannië was gebleven nadat hij zijn hele carrière land en koningin had gediend. 'Maar nu weet ik het niet zo zeker meer. We wonen hier in de buurt en onze dochter wilde een bungalow voor ons bouwen in de tuin, zodat wij op onze oude dag daarin konden gaan wonen, en dan zou zij in ons huis trekken en voor ons zorgen. Maar de gemeente vindt dat dit niet bij het karakter van het dorp past. Een vriend vertelde me dat Hirst een wijk met honderden huizen wil bouwen op boerenland dat hij bezit aan de rand van het dorp. Als dit standbeeld een voorproefje van zijn stijl is, weet je zeker dat het geen victoriaanse villa's zullen worden. Maar als het waar is, denk ik ook niet dat hij een probleem krijgt met de bouwvergunning.'

'Dat denk ik ook niet.'

We aten met z'n tweeën één zak friet, lieten Ilfracombe zo snel mogelijk achter ons en zetten de tent neer op de heuvel met de lichten van het stadje nog steeds beneden ons. De volgende dag was een ware uitputtingsslag. Waren we niet zo moe geweest, dan zou het een dag geweest zijn om eindeloos foto's te maken en telkens weer een nieuw fantastisch uitzicht te bewonderen, maar nu konden we ons alleen maar concentreren op het voortbewegen van onze voeten.

'Wat is dat voor bobbel daar?' Ik zag iets in de zee wat nog niet eerder uit de nevel was opgedoken.

'Welke bobbel?'

'Daar in het westen, verderop langs de kust, waar het land ophoudt.'

'Het lijkt op een eiland.'

'Zou het Lundy al kunnen zijn? Ja, vast, Wales raakt steeds verder weg, dus daar waar de kust ophoudt, moet het punt zijn waar hij de hoek om gaat naar het zuiden.'

'Wat zijn we al ver van huis.'

Het had een genot moeten zijn om zo hoog over de kliffen te lopen, tot onze enkels in de zaaddoosjes van wilde bloemen, maar bij het passeren van Bull Point werd Moth langzamer en begon hij vreemd met zijn been te slepen. De kilometers kropen voorbij. Ik plukte wat wilde tijm en paardenbloemblad en roerde die door rijst, terwijl de zon onderging. De volgende ochtend kwam Woolacombe: onze negende loopdag. Volgens Paddy Dillon hadden we hier vier dagen geleden al moeten zijn. Zijn tijdschema leek geen enkel verband te houden met onze dagen. Omdat het vloed was, moesten we hoog over het strand lopen, waar het mulle zand onze benen loodzwaar maakte, en we waren opgelucht toen we weer stevige grond onder de voeten hadden op de kliffen die naar Baggy Point leidden. Zelfs in onze wazige, uitgeputte toestand was het uitzicht adembenemend. Ver weg in zee was Lundy nu helemaal te zien en daarachter krulde de kust van Wales zich naar het noorden, om dan uit het zicht te verdwijnen. Was het een opluchting om het van de horizon te laten vallen, of had ik het juist nodig, nog steeds tastbaar, nog steeds echt? Ik wist het niet. En verder weg, verder naar het westen, minstens zestig kilometer hiervandaan, lag Hartland Point, waar de kust zijn tweede dramatische bocht naar het zuiden zou maken. Terwijl de zon in de zee begon te zakken, zetten we tussen de wilde bloemen de tent op en aten nog wat paardenbloemen.

'Dat mocht ik van mijn moeder nooit eten toen ik klein was; ze zei dat ik ervan in mijn bed ging plassen.'

'Als je ziet hoe vaak jij 's nachts de tent in en uit gaat, denk ik niet dat het iets uitmaakt.'

'Zullen we de bus rond de riviermonding nemen, zodat we Barnstaple en Bideford overslaan?'

'Dat kunnen we doen, maar het duurt nog dagen voor we weer geld krijgen, en de Braunton Burrows zien er wel interessant uit: hoge zandduinen gemaakt van door de wind opgeblazen schelpen.'

'Goed dan, maar als je te veel pijn hebt, of last van je been krijgt of te moe bent, dan nemen we de bus, oké?'

'Oké.' De zonverbrande huid onder zijn ogen vertoonde donkere kringen.

De witte, korrelige duinen golfden voor ons uit naar de monding van de Taw; een fijn, bewegend grind, dat net aardkoraal was, heel anders dan zand. Het leek of er geen einde kwam aan de Burrows, een van de grootste duin-ecosystemen van het land, dichtbegroeid en zoemend van het insectenleven. Ik zag niet veel van het uitzicht, want mijn aandacht werd onder het lopen grotendeels in beslag genomen door grote lappen huid die van mijn neus bladderden, en ruim een kilometer lang deed ik scheel kijkend mijn best om de velletjes eraf te peuteren. Moth schuifelde voort door het schelpenzand, met zijn ogen op zijn voeten gericht. En plotseling, alsof hij opdook uit een woestijnmist, stond daar voor onze neus een commando in vol ornaat, een echte in camouflagepak gestoken soldaat met een geweer in zijn armen. Ik had nog nooit zoveel camouflageverf van dichtbij gezien en wist niet hoe ik moest reageren: met mijn handen achter mijn hoofd op de grond vallen, in de houding springen, weghollen? Wat?

'Ik vrees dat jullie niet verder kunnen vandaag, jullie zullen moeten omkeren en teruglopen.'

'We kunnen niet terug, we gaan vooruit.' Wat een stomme opmerking. Maar Moth bleef rustig.

'Hallo vriend, wat doen jullie hier? Oefeningen of zo?'

'Inderdaad, meneer, en u mag er niet door.'

Een grote groep van twintig soldaten kwam het duin over en stortte neer op het zand terwijl een truck met een canvas dekzeil kwam aangereden.

'We kunnen niet terug. Moth voelt zich niet goed, we willen naar Braunton en dan daar de bus nemen. We halen het nooit als we teruggaan.' Klonk ik wanhopig genoeg?

'Wacht hier maar even, ik zal kijken wat ik kan doen.' Een paar tellen later kwam de soldaat terug met een veldfles water.

'Blijf daar staan, dan geven we jullie zo meteen een lift. Hadden jullie het bord niet gezien waarop stond dat het duingebied gesloten is?'

'Nee.'

'Blijf daar staan.' De soldaten gooiden hun spullen in de truck, waarbij ze hun enorme rugzakken en koppelriemen optilden alsof ze zo licht als een veertje waren; ze pakten mijn rugzak en gooiden die op de stapel. Van dichtbij zag de soldaat eruit als een jongen.

'Wat is dit? Noem je dat een rugzak? Het lijkt eerder een handtasje.' Ze moesten allemaal lachen. Toen pakten ze die van Moth op.

'Stelt niks voor. Wij moeten onder de douche meer omhoog

houden.' Onder uitbundig gelach kropen we met z'n allen achter in de truck; het canvas werd omlaag gerold en we hotsten weg. Ze waren misschien gedisciplineerder en in betere lichamelijke conditie dan veel anderen, maar het werd al snel duidelijk dat dit gewoon een vrachtwagen vol jonge mannen was die veel lol hadden. In de hitte achter in het voertuig besefte ik dat deze jongens binnenkort naar een oorlogsgebied zouden gaan, over een paar weken kon een van hen gewond of dood zijn. Jonge levens, voorbij voor ze goed en wel waren begonnen, en waarvoor?

'Waar gaan we naartoe?'

'Mag ik niet zeggen, meneer. U kunt hier trouwens ook maar het beste uw mond over houden.' De truck stuiterde voort, kwam op asfalt en hield even later stil. 'Oké, eruit met jullie.'

De truck verdween rond een bocht in de weg, en ik kon alleen maar hopen dat die aardige mannen erin even vol leven bleven als ze nu waren.

De bus bracht ons naar Barnstaple en daar stapten we over op een andere naar Westward Ho!. Ik had het gevoel dat ik valsspeelde en begreep niet waarom.

We kwamen aan in Westward Ho!, gedesoriënteerd door de onverwachtheid en verrast door de grauwheid van het plaatsje. Door het uitroepteken achter die naam had ik iets spectaculairs verwacht, maar ik kon niets ontdekken dat bij die enthousiaste naam paste. Volgens Paddy is het stadje vernoemd naar een roman van Charles Kingsley, inclusief het uitroepteken. Misschien is het boek boeiender.

Door de onderbreking van de route voelden we ons ontheemd en een beetje verloren. Moth was prikkelbaar en al namen de pondmunten in de knip zienderogen af, hij had behoefte aan een biertje. Zo belandden we in een sombere bar met uitzicht op een betonnen looppad, waar kinderen wegsprongen voor de golven die over de zeemuur sloegen. Moth zat zwijgend zijn biertje te drinken en ik drukte een glas water met ijsblokjes tegen mijn hoofd.

'Pubquiz, mensen, doe gezellig mee, er zijn prijzen te winnen.' Een bol mannetje in een vest drong ons pen en papier op. 'Meedoen kost maar vijftig pence en de eerste prijs is tien pond. Wat kan je gebeuren.'

'Oké.'

'Moth, dat is vijftig pence!'

'Wat kun je nou helemaal kopen voor vijftig pence, en stel dat we winnen?'

Het mannetje wist drie teams te regelen, en stond dus op het punt een aardig verlies te lijden.

'Nou, laten we beginnen met tv.'

'Ik zei toch dat het zonde van het geld was.'

'En dan sport; in de Formule 1-races...'

Wat doen we hier?

'Wie was de kapitein van de "Black Pig"?'

Moth schoot overeind in zijn stoel en krabbelde op het papier: kapitein Pugwash.

'En de laatste vraag: wat kwam op in 1961 en ging neer in 1990?'

Die weet ik, die weet ik: de Berlijnse Muur. Misschien had ik niet moeten zeuren over die vijftig pence.

'De winnaars van de eerste prijs, tien pond, zijn... de familie aan de bar!'

Ze namen hun biljet van tien pond in ontvangst en gaven het meteen weer terug voor nog een rondje bier.

'En op de tweede plaats, voor vijf pond: de backpackers.'

Snel deden we onze rugzakken om en gingen onze prijs innen.

'Nog een drankje voor de winnaars?'

Onder de bar gaf ik Moth een schop, en hij keek me met samengeknepen ogen aan.

'Nee, helaas, we moeten echt gaan.'

Tralala, tralala, we huppelden terug naar het pad. Voor ons en achter ons sloegen de golven over de muur, maar op een of andere manier misten ze ons telkens. Gesterkt doordat we hadden gewonnen en door het ongefundeerde idee dat het lot ons misschien eindelijk eens goed gezind was, ontvluchtten we Westward Ho!, onder het zingen van het deuntje uit de serie *Kapitein Pugwash*. Tralala, tralala. Natuurlijk duurde de pret maar even, we konden geen goede kampeerplek vinden en stampten uiteindelijk maar in het donker een stukje struiken en distels op een helling plat. De zwaartekracht nam bezit van de synthetische slaapzakken en we werden midden in de nacht boven op elkaar bij de tentopening wakker. De zee was heel dichtbij, ze dreunde door de grond, meer een gevoel dan een geluid. We legden onze rugzakken bij de tentopening, zetten daar onze voeten tegenaan en hielden onze knieën gestrekt, zodat we in feite rechtop stonden.

Toen we de volgende ochtend door het distelveldje strompelden, met knieën die weigerden te buigen, merkten we dat we op een overhangend stuk steen en klei hadden gestaan, boven een holte waar de zee de aarde wegvrat. Een stukje land dat bijna aan zijn eind was en binnenkort in de vergetelheid zou wegzakken.

De hitte kroop langs het klif omhoog en viel over ons heen als een deken van luchtloze, pure verstikking terwijl we omhoogliepen naar Greencliff. Zwarte rots die naar de zee weggleed in gestolde lagen kaal, donker gesteente. Deze strook van het zwartste zwart loopt van Bideford naar de rand van het klif en spreidt zich dan tot vingers die de zee in steken. Ooit werd dit zwarte gesteente gedolven als brandstof voor de vele kalkovens langs dit stukje kust, waar het kalksteen uit Wales werd verwerkt tot kunstmest en bouwmateriaal. Nu dient Bideford Black als schilderspigment en als brandstof voor de kassa's van trendy kunstgaleries.

En het werd nog heter. Mijn neus gloeide, de nieuwe huid verbrandde al voordat de oude eraf was. Moth struikelde steeds vaker en voor het eerst viel hij echt, waarbij hij zijn arm schaafde en trillend bleef liggen.

'Ik moet even stoppen. Kun jij het water pakken?' Hij probeerde een onlesbare dorst te lessen en dronk tot er nog maar vijf centimeter water in de fles stond. We hadden water bijgevuld in de bar van Westward Ho! en sindsdien het grootste deel opgedronken, maar we waren nu behoorlijk ver van een kraan verwijderd, tenzij we een omweg maakten landinwaarts in de hoop ergens bij een huis te kunnen aankloppen.

'Zullen we doorlopen? Het lijkt erop dat we in de buurt van Babbacombe Cliff een beekje tegenkomen.'

'Ik zal het proberen.'

We zwoegden verder, terwijl Moth steeds langzamer vooruitkwam en ik me steeds meer zorgen ging maken. Toen we de droge beekbedding overstaken, was de middag één brandend hete schittering. Geen schaduw, geen bomen, alleen de top van het klif, de zee en de lucht. Om drie uur liet Moth zijn rugzak vallen en ging op de grond liggen.

'Ik ben op, gewoon helemaal op. Ik kan dit niet. Ik geloof dat ik koorts heb.'

'Denk je dat je een zonnesteek hebt, of ben je alleen maar uitgeput?'

'Ik wil naar huis, in mijn eigen bed kruipen en nooit meer wakker worden.'

Ik ging naast hem in het gras liggen en keek omhoog naar de lucht. Niet aan denken. Laat de gedachte niet binnenkomen. Ik ging weer overeind zitten, pakte mijn leesbril en keek nog maar eens op Paddy's kaart.

'We zijn bijna bij een klein ravijn, ik geloof dat het Peppercombe heet. Daar is een beekje, en er staan bomen, dus kunnen we er uit de zon zitten. Je voelt je vast beter als je eenmaal afgekoeld bent.' De hitte was nu zo erg dat ik alle vocht uit mijn lichaam voelde verdampen, zodat ik van perkament werd. We konden hier niet blijven.

'Ik kan niet meer.'

'Goed, dan laat ik mijn rugzak hier achter en ga ik even alleen kijken.' Ik liep bij hem vandaan; zonder het gewicht van de rugzak had ik springveren in mijn schoenen en ballonnen aan mijn schouders, maar ik was te bezorgd om ervan te genieten. Laat dit niet waar zijn. Laat hem niet achteruitgaan, alsjeblieft. Laat het gewoon de zon zijn.

Een strook groene bomen en struikgewas liep door het smalle dal in de richting van de zee en naar het geluid van water. Ik hurkte neer aan de rand van deze klaterende redding, kletste de ijzige kou tegen mijn brandende huid en wist zeker dat ik die hoorde sissen. Telkens weer dronk ik uit de kom van mijn handen, voor ik de tweeliterfles tot de rand toe vulde en de heuvel weer op liep.

'Je moet echt mee naar beneden komen. Het is zo koel onder de bomen, je knapt er helemaal van op. Nog maar een halfuur en je kunt dit drinken, als de waterzuiveringspil zijn werk heeft gedaan.' Ik vertelde hem maar niet dat ik zelf zeker een halve liter had gedronken voordat de gedachte aan bacteriën in mijn hoofd was opgekomen.

We bleven tot diep in de middag in de groene schaduw liggen doezelen tot een zwarte bol haar het beekje in sprong, gevolgd door nog vijf.

'Goed zo, jongens, spring er maar in, dan koel je lekker af.' De eigenaren van het troepje spaniëls bleven op de brug staan, functioneel gekleed met zakken, hoeden en wandelstokken. Ik was erg blij dat ik de waterflessen al had gevuld.

'Hé, hallo. Wat een mooie middag. Ver gelopen zeker?'

'Vandaag niet echt ver, het is zo heet.'

'Ja, tamelijk warm wel. Waar gaan jullie naartoe?'

'Land's End.' Poole kon ik nog steeds niet uit mijn mond krijgen. Alleen de gedachte eraan leek al belachelijk.

'Land's End? O, Land's End.' De lange, energieke man keek met een knikje de vrouw aan. 'Ik had al gehoord dat jullie deze kant op zouden komen. Wij komen uit het zuiden van Devon; gaan morgen weer naar huis, zo jammer dat we jullie niet zullen zien. Heel jammer. Nou, we moeten verder, ik wens jullie een vruchtbare reis. Kom mee, jongens.' Een golf zwart sprong de beek uit en holde de weg op, landinwaarts.

'Een vruchtbare reis? We komen rare types tegen.'

'Zeg dat wel.'

'Laten we naar het strand gaan – het wordt koud hier onder de bomen.' Ik had onmiddellijk spijt dat we het pad af waren gegaan, want het weggetje naar het strand liep steil omlaag, wat betekende dat we straks weer helemaal omhoog moesten klimmen.

Het was eb en op de zwarte steenlaag die afliep naar het water lag een strand van door de zee gladgeschuurde steentjes. De kiezels waren warm van de zon en voelden weldadig aan tegen onze pijnlijke spieren toen we in de schaduw van wat struiken gingen zitten, beschut tegen de vroege avondzon die nog steeds op onze rode huid brandde. De zee bleef hangen, glad als stroop, in een moment van besluiteloosheid voor de onvermijdelijke terugtocht. Moth rilde, maar was gloeiendheet, zijn gewrichten deden pijn en hij voelde zich misselijk.

'En als dit het nu is? Als ik nu doodga?'

'Je gaat nu niet dood; ik denk dat je een zonnesteek hebt. Trouwens, het is heus niet zo dat het ineens in de middag opkomt en je dan voor het eten dood bent.'

Omdat hij wist dat het zwarte ooit zou komen, dat het altijd ergens op de achtergrond aanwezig was, bleef hij voortdurend op zijn hoede; elk geritsel in het gras was zijn aartsvijand die hem besloop. We wisten dat het niet van het ene moment op het andere zou gebeuren, dat we op een helling stonden en nog een heel eind omlaag moesten voordat we aan het eind kwamen. Toch waren we allebei gespannen. In de dagen na ons vertrek uit de boerderij, toen we bezig waren ons voor te bereiden en de rugzakken in te pakken, had ik gedacht dat we door samen een grote afstand te wandelen de ruimte zouden krijgen om alles goed te overdenken. Dat we de tijd zouden krijgen om te praten over het enorme gevoel van verlies, en de rust om te proberen een toekomst onder ogen te zien, niet een toekomst met CBD erin, maar gevormd door CBD. Maar ik had tot nu toe helemaal niet veel nagedacht, we hadden voornamelijk over eten gepraat en over de warmte of de regen. Ik was doorgegaan zonder ergens aan te denken, alsof mijn hoofd in een papieren zak zat en ik het er alleen af en toe uit haalde om eraan te schudden en te zien of er iets in zat. Het was op een vreemde manier bevredigend om alleen maar de ene voet voor de andere te zetten, als een metronoom van leegte, en ik wilde niet nadenken. Maar één gedachte was wel binnengeslopen terwijl Moth voortworstelde: hoe dom het was om dit te doen, hoe onverantwoordelijk om hem hierin mee te slepen. Hij ging duidelijk achteruit. Als we niet zouden wandelen, zou hij niet deze dagelijkse uitputtende kwelling hoeven ondergaan. Ik durfde nauwelijks in de gids te kijken: door de glimp die ik hier en daar had opgevangen, had ik wel gezien dat het binnenkort nog zwaarder zou worden. Stel dat ik met mijn idee om deze krankzinnige reis te gaan maken de CBD had versneld? Dan zou het mijn schuld zijn. Per slot van rekening had de arts in het ziekenhuis gezegd: 'Rustig aan, niet te ver wandelen en voorzichtig met traplopen.' Het enige waaraan ik had gedacht in die dagen van plannen maken, was weggaan uit Wales, weglopen, vergeten dat we ons huis kwijt waren geraakt, dat ons gezin over het hele land verspreid was, dat Moth ziek was. Ik had Stephen Hawking eens in een lezing horen zeggen: 'Het verleden vertelt ons wie we zijn. Zonder dat verliezen we onze identiteit.' Misschien probeerde ik mijn identiteit kwijt te raken, zodat ik een nieuwe kon verzinnen.

'Heb je vandaag je pregabaline ingenomen?' Moth had dit middel voorgeschreven gekregen, niet als antidepressivum maar tegen de zenuwpijn. Het leek te helpen, al snapte ik niet hoe het kon dat het wel de pijn verlichtte maar niet zijn werking als antidepressivum had. Hij leek in ieder geval langzamer sinds hij het middel gebruikte. Minder pijn, maar ook minder Moth.

'Nee, de laatste keer dat ik een pil heb genomen was op Baggy Point. Ik ben vergeten te vragen of je nog een doosje hebt.'

'Nee, jij hebt ze.'

'Nee, hoor.'

'O shit. Waarom heb je het niet eerder gezegd? We moeten nieuwe gaan halen. We kunnen teruglopen naar Westward Ho!, daar de bus nemen naar Barnstaple, en kijken of je huisarts een recept kan opsturen.'

Hoe konden we die pillen vergeten zijn? Nu ik erover nadacht, zag ik ze op een tas achter in het busje staan, klaar om in de rugzak gestopt te worden. Totaal vergeten na onze ontmoeting met de engelen. Misschien lag er verder landinwaarts wel een stad, was er op loopafstand een apotheek, maar dat zouden we nooit weten. In het geweldige gidsje van Paddy Dillon staan Ordnance Survey-kaarten van het hele South West Coast Path, fantastisch uitgebreid en gedetailleerd; beter kun je niet wensen. Maar de keerzijde daarvan is dat die kaarten alleen een strookje kust van hooguit een kilometer breed laten zien. Deze smalle strook was onze wereld geworden, met een kilometer land links van ons en een natte oneindigheid rechts. Het pad gaat over een groot stuk van de Britse kust en passeert eigenlijk maar een paar plekken die je echt verlaten kunt noemen. Maar daar op dat strand was het zo kristalhelder als het zoute water dat over het Bidefort Black stroomde: de beschaving bestaat alleen voor wie zich kan veroorloven erin te wonen, en verlatenheid en isolement kun je overal voelen als je geen dak boven je hoofd hebt en geen geld in je zak.

'Ze liggen in het busje. We zouden ze met de post ergens heen kunnen laten sturen. Misschien naar Clovelly.'

'Nee, Jan is tot eind augustus met vakantie. Zoals je zegt, het is alleen maar een zonnesteek. Laten we theezetten en iets eten. Dan komt het wel weer goed met me.'

'Je mocht er niet mee stoppen. Misschien heb je wel ontwenningsverschijnselen; het is misschien slecht voor je.' Wat had de dokter ook weer gezegd? 'Wat je ook doet, je mag niet zomaar met de pregabaline ophouden.' Je kon een ellenlange reeks ontwenningsverschijnselen krijgen, te beginnen met hoofdpijn, misselijkheid, diarree, zweten en uiteindelijk slapeloosheid, gespannenheid, depressie en zelfmoord. Als je geluk had.

Hij kon niets eten, maar nadat hij er een paar lepels rijst uit had gegooid, dronk en dronk hij. Het trillen werd heviger terwijl we de tent opzetten op het vlakke stukje grond achter de heg. Hij trok het schone T-shirt aan dat hij onder in zijn rugzak had bewaard, en ik spoelde braaksel uit in een rotspoeltje.

In het aardedonker van de nacht kon ik niets zien in de tent; er was geen maan om ergens zelfs maar een vage vorm aan te geven. Bij elk gekreun en gesteun deed ik de zaklantaarn aan, al weet ik niet wat ik dacht te zien; ik kon toch niets doen.

'Water, ik moet water hebben.'

De telefoon had geen bereik en tegen vier uur had de batterij het begeven in de kou. Als ik hulp wilde halen, zou ik hem daar alleen moeten laten om op zoek te gaan naar een huis. Ik wilde hem niet alleen laten. Ik deed de zaklantaarn aan, een roekeloze verspilling van de batterijen.

'Die lucht, die lucht, wat een smerige braaklucht, wat is dat?'

'Ik ruik niks.'

'Het stinkt.'

Ik rook alleen de geur van wasmiddel die uit het enige schone T-shirt kwam.

'Lotusbloem en meloen. Probeer te gaan slapen.'

'Het stinkt.'

Ik scheen met de zaklantaarn door de tent, om te zien of alles op de juiste plek stond, vertrouwdheid die de paniek moest bedwingen. In de loop van onze dagen op het pad was de groene koepel van onze tent ons thuis geworden. Elke avond begonnen we met het ritueel van het inrichten van ons huis met onze bezittingen. Eerst de zichzelf opblazende matrasjes, daaroverheen een fleecedeken, dan de slaapzakken, dan wij en dan de rugzakken aan onze voeten bij de ingang. Daarna pakten we de rugzakken uit, legden de kookspullen in de voortent, spreidden onze kleren uit over het gedeelte van het grondzeil dat nog onbedekt was, om de kou tegen te houden, en hingen dan de zaklantaarn aan een haak in een lus boven de rits van de ingang. Tot slot zette ik dan thee, terwijl Moth lag te lezen in de superdunne uitgave van *Beowulf*, het enige boek dat we bij ons hadden. Ligt het in de menselijke aard om zo vast te houden aan rituelen? Is het iets instinctiefs, willen we een veilige omgeving bouwen voordat we onszelf toestaan te gaan slapen? Kunnen we ooit echt rusten zonder die veiligheid? Het was mijn enige houvast daar in die tent, ergens aan de kust, met een stervende man die aan het afkicken was van een antidepressivum voor het centrale zenuwstelsel, een middel dat in Amerika al op de markt was, maar in het Verenigd Koninkrijk nog niet.

Ik kroop dicht tegen Moth aan om het rillen tegen te gaan en bleef de hele nacht de zaklantaarn aan en uit doen, waarbij ik me inbeeldde dat ik tweehonderd jaar geleden leefde en smokkelaars naar de kust lokte. Ik gaf de gedachte aan slapen op, toen er een zacht licht in het groen kroop. Hij was eindelijk tot rust gekomen en ademde rustig. Zachtjes kroop ik de slaapzak uit en ritste de tent open, maar speelde het klaar om de tent uit te vallen doordat ik over de gasbrander struikelde, zodat daarvan een poot brak. Mijn zaklantaarngeflits had niets opgeleverd: nooit een kratje rum als je het nodig hebt.

Moth werd uiteindelijk om negen uur wakker, terwijl ik de poot van de gasbrander probeerde te plakken met een rolletje leukoplast. Hij trilde niet meer, maar had een barstende hoofdpijn, zijn gewrichten deden pijn en de pijn in zijn schouder was nog erger geworden. Ik zette thee, twee keer en ging toen naar het beekje om nog wat water te halen. Bekers warme thee waren een reddingsboei geworden. Eerst was het kalmerende effect van de hete vloeistof op gierende zenuwen onbetaalbaar geweest, maar nu vulde die vloeistof een gat waar voedsel zou moeten zijn. Ik had geen zin om de tent af te breken en Moth was er niet sterk genoeg voor; ik zou de boel wel inpakken als iemand ons kwam wegsturen. De rotspoeltjes vormden een perfecte wasteil en ik schrobde onze kleren met water en shampoo; ze gingen er lekkerder van ruiken, maar droogden een beetje kleverig en krakerig van het zout op. Met een nagelschaartje knipte ik de gescheurde legging af om er een korte broek van te maken en daarna hing ik alles op de rotsen te drogen.

De Bideford Black mondde uit in de zee en splitste zich daar, als een spier van land die zich zo ver mogelijk uitrekt. In de smalle sleuven tussen de glanzende gladde zwartheid vormden zich donkere poelen zout water met verborgen diepten. Het zonlicht weerkaatste op het oppervlak, maar toen ik mijn hand in een poel stak om de lege, gladde, koude steen op de bodem te voelen, was die er niet; het gat ging de diepte in, waarbij het geleidelijk aan breder werd. Geen zeesterren of krabben, maar een diep, geheimzinnig gat waarin zich misschien onbekende grotten en mysterieuze schepsels verscholen. Een beetje griezelend bij de gedachte aan wat er misschien onder mijn voeten schuilging, sprokkelde ik drijfhout op het strand en toen de avond killer werd, maakte ik daarvan een vuurtje dat ik zacht brandend hield terwijl Moth rillend naast me in zijn slaapzak weggedoken lag. En opnieuw een nacht batterijen verspillen.

Bij het aanbreken van de dag liep ik over het strand om nog meer stukjes drijfhout te zoeken voor een vuur. In het scherpe gras dat op de stenen groeide, tussen het roze strandkruid, stond een gammele hut, gemaakt van stukken hout en aangespoeld plastic. Iemand had er banken in gezet en strengen zeewier opgehangen. Ik speelde dat het mijn huisje was, versierde het zeewier met schelpen, toen Moth een beetje wankel over de stenen naar me toe kwam met twee koppen thee die hij onzeker voor zich hield. Ik pakte de koppen aan en we gingen in de hut zitten.

'Welkom thuis, Ray. Wat vind je van ons nieuwe huisje?'

'Geweldig. Ik heb altijd een huis gewild met veel licht en uitzicht op zee.'

'Moeten we teruggaan naar Wales, ergens de tent opzetten en de gemeente smeken om een dak boven ons hoofd? Of zullen we gewoon hier blijven, deze hut verbeteren, op het strand wonen? Ik bedoel, wat gaan we eigenlijk doen als dit voorbij is?' De grote onuitgesproken vraag. Wat gingen we doen?

'Ik weet het niet.'

We bleven een tijdje in de hut zitten en later in de schaduw van de heg, terwijl we naar een groep strandlopers keken. Mooie, compacte waadvogeltjes met hun witte borst en hun gebleekte kastanjebruine rug, die op oranje spillepootjes parmantig tussen de zwarte steen en het zeewier liepen. Met hun sterke puntsnavel wipten ze snel stenen op om de lekkere hapjes daaronder te vinden. Ze waren waarschijnlijk op weg naar het noorden of het zuiden, of misschien waren het niet-broedende vogels die hier gewoon in de zomer bleven hangen. Ook wij bleven hangen: Moth kroop koud en met pijnlijke gewrichten in zijn slaapzak en doezelde onrustig weg in de zon, terwijl ik nog wat drijfhout en gedroogd zeewier voor het vuur sprokkelde. Toen de zon onderging, beseften we dat we Wales niet meer konden zien. Het was weggegleden zonder dat we het hadden gemerkt. De enige zichtbare landmassa was Lundy, dat nu veel dichterbij kwam. Het vuur viel uiteen in sintels en Wales was weg; we waren alleen op een strand in Devon, zonder huis, zonder hoop er een te krijgen, met alleen het pad en onze voeten.

Moth lag de hele nacht te kreunen, de pijn in zijn gewrichten werd erger, tot hij eindelijk in een diepe slaap viel. Was de pregabaline-hel voorbij? Ik lag naar hem te kijken, maar hij werd niet wakker en uiteindelijk vielen ook mijn ogen dicht. Hij werd rond het middaguur wakker, helderder, iets sterker, at een mueslireep en was klaar om verder te gaan.

'We kunnen hier niet blijven, we hebben nog maar voor één dag eten. Laten we naar Clovelly gaan. Daar kunnen we vast wel een nieuwe voorraad inslaan en het kan nooit verder zijn dan acht kilometer.'

We liepen vanaf het strand omhoog terug naar het pad dat op en neer ging in meedogenloze stuiptrekkingen. Al heel snel was Moth uitgeput. Het winkeltje in Bucks Mills was tien minuten voor wij er aankwamen dichtgegaan, dus liepen we het bos in. Nog niet eens halverwege Clovelly en nu moesten we al stoppen. We zagen een glimpje groen tussen de bomen door en drongen door het struikgewas heen, gooiden onze rugzakken over het schrikdraad en rolden er zelf als paratroepers onderdoor, naar de weelderig groene hoek van een weiland dat aan drie kanten was omgeven door bomen en in een flauwe holte lag, volkomen uit het zicht. We zetten de tent op en aten uitgehongerd ons laatste eten op, waarbij we alleen vier graanbiscuits bewaarden voor het ontbijt. Het gaf niet; de volgende dag zouden we toch in Clovelly zijn.

7

Honger

Ik zat buiten in het zachte, bedauwde licht van alweer een droge ochtend en zette een kop thee om onze laatste koeken weg te spoelen. Mijn benen jeukten in mijn pas afgeknipte korte broek, waarschijnlijk door de wasbeurt in zout water.

'Moth, kom er eens uit, ik heb thee gezet.' Mijn benen jeukten eigenlijk wel erg.

'Wauw, moet je je benen eens zien, schitterend.' Was hij nog ziek? Mijn benen kunnen er best mee door, maar ze zijn ook weer niet opvallend mooi. 'Moet je kijken: lieveheersbeestjes.'

Het waren geen lagen zweterig zout op mijn benen, het waren lieveheersbeestjes. Ik stond op en zag dat mijn hele lijf ervan krioelde. En ze zaten overal. Op de tent, op de gasbrander en ook op Moth, toen hij opstond. Al die kleine pootjes gingen de lucht in terwijl ze van onze gestrekte armen opvlogen, op weg naar hun eerste ontbijt. Ik had mijn hele leven buiten gewoond en wist dat lieveheersbeestjes-ouders honderden eitjes leggen in een omgeving waar veel bladluizen zitten. Als de jongen dan uitkomen, staat hun eten alvast klaar. Maar deze waren zo bijzonder en er waren zoveel van die glanzend rode wondertjes, er moest meer achter zitten; ze moesten een betekenis voor ons hebben. Hier stonden we op deze vroege ochtend en zagen honderden schepseltjes voor het eerst hun vleugels spreiden en opvliegen vanaf onze vingertoppen. Nee, ik kon het niet wetenschappelijk bekijken, ik klampte me vast aan de mythe van het lieveheersbeestje dat geluk brengt en droeg die met me mee in een rozenrode, gestippelde gloed. Ik zag hoe de roze aura van Moth opvloog en deed mijn best om in wonderen te geloven.

'Weet je, ik voel me goed vandaag.'

'Komt het door de lieveheersbeestjes?'

'Nee, ik denk dat het komt doordat ik die pillen niet meer slik; het lijkt wel alsof ik uit de mist ben gestapt. Het doet wel pijn, maar ik ga eens kijken hoe het gaat zonder die pillen. Ik neem wel een paar ibuprofens, maar ik voel me anders, helderder. Laten we naar Clovelly gaan en iets te eten halen. Ik ben uitgehongerd.'

'Toch denk ik dat het door de lieveheersbeestjes komt.'

Het weer sloeg snel om en door de bladeren van de bomen heen begon een onbarmhartige regen te vallen. Het grindpad slingerde zich eindeloos door een gebied dat The Hobby wordt genoemd, met bochten waarachter Clovelly telkens weer niet in zicht kwam. Overal om ons heen werden we herinnerd aan onze honger, zelfs door een stel jonge fazanten die uit voerbakken aan de rand van het bos aten. We hadden al een week honger, maar nu begon mijn maag zich samen te trekken en ik voelde me licht in mijn hoofd. Konden we het fazantenvoer koken?

Clovelly wordt gerund als een landgoed. Alle huizen worden verhuurd door het bedrijf van nakomelingen van de familie die al bijna driehonderd jaar eigenaar van het landgoed is. Het plaatsje is vooral bekend vanwege zijn steile kasseienstraatjes die naar de haven leiden, langs cottages die zo uit een prentenboek lijken weggelopen. Maar wij kregen het telkens maar niet in zicht, er kwam geen eind aan de weg, het bos en de fazanten.

'Die acteur uit die film woont hier. Je weet wel, zijn vrouw is gestorven aan ALS.'

'Wat sneu, zeg. Welke acteur dan?'

'Weet je niet meer, die film over iemand die van Land's End naar John o' Groats ging wandelen. Maar zij woonden in een huis met verzorgers, niet op het pad zelf. Ik wil niet in een tent doodgaan.'

'Je gaat niet dood in de tent. Denk je dat hij echt dat hele eind heeft gelopen, of was het alleen voor de film?'

Ik merkte dat ik die acteur een beetje benijdde. Niet omdat hij de vrouw had verloren van wie hij hield, maar omdat hij hun huis nog had, vol herinneringen aan hun leven samen; als hij zijn ogen dichtdeed, kon hij voor zich zien hoe zij in een stoel zat te lezen, of uit het raam zat te kijken. Wat zou ik hebben?

'Denk je dat dit gewoon een masochistische manier is om te doen alsof we niet dakloos zijn? Alsof we nog steeds een doel hebben?' De fazanten schoten voor onze voeten weg en hergroepeerden zich achter ons. De honger was nu heel hevig en ik had hoofdpijn.

'Natuurlijk is het dat.' Moth was blijven staan, stomverbaasd door iets wat hij zag. 'Wat is dat in hemelsnaam? Ik hallucineer toch zeker niet meer?'

'Nee, dat is een heel grote kalkoen.'

'Wat doet een enorme grijze kalkoen bij de fazanten in het bos?'

'Geen idee.'

'Ik ruik auto's. Volgens mij zijn we er.'

We negeerden het bord waarop stond dat de entree 6,50 pond per persoon was en liepen de kasseienstraat van Clovelly af, waarbij het gewicht van onze rugzakken het moment nog gedenkwaardiger maakte. De winkel was niet echt een winkel, meer een veredelde snoepkraam met zoetigheid en ijs voor de toeristen.

'Als u eten wilt, moet u bij de pub zijn, of bij het bezoekerscentrum.'

We liepen verder naar de haven en gingen zitten, in de motregen die begon weg te trekken.

'Misschien kunnen we wat extra pinnen als we een patatje voor ons samen bestellen.'

Langs de stenen boog van de haven kwam een pukkelige jongen aangelopen, geheel in het zwart, alsof hij op weg was naar zijn werk in de bar. Hij liep een enorme Cornish pasty te eten, zo'n hartig deegtaartje waar ze in Cornwall patent op hebben. Ik had zo'n honger dat ik even overwoog mijn hand uit te steken om de vallende deegkruimels op te vangen. Het was maar een jongen, hij zou er niet mee zitten.

'Waar heb je die pasty vandaan, vriend? In de winkel was niets te krijgen.'

Hij keek een beetje geschrokken dat hij werd aangesproken door een onfris ruikende zwerver van middelbare leeftijd en bestudeerde ons, terwijl hij zijn hap wegkauwde.

'Ze verkopen ze in het bezoekerscentrum.'

'Wij dachten erover naar de pub te gaan. Is het eten daar een beetje te betalen?'

'Nee. Ik werk daar; je betaalt er een fortuin. Zelfs ik moet betalen. Daarom ga ik voor mijn werk altijd eerst naar het bezoekerscentrum om een pasty te kopen. Ik bedoel, daarom en vanwege het meisje met het roze haar dat ze verkoopt.' Hij lachte.

'Dat is jammer, vriend. Nou ja, bedankt voor de tip. Het is niet makkelijk om een goedkope pub te vinden hier.'

De jongen zag ons kennelijk als verwante geesten en ging op de bank vlak bij ons zitten.

'Vertel mij wat. Aan mij zal die elite hier geen cent verdienen. Ze hebben zelf geld genoeg. Zo gaat het hier. Alles is eigendom van Hem daar op de heuvel.'

'Je bent dus niet zo dol op deze plek? Het leek me juist wel leuk om hier te wonen.'

'Tja, zwart schaap in chic dorp. Ik ga binnenkort bij het leger. Tijd om weg te wezen hier.'

'Maar het heeft toch vast ook wel positieve kanten om hier te wonen? Ik bedoel, het is een idyllische plek, en dan is er nog het meisje met het roze haar.'

'Nee, zij ziet mij toch niet staan. Maar ik doe wel graag als drijver mee aan de jacht: met die landgoedjongens kun je lachen.'

'Dus jij hebt verstand van de jacht? Zeg eens, hoe zit het met die kalkoenen?'

'Bedoelt u de kalkoenen in het bos? De meeste mensen valt dat helemaal niet op. Die worden hier gehouden omdat ze de fazanten naar het voer lokken, en wie met de kerstjacht de kalkoen omlegt, krijgt een bonus. Ze mogen hun eigen diner schieten en winnen er dan ook nog een fles whisky mee. Wij krijgen alleen maar vijf pond voor de hele dag door het bos jakkeren. Nou, ik moet weg. Prettige wandeling nog.'

'Veel succes in het leger.' Ik was bang dat hij alleen maar de ene hiërarchie zou verruilen voor de andere, maar hij maakte wel de indruk dat het leven hem de veerkracht had gegeven om dat aan te kunnen.

We zakten bijna door onze knieën toen we eindelijk bij het bezoekerscentrum op de top van de heuvel aankwamen. Ik had de hele dag maar één koek gegeten en mijn hoofd tolde.

Het grote restaurant zag er echt veelbelovend uit en we hadden geld op de bank. We hingen onze regenkleren te drogen op de stoelen, plugden de telefoon in om hem op te laden en kozen het goedkoopste van de menukaart. Het meisje met het roze haar keek ons verontschuldigend aan en legde uit dat ze net vijf minuten geleden dicht waren gegaan en dat ze niets meer mocht verkopen.

'Ach, kunnen we dan misschien alleen een potje heet water krijgen?'

'O, ik weet het niet.' Ze keek achterom. 'Toe dan maar, als jullie dan wat geld in de fooienpot stoppen.'

'Kan ik niet gewoon twee van die pasty's kopen? We wandelen het kustpad en hebben geen eten meer. We dachten dat we bij de winkel wel iets zouden kunnen kopen...'

'O, nee, je kunt hier geen eten krijgen. Ik mag die pasty's niet verkopen nu we gesloten zijn. Ga maar zitten, dan breng ik het water.'

De kleren dampten terwijl we zaten te wachten.

'Wat doen we nu? We moeten aan eten zien te komen.' Het gezin aan het tafeltje naast ons was weggegaan en had borden met onaangeroerde salade laten staan. Ik zat net moed te verzamelen om twee borden naar onze tafel te verplaatsen, toen het meisje met het roze haar naar ons toe kwam.

'Ik moet even wachten tot de baas weggaat, maar dan kunnen jullie wel wat pasty's krijgen om mee te nemen. Ik moet eigenlijk weggooien wat overgebleven is, maar dat is zo zonde, dus dan kunnen jullie ze net zo goed krijgen. Ik kan jullie niet met lege handen laten weggaan. Dan zou het net zijn alsof ik mijn oma liet verhongeren onder een heg. Het zou verkeerd zijn.' Haar oma? Tjee, ik moest er wel verschrikkelijk uitzien.

'Dank je wel, dat is heel lief van je.' Misschien kon ik iets terugdoen. 'We hebben hier een paar aardige mensen ontmoet, zoals die jongen die hier altijd een pasty koopt en bij de pub werkt – hij was echt vriendelijk, leuk om mee te praten.'

'Dat weet ik, maar hij gaat bij het leger. Ik wil helemaal niet dat hij weggaat.'

'Misschien moet je dat eens tegen hem zeggen? Je weet maar nooit, volgens mij denkt hij er net zo over.'

'Denkt u?'

'Vast.'

We gingen weg met een zak pasty's en kochten bij de souvenirwinkel op weg het dorp uit nog vier pakjes karamel en een fles lokaal gebrouwen perencider – die we met de bankpas betaalden, zodat we wat extra konden pinnen.

De jongen bij de haven liet me niet los. Ik begreep zijn gevoel van 'zij en wij' in het dorp. Als dochter van een pachter op een groot landgoed hoefde ik hem niet te vragen wie hij bedoelde met 'Hij'. Ik had als kind het nederige respect gezien waarmee de mensen in ons dorp de landeigenaar en iedereen die bij hem hoorde behandelden, en ik voelde mee met de minachting van de jongen. Het was die jeugd die me ertoe bracht om naar socialistische demonstraties te gaan en te protesteren tegen de *poll tax*, tegen de Amerikaanse kernkoppen bij Greenham Common, tegen alles eigenlijk. Toen mijn ouders me aan een zoon van een zelfstandige boer probeerden te koppelen, was het vanuit dat gevoel van rebellie, tegen het establishment, tegen de overheersing, dat ik zo hard als ik kon naar Moth rende en naar zijn overtuiging dat vrijheid ons belangrijkste bezit is. Mijn moeder heeft het me nooit echt vergeven dat ik niet koos voor de geborgenheid van een huwelijk met een man die land bezat, en tot haar dood toe heeft ze nooit geaccepteerd dat Moth die keuze waard was. Terwijl ik in het afnemende licht door het bos liep, met de vochtige, zure geur van kreupelhout in de lucht, hoorde ik bijna hoe ze me uitlachte.

'Nu heb je zeker spijt, mijn meisje.' Nee mama, helemaal niet.

Het pad volgde de rand van het bos dat uitliep in een open grasland met jonge boompjes erop, waarvan de stammetjes waren omwikkeld met gaas: een hertenpark blijkbaar. In de verte gingen de lichten van het grote huis aan.

'Denk je dat Hij zich aan het kleden is voor het diner?' Ik dacht aan een warm vuur en droge kleren.

'Je bent gewoon jaloers.'

'Nee, echt niet. Laten we hier kamperen – het is een perfecte plek.'

'Het is het niet waard. Je kunt erop rekenen dat er morgenochtend vroeg iemand van het landgoed met een Landrover komt om te zeggen dat we weg moeten wezen.'

'Dan moeten we gewoon vroeg opstaan.'

De uilen in het bos zaten de hele nacht theatraal te roepen, en hoe zacht en vlak het gras ook was, slapen kon ik niet. Ik probeerde ze te tellen, het waren er vier of vijf, of misschien was het steeds dezelfde die rondjes vloog. Hoe comfortabel 'Hij' het ook had in het grote huis, dit had hij niet, hij hoorde niet de vleugelslag van een uil door de eikentakken gaan, of het gekras van de klauwen tegen de bast van een beuk. Hij ademde niet de zoete geur van brandnetels in of het scherpe luchtje van de brem als hij zijn hoofd op zijn kussen legde. Maar hij had dan weer wel een kussen.

Toen ik eindelijk wakker werd, was Moth al op; hij schreef iets op een stuk papier.

'Wat ben je aan het doen?'

'Ik schrijf een bedankbrief. Wat vind je hiervan?'

Ik pakte mijn leesbril uit mijn schoen en las wat er op het kreukelige blocnotevelletje stond: *Geachte heer, dank u voor een heel prettige nacht kamperen in uw hertenpark. Ik zal zeker al mijn vrienden over uw gastvrijheid vertellen.*

'Ik stop het boven in de ciderfles en steek die in het gaas om de boom. Daar vinden ze hem zeker.'

'En hoe zit het met "geen sporen achterlaten"?'

'Het is geen afval, het is een bedankbrief.'

Halfnegen, zo vroeg waren we nog niet eerder op geweest. We schudden de lieveheersbeestjes van de tent en liepen verder.

8

De hoek

Als je in de zon ligt op warm doorstoofd gras, nadat je al vóór de lunch zes kilometer hebt gewandeld en na een handvol vlierbessen zo van de boom, is er veel te zeggen voor het leven van een vagebond. Lundy lag pal voor ons; we hadden er dagenlang naartoe gelopen en zouden er nu heel binnenkort bij vandaan gaan. Aan de andere kant van de vallei die wij net overgestoken waren, ging het bos over in steile heidevelden, die omlaag liepen naar de zoveelste beek, en weer omhoog naar de plek waar wij zaten. Twee figuurtjes worstelden zich door de brem, heidestruiken en brandnetels aan de andere kant, en wij gaven ons over aan ons favoriete tijdverdrijf: toekijken hoe andere mensen het net zo verkeerd doen als wij. De figuurtjes verdwenen uit het zicht en we aten een stukje karamel. Karamel voor het ontbijt, karamel voor de lunch en het zag ernaar uit dat het ook karamel voor het avondeten zou worden. Onze stinkende, van zweet doortrokken kleren waren droog en het was bijna tijd om verder te gaan. Opeens een zeldzame verschijning. Backpackers met volle bepakking die zo te zien bezig waren aan een langeafstandswandeling. De jonge mannen bleven even staan voor de obligate vragen over waar wij heen gingen.

'Land's End? Geweldig, ook backpackers.' Ze deden hun rugzak af en lieten zich ernaast op het gras vallen. 'Hé, we hebben jullie al eerder gezien. Jullie kampeerden toen bij de Great Hangman. Hoe kan het nou dat jullie ons vóór zijn?'

Ja, hoe kon dat nou? Ze zochten in hun rugzakken die nonchalant waren ingepakt, zoals jongeren dat doen: alles was in supermarkttassen gepropt en puilde aan alle kanten uit. Bubbeltjesplastic zat bevestigd aan de banden van hun rugzak en hun slaapmatjes waren er met touw bovenop gebonden.

'Waar hebben jullie gisteravond gekampeerd? Wij konden geen plek vinden en zijn uiteindelijk maar op het grasveldje voor het bezoekerscentrum gaan staan.'

'In het hertenpark; het was heerlijk daar, afgezien van de uilen. Waren jullie niet met z'n vieren toen bij de Great Hangman?'

'Ja, dat klopt. Een van ons is in Woolacombe gestopt, dus daar zijn we een paar dagen gebleven. En de andere is gewoon ingestort op Greencliff; het was zo smoorheet, hij kon er niet meer tegen. We zijn met hem teruggelopen naar Westward Ho! en hebben de bus naar Barnstaple genomen, hem weggebracht, voorraden ingeslagen bij de supermarkt, toen weer de bus terug naar Westward Ho! en toen moesten we Greencliff nog een keer overdoen.'

'Greencliff was een nachtmerrie. Wij hadden het daar bijna opgegeven. Wat een goed idee om naar de supermarkt te gaan. Er was geen eten te koop in Clovelly behalve een zak pasty's en karamel.'

'We zijn daarboven verkeerd gelopen en liepen vast in de braamstruiken.' Hij trok zijn sokken uit om zijn blaren te bekijken en de stekels uit zijn enkels te trekken.

'Ja, we zagen jullie gaan.' Wat was het fijn en hartverwarmend om in het gezelschap te zijn van deze twee jonge mensen, die zo gemakkelijk en ongebonden waren en zo zorgeloos van het leven genoten. Ik voelde een steek van verlangen naar mijn eigen kinderen, die dezelfde leeftijd hadden en dezelfde lichtheid van bestaan. Ik slikte de tranen weg en verzorgde zijn wonden met ontsmettende doekjes en blarenpleisters.

We bleven een uur lang in de warme zon zitten praten, verhalen van het pad die een band tussen ons vormden. Josh en Adam waren een paar dagen na ons gestart in Minehead en op een of andere manier hadden hun omzwervingen en ons trage tempo ons hier op dit moment bij elkaar gebracht. Zij zouden de volgende dag in Bude zijn en vandaar teruggaan naar huis; wij zouden dan een paar stappen of een paar kilometer zuidelijker zijn, en we zouden hen nooit meer zien. Maar dat gaf niet.

'Gaan jullie echt helemaal naar Land's End? Ik wou dat wij zoveel tijd hadden. Ik moet terug, we moeten over drie dagen verhuizen.'

'Jaaa... Adams vriendin dacht dat hij maar een weekje wegging. Jij bent straks echt zwaar de lul, man.'

'Ach, wat kan mij het schelen, ze draait wel weer bij.'

'Vast wel. Misschien gaan we wel door naar Poole als we kunnen.' Het klonk onmogelijk ver weg, maar alleen al doordat ik het zei, leek het een beetje dichterbij.

'Bofkonten.'

We ruilden wat zakjes koffie voor een pak couscous en zwaaiden hen na. Toen ze uit het zicht waren, liepen we langzaam achter hen aan. Hand in hand in de warme middagzon. Dakloos, stervend, maar vreemd genoeg op dat zweterige, uitgedroogde moment, ook bedeesd, schoorvoetend gelukkig. *Bofkonten.*

Hartland Point is de droom van elke geoloog. Overal langs deze kust kom je telkens weer ander gesteente tegen, maar nergens is het zoals bij Hartland Point. De sedimenten zijn 320 miljoen jaar geleden in ondiepe zeeën gevormd door lagen zand, schelpen en klei. Zo'n 290 miljoen jaar geleden, toen de Gondwana-plaat vanuit het zuiden opschoof en botste met de Laurazische plaat in het noorden, werd het gesteente hoog opgestuwd, een verschijnsel dat bekendstaat als de hercynische orogenese (gebergtevorming). Daarmee vormden zich gebergten van Portugal via West-Spanje, Cornwall, Devon tot en met het zuiden en westen van Wales en Ierland. De kliffen van Hartland Point zijn uitgesleten tot hoge zandstenen ribben met chevron- of zigzagplooien. Een duizenden jaren oude beweging, nog steeds zichtbaar, nog steeds levend onder onze voeten.

Maar ik zag alleen een voetbal op een paal. Een absoluut reusachtige voetbal in de lucht voor ons. Op een paal.

'Beheers je, Ray, het is een radarstation; dat staat in de gids. Hij wordt gebruikt voor het regelen van het luchtverkeer.'

'Ik moet even gaan zitten.'

'Heb je soms te veel karamel gegeten? Volgens mij heb je last van een overdosis suiker. Je moet iets echts eten, maar er is pas weer iets te krijgen bij een hotel in Hartland Quay. Dat zou dan zestien kilometer zijn op één dag; ik weet niet of we dat halen.'

'Ik red me wel. We hebben nog een halve zak karamels en wat couscous.'

*

Ik ben altijd dol geweest op vlaggetjes. Vrolijke, gezellige tuinfeesten en kampeeruitjes uit mijn kindertijd. Maar de vlaggetjes aan het kleine café in een keet bij Hartland Point waren wel de mooiste die ik ooit had gezien. Een vlaggetjes-oase. Vlaggetjes met emotie. Vlaggetjes met eten. Onverwacht eten aantreffen is net zoiets als op een ochtend wakker worden en beseffen dat je vandaag jarig bent.

'Kunnen we vier pond betalen voor ieder een panini, of zullen we er samen eentje delen?' Alsjeblieft, Moth, zeg ieder één, alsjeblieft.

'Nee, jij moet eten en wie weet wanneer we weer ergens komen waar we voorraden kunnen inslaan. Ieder één.'

Mozzarella, basilicum en tomaten vormden samen een soort winderige, van rondcirkelende meeuwen vergeven hemel. Ik zat met mijn rug naar de voetbal en met de wind in mijn gezicht uit te kijken over het eind van het Kanaal van Bristol en het begin van de brede, eindeloze Atlantische Oceaan. Het is woest hier, een uithoek waar getijden, winden en tektonische platen op elkaar botsen in een bulderende wirwar van elementen. Een plek waar dingen eindigen en beginnen, van schipbreuken en aardverschuivingen. Het uitkijkpunt bij de balustrade ving de wind en stuwde die op in een wervelende mist van koude, zuurstofrijke druppeltjes zeewater. Ik vloog mee met die opwaartse kracht; levend, we leefden.

'Zullen we verdergaan?' Er verandert iets. Er vormt zich iets. Ik kan het nog niet zien, maar ik voel het aankomen. We sloegen links af en zetten koers naar het zuiden. Ik hield mijn ogen gericht op de zee, weg van de voetbal.

De grond steeg en daalde. Hier waren geen bomen, de begroeiing werd lager, gedrongen en koppig geworteld in een dun laagje aarde, meebuigend met het volle geweld van de Atlantische krachten. Rotsige landtongen liepen steeds weer omlaag naar beekdalen. Een landtong die Cow and Calf heette, al had ik nog nooit zo'n koe en kalf gezien, werd een vertrouwde vriend die in de verte achter ons verdween, terwijl er telkens weer nieuwe rotsige landtongen kwamen. De zon zakte door jagende wolken in het westen en het licht zwakte af toen we bij een vlak stuk kort gras boven op een onbeschut klif kwamen. Het uitzicht door de poort van een vervallen toren ving het wegstervende licht rond de spits van Stoke Church. We overwogen de tent dicht naast de toren op te zetten, in de hoop dat die wat beschutting tegen de wind zou bieden, maar in het donker was het moeilijk te zien hoe stabiel de toren was, dus zetten we de tent met zijn voorkant recht naar de Atlantische wind die over het open klif joeg, te moe om ons daar druk om te maken.

Ik werd wakker door het geluid van een plensbui. Water kletterde tegen de strakgespannen buitentent. Mijn ogen voelden zanderig, nog mistig van de slaap, maar het water kwam alleen uit het zuiden. Het zou uit het noorden moeten komen, of uit het westen, zo van de zee, maar de regen sloeg niet tegen de voorflap. Toen hield hij op. Een plensbui tegen de achterkant van de tent, die ineens ophield. Raar. Ik stak mijn hoofd door de tentopening om te kijken naar die vreemde wolken die wel heel snel over moesten komen. Ze waren er niet. De eerste zonnestralen vielen net over de zee, en de overgang tussen water en lucht vervaagde in het witte blauw van de vroege ochtend. Geen wolkje. Maar de bron van de regen stapte weg naar het oosten met een voldane blik op zijn stalen gezicht; de hond aan de andere kant van de lijn zag er al even tevreden uit. Ik kon een kop theezetten of pis van de tent wassen: er was niet genoeg water voor allebei. Ik koos voor de thee en hoopte dat de pis snel zou opdrogen.

Een langzame ochtend waarin onze benen werden opgeblazen, bevestigde dat Paddy Dillon waarschijnlijk een supermens is. Ik ben er zelfs van overtuigd dat hij ex-commando is, ontbijt met rauw zeewier, marathons loopt als er toch niets op tv is, en in bed een camouflagepyjama draagt. Hij denkt blijkbaar dat dit dag negen is, terwijl het in werkelijkheid dag zeventien is, en dat het best te doen is om de 23 kilometer te lopen van een etappe die 'de mooiste uitzichten' biedt maar ook 'een van de zwaarste' is en dan nog de kracht te hebben om de watervallen te gaan bekijken. Hij zegt ook dat dit stuk 'best vermoeiend' kan zijn bij nat en winderig weer. Is het op een warme, zonnige dag dan een fluitje van een cent? Gelukkig waren er in ieder geval genoeg beekjes waar we onze waterflessen konden vullen. Hij heeft wel gelijk over die mooiste uitzichten. Boomloze, open hoogvlakten, ruwe, door water verweerde rotsformaties en een kustlijn die van Hartland Point doorloopt naar een vervagende grijze massa aan de verre horizon: een smokkelaarsparadijs. De temperatuur bleef stijgen. Boven op de kliffen, waar geen schaduw was, begonnen mijn wangen aan te voelen als leer en verscheen mijn derde neus tussen de lappen vel door.

We liepen omlaag naar een schaduwrijke vallei, over een houten voetbrug en werden door een bord onverwacht welkom geheten in Kernow, de plaatselijke naam voor Cornwall. De noordkust van Devon was onder onze voeten weggegleden, een nieuw graafschap strekte zich uit naar het westen en verdween aan de horizon. Het was avond toen we in weer een ander dal omlaag liepen. De klim aan de andere kant rees zo steil boven ons uit dat we zonder er een woord aan vuil te maken de tent op een klein stukje gras in de buurt van een stroompje water opzetten en voor een halfuurtje in slaap vielen. Acht kilometer, zes stukken karamel en de dag was om. Moth stond nog wat aan zijn rugzak te prutsen en ik volgde het beekje tot waar het over een twee meter hoge richel verdween en vandaar langs een stenige helling naar de zee stroomde. Ik trok mijn zweterige, stoffige kleren uit, klom omlaag naar de helling en ging onder de ijskoude waterval staan die van de richel boven me stortte. Ik was bij Peppercombe de zee in gegaan, maar was niet meer in schoon water geweest sinds Combe Martin, elf dagen geleden. Zand, zout en een erg smerige lucht spoelden naar de zee. Mijn huid was rood, bruin en bladderig, op mijn armen en wangen werd hij gelooid leer, op mijn benen was hij rood en gezwollen. Mijn haar voelde aan als het stugge gras op de hoogvlakten en mijn grote teen was nog maar half zo hoog en twee keer zo breed, geplet door de verstevigde voorkant van mijn schoen. Het klif stak ver uit in de zee en eindigde in een kartelige stenen muur die het water erachter beschutte tegen de sterke stromingen, zodat er een rustige poel stilstaand water ontstond. Het leek of de zon achter een inkeping in de zwarte stenen lijn bleef hangen en niet kon wegzakken. Schuim sloeg tegen de rots en stroomde dan uitgeraasd en kalm in de baai erachter. Ik klom terug naar mijn kleren, om me heen kijkend of er niemand voorbijliep. Terwijl ik de stijve vodden weer aantrok, dacht ik dat ik cricketcommentaar hoorde. Bij de tent zat Moth achterovergeleund met zijn voeten op een rotsblok en nog een kop thee in zijn hand, en luisterde naar het radiootje waarvan ik niet beter wist of het lag in de opslag.

'Hoe heb je dat zo ver mee kunnen dragen? Het is even zwaar als een pak suiker! Nee... waaróm heb je het meegedragen?'

'Om naar cricket te kunnen luisteren.'

'Aha.' Ik voelde me niet op mijn gemak. De radio leek misplaatst, een indringer in de wilde ruimte die onze nieuwe werkelijkheid was geworden. 'En hoeveel staat het?'

'Nog vijf overs. Ze hebben het nu over het licht. Er is een kans dat het gelijkspel wordt; dat zou jammer zijn – we kunnen dit winnen.'

We lagen in het gras bij de tent en zagen vluchten zeemeeuwen overkomen terwijl Engeland op weg was de Ashes te winnen, maar de wedstrijd eindigde in gelijkspel en commentator Jonathan Agnew wond zich enorm op – het was 'een schande'.

Het licht was bijna verdwenen en de zeemeeuwen bleven komen, rustig roepend, niet met hard en fel gekrijs, zoals overdag, maar met langere, rustiger kreten.

'Waar denk je dat ze heen gaan?'

We keken toe terwijl de zeemeeuwen over ons hoofd naar de rand van het klif doken en vandaar omlaag vlogen naar de baai waar al honderden andere vogels op het rustige water dreven, beschermd door de rotsmuur.

'Ze slapen op het water; dat is hun veilige plek.'

'Hier is het ook veilig, hè? Beschut. Ik zou hier ook gaan wonen als ik kon.' Moth zweeg even. 'Wanneer het voorbij is, mag je me best hierheen brengen, als je dat wilt.'

'Wat bedoel je? Wanneer de wandeling voorbij is?'

'Nee, wanneer alles voorbij is.'

Zijn lichaam bracht de lucht naast me in beweging, mijn huid voelde zijn vorm in de invallende duisternis.

'Zullen we gaan zwemmen?'

Het diepe water was koud, hier en daar hing nog de warmte van de dag. Drijvend in het donker kwam Moth terecht tussen de zacht bewegende grijze lijfjes die bijna zonder geluid om hem heen dobberden. De maan lichtte op hun witte koppen, die ze af en toe naar hem toe keerden, niet verstoord, maar nieuwsgierig. Wij hingen gewichtloos in het zout terwijl alles van ons wegdreef en verloren was. Er was alleen nog het water, de maan en de murmelende vormen die de zee met ons deelden.

De meeuwen vervielen in een donkerblauw ritme, toen de kille vochtigheid van de avond ons eindelijk de tent in dreef. Het zal nooit voorbij zijn; wij zullen nooit voorbij zijn.

DEEL DRIE

De lange aanloop

'Vaak, om onverschrokken moed, spaart het lot
de man die het niet al heeft gekozen.'

Seamus Heaney, *Beowulf**

* De citaten uit *Beowulf* in dit hoofdstuk komen uit de *Beowulf*-vertaling van Jan Jonk

9

Waarom?

Robert Stephen Hawker bouwde voor zichzelf een hut van drijfhout, die wankel op het klif onder Morwenstow stond. Het is nu het kleinste stukje land dat in bezit is van de National Trust. Hawker was met hart en ziel een *Cornishman*, met een passie voor de streek en voor de mensen die er woonden. Volgens een van zijn vele gedichten 'zullen 20.000 mannen uit Cornwall weten waarom!' Ik wist niet waarom de mannen in zijn gedicht Trelawny wilden redden, maar ik begon wel te begrijpen waarom ze zo van dit stukje land hielden, en wat Hawker ertoe had gebracht om op deze onbeschutte plek zijn hut te bouwen. Omdat hij, verscholen in zijn houten hut, omringd door de geur van brem, tussen de rotsen, de zee en de lucht, zijn gedachten de vrije loop kon laten.

En met die vrije gedachten bracht hij zijn dagen door als dominee van Morwenstow, waar hij over de laantjes en kliffen liep met een paarse mantel, roze hoed en gele cape. De slechte smaak voor kleding zouden we in elk geval gemeen hebben gehad. Ik wou dat ik hem had gekend, in de tijd dat hij jarenlang schipbreukelingen uit zee redde en de doden een christelijke begrafenis gaf op zijn kerkhof. Het leek toepasselijk dat wij in zijn hut beschutting vonden tegen de brandende hitte, als schipbreukelingen in het leven, drenkelingen in het drijfhout.

Het zou fijn zijn geweest als hij ons ook iets te eten had bezorgd. Dit was al de tweede dag van ons karameldieet en het ging niet goed. Hoofdpijn, duizeligheid en honger waren nu constante metgezellen. We hadden landinwaarts kunnen gaan naar een café in Morwenstow, maar dan hadden we een onbekende hoeveelheid van ons toch al schaarse geld moeten uitgeven, en als je eenmaal met een dieet begint, kun je je er het beste maar aan houden. We zouden straks toch in Bude zijn.

Anderhalve kilometer verder wisten we dat we stom waren geweest. We hadden terug moeten gaan en de waterflessen nog eens moeten vullen, maar we konden ons er niet toe zetten op onze schreden terug te keren en liepen dus door. De hitte was genadeloos boven op het klif, waar ze terugveerde van de geschroeide aarde en weerkaatste van de blauwe zee. Er stond geen zuchtje wind, er was alleen maar hitte die zich om ons heen wikkelde als een warme, stoffige, zweterige, verstikkende mist. Toen dronken we onze laatste druppel water op. De hitte drukte ons neer; het kostte elk greintje wilskracht om overeind te blijven en door te lopen. Waar beekjes hadden moeten zijn, waren alleen uitgedroogde barsten in de grond. In een oerdrang naar water won de dorst het van de honger: we moesten water hebben en wel nu.

Stom, stom, stom.

Stom om te denken dat wij dit pad konden wandelen, om niet genoeg geld te hebben, om te doen alsof we niet dakloos waren, om niet de juiste procedure te hebben gevolgd bij de rechtbank, om het huis van de kinderen te verliezen, om niet genoeg water bij ons te hebben.

Stom, stom, stom.

Schreeuwen, huilen, woedend de waterfles wegsmijten. Boos op onszelf omdat we de verkeerde beslissing hadden genomen; boos om al die verkeerde beslissingen. Ga dood – doe het gewoon, ga nu maar dood. Sleur mij niet mee de dood in. Als je weg wilt, ga dan gewoon, ga maar, veroordeel mij niet tot jaren van loslaten, van erbij zitten en afwachten tot het ijzige lemmet mijn hart uit mijn lijf snijdt, bot van bot scheurt, me uitgeteerd, uitgespuugd, uitgewrongen achterlaat. Als je gaat, ga dan maar, doe het gewoon. Ik kan geen afscheid nemen, ik kan niet zonder je leven. Ga niet weg, nooit. Ga weg. Ik ben al dood. Ik ben doodgegaan toen jij toeliet dat die duivel ons huis inpikte en onze kinderen op straat liet zetten. Ja, dood, kom me redden, red me van jou, red me van ooit nog hoeven zeggen dat alles weer goed is. Het is weer goed, wij zijn weer goed, het was niemands schuld. We gooiden er woorden uit van pijn, van zelfmedelijden, van haat – haat tegenover rechters, artsen, valse vrienden, elkaar. Dat klauwende, wanhopige verlangen naar water overwon elke andere behoefte, overstemde de pijn in onze gewrichten, de beurse voeten vol blaren, de door de zon verbrande, geschramde en gekneusde huid. Niets anders telde meer; we moesten water hebben, en wel nu.

Moth gooide zijn rugzak neer.

'We moeten naar Duckpool.'

'Waarom, waarom, waarom móéten we naar Duckpool?'

'Omdat daar op de kaart een dikkere blauwe lijn staat, dus misschien staat het daar niet droog. En als het wel zo is: een kilometer landinwaarts staan wat huizen. Daar zullen ze ons wel water geven.'

Ik haatte hem omdat hij beter kaart kon lezen dan ik, en omdat hij altijd zo verdomd gelijk had.

'En volgens Paddy zijn er toiletten.'

Steeple Point dook op uit het waas van hitte en verdween weer. Het pad volgde de uiterste rand van de punt en verdween daarna ook. We gingen op het warme gras zitten, onze benen voelden zwak, een lichte misselijkheid kwam op, niet alleen door de uitputting van de hitte, maar ook door het uitzicht. Het pad volgde de scherpe rand naar de punt en verdween daar gewoon. Het moest ergens heen gaan, maar waarheen ook, het zou over een steile, vrijwel verticale helling omlaag lopen.

Voetje voor voetje over het lint van lucht, wind en meeuwen, bereikten we het eind van de punt; daar ging het pad abrupt naar links over een helling die zo te zien loodrecht omlaag viel naar een smal paadje ver daaronder. Elke stap was een weloverwogen en zorgvuldige handeling, we grepen handenvol gras terwijl de losse stenen onder onze voeten wegrolden. Het duurde een hevig trillende, kniekrakende, teenverpletterende eeuwigheid voor we beneden waren.

Het toiletblok zat op slot en het beekje was opgedroogd.

Stom, stom, stom, stom.

We lieten onze rugzakken vallen en zakten ineen op de stoffige grond.

'Jullie hebben vast wel zin in een ijsje.'

De hese stem dreef over ons heen als een wolk hinderlijke vliegen. We negeerden hem.

'Water hebben ze niet meer, maar je kunt er nog wel een ijsje krijgen.'

Moth bracht de kracht op om te antwoorden.

'Ja hoor, tuurlijk, vriend, tuurlijk. En waar zijn die ijsjes dan wel? Ik zie ze niet.'

We bleven plat op onze rug liggen, met onze ogen dicht, niet in staat nog een stap te verzetten.

'In dat ijskraampje daar langs de weg.'

Langzaam kwamen we overeind. Even verderop stond een ijskraam; geen borden of muziekgetingel, alleen een man die ijs verkocht vanuit een busje.

'Ik heb alleen nog ijslolly's met rabarbersmaak.'

We kochten er vier en liepen terug naar de man om hem te bedanken.

'En waar zijn jullie mee bezig, met die volle bepakking bij deze hitte? Het is hier 38 graden geweest; nu is het wel wat koeler, nog maar 34 graden.'

'Gestart in Minehead. Op weg naar Land's End, misschien nog wat verder.' 38 graden?

'Zo zo.' Hij aarzelde even, nam Moth van top tot teen op met dichtgeknepen ogen tegen de zon. 'Hebben jullie al een slaapplek geregeld voor vannacht?'

'Nee, we kamperen. Bude halen we niet, dus ergens tussen hier en daar.'

'O ja? Ik heb een boerderij gehuurd, een minuut of twintig hier vandaan. Ga mee, dan kunnen jullie in de boomgaard kamperen.'

We zaten achter in Grants gestroomlijnde fourwheeldrive terwijl hij door de schaduw van hoge heggen landinwaarts reed. Hij was een lange, magere man van halverwege de veertig met een kaal hoofd dat een roze gloed had van de zon, en met witte sokken in sandalen aan het eind van magere roze benen. Hij legde uit dat hij met zijn vrouw en zijn medewerkers in de gehuurde boerderij verbleef. Hij vroeg vol belangstelling naar de mensen die we onderweg waren tegengekomen en de gastvrijheid die we hadden genoten.

'We hebben een enorme schaal lasagne, dus eten genoeg; dan drinken we eerst een paar biertjes en misschien willen jullie me dan wat meer vertellen over wat jullie echt doen.' Wij hoorden alleen lasagne en bier. Opeens waren onze benen niet meer zo moe.

Het stenen huis bood een volmaakt plaatje: het stond aan een beekje in een boomgaard, een oase van koelte en groen. We zetten de tent op onder de appelbomen op volmaakt vlak, gemaaid gras.

'Kom binnen, neem een douche. Dan schenk ik een biertje in.'

Mijn hart kromp toen ik de sfeer van tijdloosheid in het koele huis voelde. Lange muren, lage, donkere plafondbalken, open haarden: het was of ik weer door mijn eigen voordeur naar binnen was gelopen. Denk ergens anders aan, denk ergens anders aan. Het kostte me bijna fysiek moeite het gevoel van verlies terug in zijn hok te duwen.

'De douche is daar, op de achterveranda. Als je klaar bent, kom dan kennismaken met de meiden.'

Ik dronk liters water zo uit de kraan; daarna stond ik nog een tijd met mijn mond open onder de douche. Er liep modderwater uit mijn haar en ik waste het telkens opnieuw met een dure shampoo en masseerde er voor het eerst sinds weken conditioner in. Het maakte weinig verschil; vanuit de grote spiegel boven de wastafel keek me nog steeds een haveloos spiegelbeeld aan.

In de keuken werden we begroet door drie mooie jonge vrouwen, en opeens ik was me er sterk van bewust dat ik niet alleen mijn huis had verloren. Ik schudde de hand van een prachtige, lange vrouw met krullend haar: de echtgenote; daarna die van een kindermeisje met een onberispelijk kort kapsel en een ivoorkleurige huid; en die van een kwikzilverachtige, etherische witblonde secretaresse. Ik stond daar op de koude leistenen tegels en was me van top tot teen bewust van mijn verschijning als onverzorgde vijftigjarige met piekhaar en een gezicht als een kreeft. Grant was aan de tafel bezig bierflesjes open te maken, nog steeds op zijn witte sokken. Wat deden deze beeldschone jonge vrouwen hier? Hij zag mijn blik, fronste zijn wenkbrauwen en ging verder met bier inschenken.

De secretaresse nam Moth bij zijn arm en leidde hem naar de tafel, waar ze een grote portie lasagne op zijn bord schepte. Ik dronk van het bier. Ik houd helemaal niet van bier, maar dit was het lekkerste dat ik ooit had gedronken. Daarna dronk ik een hele kan ijskoud water, terwijl Moth al aan zijn derde biertje zat. Hongerig werkte ik de lasagne naar binnen, en een berg salade en de helft van het knoflookbrood, terwijl de anderen zaten te praten, en zei 'ja graag' tegen nog een portie.

Het blonde haar zwierde om Moth heen terwijl zij haar handen over zijn schouders liet glijden en zijn rug begon te masseren.

'Ik ben vroeger sporttherapeut geweest, voordat Grant me weglokte. Vind je het prettig als ik je een massage geef? Ik voel dat er veel spanning in je schouders zit.'

Binnen de kortste keren lag hij op de bank in de andere kamer, terwijl ik nog wat lasagne at.

'Vertel me eens iets over jezelf, Grant.' Hij moest iets speciaals hebben en al snel werd me duidelijk wat dat was. Hij vertelde een lang verhaal over hoe hij als tiener van huis was weggelopen om met een knapzak op zijn rug door Europa te gaan trekken. Hij had zijn eigen kostje bij elkaar gescharreld en vaak niet meer dan een stuk brood en wat kaas in zijn zak gehad, tot hij in Italië aankwam; daar belandde hij in een wijngaard, waar hij jarenlang bleef,

’s nachts in de schuur of onder de sterren sliep en alles leerde wat hij moest weten over wijn. Uiteindelijk was hij weer naar huis gegaan en de wijnen gaan importeren die hij op zijn reizen had leren kennen, waarbij hij zijn zaak dreef vanuit een leegstaand pakhuis tot hij uiteindelijk multimiljonair werd en de mooie meisjes aantrok die nu zijn huishouden vormden. Die waren hier natuurlijk vanwege de kwaliteit van zijn wijnkelder.

Zijn vrouw stond op om de kamer uit te gaan.

‘Let maar niet op hem, hoor. Hij heeft avondcursussen over wijn gevolgd en zijn vader bezorgde hem een baantje bij een wijnhandelaar die hij kende.’

Grant sloeg zijn ogen ten hemel terwijl zij wegliep.

‘Als ik met pensioen ga, wil ik gaan schrijven. Volgens mij zou ik een heel goeie schrijver zijn. Maar het is een goed verhaal, toch? Ik denk dat Moth, als dat de naam is die hij voor deze reis gebruikt, het goed zou kunnen gebruiken. Het zou prachtig materiaal voor hem zijn, denk je ook niet?’

Ik dacht na over het verhaal van Grant en waarom hij behoefte had het te vertellen. Wie een verhaal vertelt, moet allereerst zichzelf overtuigen; lukt het je om jezelf ervan te overtuigen dat het waar is, dan zullen alle anderen volgen. Grant wilde de persoon zijn die hij had verzonnen: iemand met een moeilijke achtergrond, die in zijn leven veel tegenslag had, maar zelf zijn kostje bij elkaar wist te scharrelen, in plaats van de zoon te zijn van een rijke vader met connecties. Wij vertelden onze verhalen uit zelfbescherming. Bij het woord dakloosheid denken mensen onmiddellijk aan drank, drugs en psychiatrische problemen, en dat roept angst op. De eerste paar keren dat Moth en mij was gevraagd hoe het kwam dat we de tijd hadden om zo ver en zo lang te gaan wandelen, hadden we naar waarheid geantwoord: ‘Omdat we dakloos zijn, we zijn ons huis kwijtgeraakt, maar buiten onze schuld. Nu zien we wel waar het pad ons brengt.’ Dan deinsden mensen terug en hapten zo heftig naar adem dat de wind wegviel. Elke keer was het gesprek van het ene moment op het andere afgelopen en maakte de andere partij zich snel uit de voeten. Dus hadden we een leugen bedacht die aangenamer klonk. Voor hen en voor ons. We hadden ons huis verkocht, wilden zo halverwege ons leven op avontuur, zien waar de wind ons heen voerde – op dit moment was dat naar het westen. Waar we dan aan het eind van het pad heen zouden gaan? 'Dat weten we nog niet, dan zien we wel uit welke hoek de wind waait.' Dit werd steevast begroet met een ademloos: 'Wauw, wat geweldig, inspirerend.' Wat was het verschil tussen de twee verhalen? Eén woord, maar wel een woord dat in andermans oren alles betekende: 'verkocht'. We konden dakloos zijn omdat we ons huis hadden verkocht en geld op de bank hadden staan, en dan waren we inspirerend. Of we konden dakloos zijn, omdat we ons huis waren kwijtgeraakt en platzak waren, en dan waren we sociale paria's. We kozen voor het eerste. Gemakkelijker voor een praatje in het voorbijgaan; gemakkelijker voor hen, gemakkelijker voor ons.

Hoe vaker we de leugen herhaalden, hoe minder we het verdriet voelden. Als we onszelf de leugen maar lang genoeg vertelden, zou het verlies dan vervagen tot we het uiteindelijk zonder pijn onder ogen konden zien? Misschien deed ik dat ook met de ziekte van Moth, of dacht ik echt dat de dokter het bij het verkeerde eind had? Moeilijk te zeggen. De wandeltocht was niet een periode geworden waarin we onze gedachten op een rij konden krijgen en een plan konden maken, maar eerder een meditatie, een mentale leegte met alleen zilte wind, stof en licht. Elke stap had zijn eigen weerklank, zijn eigen moment van kracht of mislukking. Die stap, en de volgende en de volgende en de volgende, was de reden en de toekomst. Elk dal waar we uit geklommen waren, was een overwinning, elke overleefde dag een reden om ook de volgende te overleven. Elke ademtocht vol zout schuurde onze herinneringen, haalde de scherpe kantjes eraf, maakte ze zwakker.

'Hij heet Moth, maar hij is geen schrijver.'

'Oké, ik zeg niks, neem nog wat lasagne.'

Ik at door, terwijl Grant een glas rode wijn inschonk; het rijke auberginerood wervelde rond in het glas, alleen al van de geur begon mijn hoofd te tollen.

Pas toen het glas wijn vrijwel leeg was, merkte ik dat de echtgenote en het kindermeisje ook verdwenen waren. Grant en ik gingen naar de andere kamer; Moth lag zonder shirt aan op de divan terwijl de secretaresse zijn rug masseerde en het kindermeisje zijn voeten met olie inwreef. Op een stoel zat de echtgenote door de foto's op haar mobiele telefoon te scrollen, en vervolgens nog wat foto's van het tafereel te maken.

'Meisjes, jullie nemen mijn gast helemaal in beslag! Ik wil zijn verhalen horen, of misschien een gedicht voor het slapengaan?'

Ik mag dan een paar glazen wijn opgehad hebben, maar het zou meer dan een massage vergen om een gedicht uit Moth te krijgen. Hij ging overeind zitten en trok zijn T-shirt weer aan.

'Een gedicht? Hoezo, bedoel je van mij?'

'Doe maar niet zo verlegen, we weten het toch al allemaal. En nu heb ik ook nog een paar prachtige foto's voor bij het verhaal.'

'Ik snap niet wat je bedoelt.'

'Laat maar zitten, kom, drink een glas wijn en vertel ons over jezelf. Om te beginnen, je heet niet echt Moth, hè?'

'Natuurlijk wel.'

'Schitterend, schitterend, maar we zullen je maar gewoon Simon noemen.'

'Noem me maar hoe jij wilt, vriend, we zijn al heel dankbaar voor jullie gastvrijheid.'

'En je vindt het niet erg als ik de foto's gebruik? Aardig reclamedingetje?'

'Aardig? Ik snap niet hoe een verkreukelde ouwe man op een divan reclame kan zijn voor een wijnhandel, maar ga je gang.'

'En waar is je volgende optreden?'

Na het derde glas wijn was alles een roes. Het zou niet lang duren voor ik met mijn hoofd op de tafel in slaap zou vallen. Moth dronk nog een tweede glas en ik zag dat hij net zo min begreep waar Grant het over had als ik.

'Bude. Morgen zijn we in Bude, daarna naar Bowcastle... Wat daarna komt weet ik niet meer.'

'En dan sta je in de Minack?'

'De Minack? Waar is dat?'

Ze keken elkaar aan, lachten en klopten Moth op zijn schouder.

'O Simon, wat ben je grappig. Kom op, laat ons een gedicht horen voordat we naar bed gaan.'

'Nou, ik ken er een dat mijn vader altijd opzei in de schaftkeet op de bouwplaats.' Moth haalde diep adem en leunde achterover in zijn stoel.

De jongen stond op het brandende dek
  Iedereen was weg, behalve de geit...

Ik had dit al zo vaak gehoord; ik moest nu echt gaan slapen.

'Je bent een topper. Wat een mooi verhaal wordt dit.'

Op de vlakke, zachte grond onder de appelbomen in de boomgaard viel ik binnen een paar tellen in slaap. We werden pas wakker van appels die op de tent vielen en van Grant die zei dat er brood met bacon klaarstond in de keuken.

Nadat ze allemaal een selfie met Moth hadden genomen, wij stampvol broodjes bacon zaten en onze rugzakken hadden volgestouwd met appels en water, gingen we weg; Grant bracht ons terug naar het pad.

'Nou, Simon, wat is daar in de andere kamer gebeurd?'

'Nee, het spijt me, maar dat is niet voor jouw oren bestemd. Belangrijker is de vraag: wie is Simon? Die wijn steeg me meteen naar mijn hoofd, maar toch, dat was wel raar.'

'Niet voor mijn oren bestemd? Zo gemakkelijk kom je er niet...'

'En een dichter ook nog. Denk je dat het door die hoed komt? Ik lijk zo wel een beetje op mijn Ierse opa; misschien zie ik eruit als een rondzwervende Ierse dichter. De meisjes vonden dat ik heel artistieke handen had.'

'De meisjes? Wat...?'

'En ze wilden dat ik hun vriendinnen kom voorlezen als ze weer in Londen zijn.'

'Hoezo, zijn die analfabeet dan?'

'Nee, poëzie voorlezen.'

'Jij hebt nog nooit poëzie gelezen, tenzij je *Beowulf* poëzie noemt, of je vaders gedicht over de geit.'

'Ik heb altijd gevoel voor poëzie gehad.'

'Niet waar. Ha, noemden ze het zo, gevoel voor poëzie?'

'Dat is het enige waar jij aan denkt; wat er tussen de meisjes en mij gebeurde, was van een veel hoger niveau.'

'Ga toch weg, Byron, of zal ik je nu Simon noemen?'

'Spot jij maar; wij dichters zijn gewend om verkeerd begrepen te worden.'

'Flauwekul.'

Paddy Dillon loopt in een dag van Hartland Quay naar Bude – een van de meest afgelegen en moeilijkste stukken van het hele pad. Wij hadden er drie dagen over gedaan. Maar we hadden het overleefd, zoals we alle rotsblokken van pijn hadden overleefd die ons naar het pad hadden gebracht. Dingen waarvan we hadden gedacht dat we ze nooit zouden kunnen verdragen, kregen minder scherpe punten, veranderden in ronde rivierkiezels door de beweging van het pad. Nog steeds een zware last om te dragen, maar iets minder pijnlijk om vast te houden.

Alleen de ochtenden werden er niet gemakkelijker op. Ik kroop nog steeds verkrampt van pijn de tent uit. Mijn enkels kraakten met een heet, knarsend gevoel alsof de botten over elkaar schoven en zo afsleten. Mijn heup deed pijn tot ik mijn rugzak op had en een paar kilometer had gelopen en ik probeerde niet aan mijn grote teen te denken. Misschien was het de lasagne geweest, of de gedachte aan bacon, maar Moth was die ochtend zonder hulp de tent uit gekomen. Hij viel snel af, zodat zijn slanke gestalte nu wel heel slank werd. Bewoog hij zich net iets gemakkelijker of leek dat maar zo, omdat ik op een wonder hoopte?

Het pad liep omlaag naar Bude, en wij liepen mee. Daar zou een bank zijn waar we geld konden opnemen en een supermarkt met betaalbaar eten voor de komende week; we hadden ongemerkt een uur gelopen, al fantaserend over vers brood en fruit. Bude is een rustig plaatsje, zonder de drukte van Ilfracombe; we volgden het pad om de rand van de bebouwing heen en sloegen af in de richting van de geldautomaat. Ik stak mijn kaart erin en verwachtte dat het gebruikelijke bedrag beschikbaar zou zijn, maar mijn maag trok samen in een vreemde kramp. Elf pond. Hoe kon er maar elf pond op staan?

'Wat moeten we nu, waar is het geld gebleven?'

'Shit, shit, shit.'

Ik pakte de tien pond uit de automaat, en hield mijn hand bij de gleuf, wanhopig wensend dat het apparaat na die kille boodschap toch nog van gedachten zou veranderen.

Binnen legde de bankmedewerker ons uit dat de gebruikelijke som geld wel gestort was, maar dat er meteen daarop een automatische betaling was afgeschreven. Hoe hadden we kunnen vergeten die af te zeggen?

'Maar het is een vaste opdracht voor een verzekering op een huis dat we niet meer hebben. Alstublieft, kunt u de betaling niet terugstorten?' smeekten we. We wisten dat het hopeloos was, maar we moesten het proberen.

'Het spijt me, maar dat is iets tussen u en de verzekeringsmaatschappij.' Stom, stom, stom. Hoe hadden we dat kunnen vergeten? 'Weet u hoe deze verzekering precies werkt? Misschien storten ze het wel terug?'

Dat wisten we niet en zelfs al zou het geld worden teruggestort, dan nog zou het weken duren voor we het hadden. Shit. 'Kan ik die ene pond ook nog opnemen, alstublieft?'

We hadden de laatste meubels moeten verkopen, en ze niet in de schuur van een vriend moeten opslaan. Dan hadden we misschien een paar pond gekregen voor de grenen kast die we op een veiling hadden gekocht toen we in ons eerste huis trokken. Of voor de keukentafel waarop ons hele gezinsleven samenkwam, van Rowan die er als baby op sliep omdat ze nergens anders wilde slapen, tot de laatste maaltijden voor de kinderen uit huis gingen; daar hadden we onze toekomst uitgestippeld en vol pijn bij elkaar gezeten toen we die kwijtraakten. We hadden hem moeten verkopen. Of de stoel van mijn vader, of het familiealbum van Moth. Maar we konden die dingen niet loslaten.

'Wat moeten we verdomme nou?' Ik ging op het muurtje bij de bank zitten en kon de tranen van zelfmedelijden niet langer inhouden. 'We zijn verloren. Geen geld, geen eten, geen huis. Jij moet eten; je bent ziek, verdomme. Waarom heb ik niet de goede procedure gevolgd? Stomme beginnersfout. Nu heb ik je hierheen gesleept, terwijl je ergens zou moeten zijn waar het veilig is, waar je kunt rusten, in plaats van zwaar bepakt door het niemandsland van het leven te zeulen. En waarheen? En wat daarna? Wat dan, verdomme?' Ik kon niet meer ophouden, kon het niet langer inhouden. Ik schokte van het gesnik en gesnotter. 'En die meisjes, zo jong en mooi. Zo zag ik er vroeger ook uit; vroeger verlangde jij naar mij. Ik neem het je niet kwalijk, echt niet, ik ben dik, lelijk en oud. Ik neem je niets kwalijk, het werd je op een presenteerblaadje aangeboden, maar waarom wil je mij niet meer?' Ik schommelde heen en weer en stikte bijna van zelfmedelijden.

Moth sloeg zijn armen om me heen, zoals altijd.

'Weet je wat er in die kamer gebeurde? Ik kreeg de beste massage die ik ooit heb gehad en zij kletsten over hun geweldige leven met Grant – met wijntripjes en feesten en alles wat hun hartje begeert. Ze wilden foto's nemen omdat ze dachten dat ze die konden gebruiken op de social media van het bedrijf. Geen idee wat ze daarmee moeten, maar ons maakt het niks uit. Ik plaagde je alleen maar daarnet; het was leuk om je te zien doen alsof het je niks kon schelen.'

'Schoft.'

'En ik wil je nog wel; ik voel me alleen niet meer mezelf. Misschien ga ik me anders voelen, als de dingen er anders voor staan.'

'Nee. Dan ben ik nog steeds dik en lelijk.'

'Je bent trouwens afgevallen, en lelijk ben je nooit geweest?

'We moeten de hele week noedels eten.'

'Ik weet het, maar dat overleven we wel. Als we Duckpool kunnen overleven, kunnen we alles overleven. Maar we moeten wel zorgen dat we niet meer zonder water komen te zitten.'

We liepen Bude uit met voor een hele week pakjes noedels van twintig pence en met veel water. Zo lieten we het chique vakantieoord achter ons, langs de tennisclub voor oudere dames, langs de vreemd geplooide rotsen en de toren op de landtong. Het pad voelde nu als een afgelegen plek. Zo zonder geld waren we een andere afzonderlijke wereld binnengegaan. Het was bijna donker toen we de hoek in een distelveld vonden; we aten noedels en vielen in slaap.

10

Groen/blauw

Langzaam liepen we over het zacht glooiende pad van Bude naar Widemouth Sand, en opeens stond daar tussen de brem en de distels een tafel met een stapeltje boeken, voor tien pence per stuk. We hadden alleen *Beowulf* om te lezen en konden de verleiding niet weerstaan. Tussen de voddige pockets vond Moth een hardcover uitgave van *Robinson Crusoë*. We deden wat penny's in het geldkistje en een strandkiezel om het wat zwaarder te maken, en liepen omlaag naar het strand, waar het krioelde van de surfers en zandkastelen.

We hadden ontdekt dat je in cafés niet hoeft te betalen voor heet water, dus bleven we even staan in het blinkend schone, airconditioned café en bestelden twee bekers heet water, die we mee naar buiten namen voordat we er een theezakje in doopten. We zaten te kijken naar gezinnen op het strand, terwijl we de automatische overschrijving voor de verzekering stopzetten, wat ons al ons beltegoed kostte.

Vanaf de kustlijn kwam een groepje aangelopen. Sommige wandelaars kuieren, sommige lopen zielig te hinken, en sommige stappen doelgericht voort, maar deze marcheerden. In gezwinde pas. Gekleed in het wandeluniform dat bij elke buitensportwinkel te vinden is: sneldrogende broek met belangrijke zakken, nog sneller drogende T-shirts en een breedgerande safarihoed. Hun bepakking was lichtgewicht, maar groot genoeg om duidelijk te maken dat het backpackers waren, geen dagwandelaars. Het serieuze viertal koos de tafel naast ons, haalde snel wat bankbiljetten tevoorschijn en ging in de rij bij de bar staan.

'Schiet eens op, John, je bent te langzaam.'

Het leek niet meer dan beleefd om iets tegen mede-langeafstandswandelaars te zeggen, al hadden ze kennelijk een strikt tijdschema. Moth kantelde zijn stoel achterover.

'Zo jongens, wandelen jullie het pad?'

'Ja.'

'Geweldig. Doen jullie het helemaal? Zo te zien komen jullie uit de richting van Poole.'

'Nee en ja.' Ze hielden hun ogen strak op de tafel gericht.

'Schiet op, John, we moeten gaan.'

Moth, die nooit aanvoelt wanneer hij wordt afgewimpeld, ging door.

'Dus dan doen jullie het lichtgewicht. Jullie zullen wel aardig wat kilometers per dag maken?'

'Ja.' Ze bezweken. 'Drie dagen: Padstow tot Hartland Quay.'

'En waar willen jullie vandaag komen?'

'Hartland Quay.' Hij keek tersluiks naar onze rugzakken en naar mijn smerige, gescheurde rok. 'Dagjesmensen zeker?'

Moth deed zichtbaar moeite een zelfgenoegzame grijns te onderdrukken.

'Nee, we zijn vanaf Minehead gekomen.'

'Met de bus?'

'Nee, gelopen, over het pad, terwijl we wildkampeerden. We zijn nu op weg naar Land's End.'

Het oudste lid van de groep draaide zich bruusk om, geërgerd door onze aanwezigheid.

'Dat klinkt allemaal mooi, maar het is onverantwoord en stom. Wat doen jullie als het weer omslaat?'

'Dan trekken we een jas aan.'

'John, het duurt te lang, laten we gaan.'

We zagen hen weglopen over de landtong, met gebogen hoofd, in de pas. Toen we opstonden om weg te gaan, was Moth gegroeid: zijn schouders waren iets rechter, terwijl hij mijn rugzak voor me ophield.

'We zijn niet bezig weg te lopen of ons te verstoppen, weet je. We zouden eigenlijk trots op onszelf moeten zijn omdat we dit doen. Laten we verdergaan.'

'Oké.'

Drie kilometer verderop kwamen we erachter dat ik mijn fleecevest had laten liggen en moesten we hetzelfde stuk weer terug, in de hoop dat niemand het had meegenomen. De man achter de toonbank overhandigde het me.

'De serveerster heeft het gevonden, ze zei dat het van die oude backpackers was. We vinden het geweldig wat jullie doen. Veel succes.'

Gloeiend van trots liepen we weg. Dit ging niet alleen maar over dakloos zijn; we presteerden iets. Al waren we dan oud.

Voorbij Widemouth, door de plaatselijke bewoners uitgesproken als Widmuth, bracht het pad ons in een trance, maar daarna deed het alleen nog maar pijn. Voor ons uit rees en daalde het in een onafzienbare opeenvolging van landtongen die verdwenen in een oneindig blauw en groen. Blauw, groen, blauw, groen, blauw, groen. Of soms, voor de variatie, groen, blauw, groen, blauw, blauw, blauw, blauw, groen, groen, blauw. Het kwam en ging in golven: omhoog en omlaag, omhoog, omhoog, omlaag, omlaag, omlaag, steil omhoog, echt steil omhoog, echt heel steil omhoog. Omlaag, omlaag, groen, blauw, groen, omhoog. Tent op, noedels, slapen, noedels, tent neer, in de bosjes hurken, lopen. Groen, blauw, omhoog, groen, omlaag.

Crackington Haven was schilderachtig, en we bleven er een tijdje zitten kijken naar twee vrouwen die om halfelf in de ochtend aan de *cream tea* zaten. Toen ze het laatste kruimeltje naar binnen hadden gewerkt en het laatste restje dunne aardbeienjam hadden opgelikt, liepen we verder. Ik werkte aan een businessplan voor een afslank-tool met virtueel eten. Omhoog, omhoog, omlaag, groen, blauw, blauw, groen.

Om vijf voor vijf kwamen we aan in Boscastle en we waren nog bijna op tijd bij een outdoorwinkel om een nieuwe schoenveter te kopen, maar de deur ging dicht voor Moth hem met zijn voet kon tegenhouden. Hij knoopte de eindjes gebroken veter aan elkaar en liep de straat door. Dit dorp is beroemd, of berucht, geworden door de overstromingen van 2004, toen winkels, auto's en mensen werden weggespoeld, waarna het dorp ontredderd achterbleef. Ik had gedacht dat het een vriendelijke, gastvrije plek zou zijn, waar de mensen graag wilden herbouwen en opnieuw beginnen. Maar het was gesloten, iedereen haastte zich weg om zandzakken neer te leggen, voor het geval dat. De frietkraam was wel open, maar zelfs een zak patat lag boven ons budget, dus liepen we door en kampeerden op een prehistorisch heuvelfort vlak boven het dorp. Tent op, noedels, slapen, noedels, tent neer, in de bosjes hurken, lopen. Groen, blauw, omhoog, omlaag, omlaag, groen.

Paddy Dillon eet spinazie voor zijn ontbijt, draagt een hemd van kameelhaar en slaapt op een spijkerbed, blijkbaar, want hij loopt in één dag van Bude naar Boscastle.

Groen, blauw. Deze kust is ruig, rotsformaties staan uitdagend tegenover het geweld van de Atlantische Oceaan. De rotsboog van Lady's Window kwam en ging voorbij, terwijl de golven erin en eruit stroomden. Warm en zweterig, koud en rillerig. De wind trok aan en vanuit het westen kwamen donkere wolken opzetten. Zweten. Omhoog, omlaag, groen, blauw. Ik bleef stilstaan om te plassen in het struikgewas en het brandde als zuur. Bonzend hoofd, pijnlijk lijf. Nog één stop en ik plas bloed. Blauw, blauw, groen, rotsen.

In de Rocky Valley ontstond een file achter een gezin dat op slippers over de keien probeerde te komen. Net toen het begon te regenen, ging de telefoon, hard en vasthoudend. We schuilden onder een overhangende rots. Het was Rowan, die op weg was naar een nazomerklus in Kroatië, maar nu vastzat in Venetië. Ze denkt dat ze haar bus heeft gemist. Vroeger, toen ik nog haar moeder was, zouden we geld hebben gestuurd voor een vliegticket, om te zorgen dat ze veilig was. Maar nu stond ik te schuilen onder een rots, nutteloos, hopeloos, zinloos, niet meer dan een hulpeloze vriendin, en praatte met mijn dochter, die in een vreemd land was gestrand, alleen. Ze praatte en praatte, was in paniek; de waarschuwing voor een lege batterij klonk...

'O, het is al goed. Daar is de bus. Ik had hem niet gemist; hij is gewoon te laat. Liefs, mam, pas goed op jezelf...'

Ik kroop in elkaar op de richel en snikte het uit. Moth hield me tegen zich aan en streelde mijn haar tot ik weer kon ademhalen.

Paddy zegt: 'Negeer het Camelot Castle Hotel' en kijk gewoon recht voor je uit, maar in mijn ogen was het een oase, terwijl ik Tintagel in strompelde. Moth zette onze rugzakken in een hoek van de lobby en bestelde een kan water.

'Jij moet naar de dokter. Blijf hier, dan ga ik op zoek naar een kampeerplek, zet de tent op en kom je halen.'

'Ik heb geen dokter nodig, ik moet gewoon een hele hoop drinken, en slapen. Ik ga met je mee, ik moet voor jou zorgen.'

'Hou nou op. Ik ben Rowan niet; ik ben Tom niet. Doe niet alsof je mijn moeder bent. Laat het nou maar eens gewoon gaan, Ray. En blijf hier.'

Ik rolde me op in de leunstoel en viel in slaap. Een keer deed ik mijn ogen een eindje open en dacht dat ik een ridder op een paard zag. Sliep verder. Toen ik wakker werd, was Moth er weer.

'Ik zag een ridder; ben ik aan het hallucineren?'

'Waarschijnlijk. Of aan het dromen. Ik denk dat al die koning Arthur-onzin je te pakken heeft. Er is een camping aan het eind van de straat, de tent staat, laten we gaan. Er zijn douches waarvoor je geen munten nodig hebt.'

'Dat kunnen we niet betalen.'

'Ik weet het.'

De wind barstte los vanuit het westen, loeide door de loodgrijze lucht, zwiepte de stapelwolken oostwaarts naar Devon, lang voordat hun waterlast de grond kon bereiken. Ik zat in het donker voor de tent en liet de wildheid van de natuur over me komen. Opgetild, meegenomen in de extatische werveling van de storm, deel van een eindeloze cyclus van moleculen. Vastgehouden, los, gevangen, bevrijd.

Ik ben boerin en boerendochter; het land zit me in mijn botten. Het was eind augustus: september kwam eraan, de tijd om de schapen in de hoek van het weiland bijeen te drijven. Om ze een voor een te vangen en op hun rug te leggen, de hoeven bij te snijden, hun medicijnen tegen wormen te geven, de ooien voor te bereiden op de ram. De tijd om de aarde om te ploegen, klaar te maken voor het zaad van de wintertarwe, de herfst als voorbereiding op de lente, om de komende winter te doorstaan. Ik ben losgesneden van die band, van dat ritme in mijn bestaan, zweef verloren en ontworteld rond. Maar ik voel hem nog wel.

Als kind werd ik een keer naar het land gestuurd om een ooi en haar pasgeboren lam op te halen; ik moest het lam dragen, zodat de ooi zou volgen en ik ze allebei veilig naar de stal kon brengen; ik pakte het lam op, maar zag toen dat de ooi op het punt stond nog een lam te werpen. Dus bleef ik wachten, op mijn rug in het natte lentegras, terwijl de wolken boven mijn hoofd voorbij dreven, de ooi maar een meter bij me vandaan aan het bevallen was, en het eerste lam zijn eerste stapjes zette. Ik wist toen dat ik één was met alles, met de wormen in de grond, de wolken in de lucht. Van dat alles maakte ik deel uit, ik was in alles en alles was in mijn kinderhoofd. Die wilde natuur was nooit iets om bang voor te zijn of om me voor te verstoppen. Ze was mijn veilige haven, de plek waar ik heen vluchtte.

Dat had ons eigen land ook aan onze kinderen gegeven. Ze waren opgegroeid als jonge bomen in de storm, erdoor gebogen, maar in de kern versterkt, geworteld maar flexibel en sterk, vrij in de wind, maar erdoor geleid. Zouden zij behouden wat het land hun had gegeven, nu ons land weg was? Ik was bang geweest dat ik die band met de werkelijkheid kwijt zou raken, wanneer we ons land verloren. Zittend in het gras, met de natte lucht die langs me heen joeg, het geloei boven mijn hoofd, werd ik vervuld van de gevaarlijke, eigenzinnige, ongecontroleerde, wilde kracht van de wind. Gevangen door de storm. Overeind gehouden. Opnieuw verbonden, met nieuwe banden. Bevrijd. Herwonnen. Ik kon het nooit verliezen; ik was de storm en het droge stof en de hoge roep van de scholeksters. Alle materiële dingen gleden weg, maar daarachter begon zich alweer een kern van kracht te vormen.

Na twee nachten verlieten we de uiterste hoek van de camping. Ik voelde me nog een beetje zwakjes, maar goed genoeg. Zelfverzekerd liepen we langs de receptie, zonder om te kijken.

Met Tintagel en zijn Arthur-legendes achter ons rustten we uit bij de kerk van Sint Materiana om nog wat water te drinken. De telefoon ging weer. Rowan. Ze had een baan aangeboden gekregen bij een pr-bureau in Londen en moest meteen beginnen. Hoe ze terug zou komen? Ze zat al in de trein; ze had het zelf geregeld.

11

Overleven

Hier en daar langs het pad lag een leisteengroeve. Het was de voorbode van wat er nog zou komen, het onmiskenbare bewijs voor de behoefte van de mens om te nemen wat hij kan. Zelfs het afval van de verwoesting werd gebruikt om de dubbele muren te maken die zo typerend zijn voor Cornwall. In Wales heet zo'n stenen muur, aan beide kanten ingesloten door aarde en met een heg erbovenop, een *clawdd*. Maar hier vormde het leisteenafval de 'curzy way'-muren: in visgraatmotief gestapelde dunne stenen. Ze gaven je het gevoel dat je in een andere zone terechtkwam, een andere manier van leven, een andere manier waarop de generaties hadden geprobeerd de wildernis te bedwingen. We liepen voort, tussen de muur en de zee, in het strookje wildernis dat van ons was.

Het pad liep snel omlaag naar de smalle inham van Trebarwith Strand. De witte wolken tegen de blauwe lucht oogden vriendelijk, maar de zee was nog woest van de storm en sloeg met geweld tegen de rotskust. Bij een piepklein café kon je voor een pond een bakje friet krijgen. We hadden nog 5,70 pond, dus bestelden we overmoedig twee bakjes, plus twee koppen heet water en gingen tussen de surfers zitten, net buiten het bereik van het water. Poseidon sprong op ons af en viel dan weer terug, als een rottweiler aan een rollijn.

Het pad was zo steil dat mijn neus dicht bij de grond bleef, het liep langs tuinen vol visnetten en boeien, tot we uiteindelijk bovenkwamen en een stel passeerden dat enorme pasty's zat te eten, terwijl een mottige whippet/bastaard/windhond geduldig op de kruimeltjes lag te wachten. Ieder één hele, grote pasty. Naast hen twee enorme rugzakken.

'Hé, backpackers.' Hij verslikte zich bijna in zijn haast om ons te groeten; waarschijnlijk was hij er, net als wij, achter gekomen dat er niet veel van onze soort rondliepen.

'Ook hallo.' We bleven even staan om de gebruikelijke trekkersbijzonderheden uit te wisselen. Zij waren in Tintagel begonnen en wilden zover komen als ze in een week konden. Op hun vraag waarheen wij op weg waren, antwoordde Moth vol zelfvertrouwen dat we naar Land's End gingen en misschien nog wel verder. Gesterkt door hun verbazing dat we de hele noordkust aandurfden, liepen we verder, met nieuwe veerkracht in onze tred.

We liepen door open grasland, waar dikke witte paddenstoelen zichtbaar werden, we plukten er een paar, en daarna handenvol zure, onrijpe bramen in beboste valleien.

Een collie stond in de richting van de varens te blaffen. We liepen langs hem heen en aaiden zijn vriendelijke kop, waarna hij weer begon te blaffen. Er was niemand bij hem. We keken over de rand van het klif, bang dat zijn baasje er misschien vanaf was gevallen, maar zagen niets en liepen maar weer door. Toen we achteromkeken in een inham met steile wanden, zagen we mensen beneden op het zand, maar zo te zien was er geen pad naar beneden. Waren ze per boot gekomen? Opeens sprong er een jongen vanuit de struiken op het zand beneden, gevolgd door de hond. Er was zeker een geheime tunnel. We hadden niet de energie ernaar op zoek te gaan, en liepen dus verder, diepe kloven in en weer uit, tot de zon vlak boven de zee hing en de hemel oplichtte in perzik, citroen en lila. We zetten de tent neer op Bounds Cliff en aten noedels met paddenstoelen terwijl de kleur vervaagde tot sterrenlicht en de meeuwen hun lange nachtroep lieten horen.

We waren net bezig de tent in te pakken toen een groep oudere mensen, allemaal in onberispelijke broek met veel zakken, naar ons toe kwam gebeend.

'Hou je vast; we gaan ons eerste standje krijgen wegens kamperen waar het niet mag.' Moth zette zijn beste 'favoriete-schoonzoongezicht' op, terwijl ik de andere kant probeerde op te kijken.

'Waar is het kustpad?' hijgde een rood aangelopen man op hoge toon.

'Daar staat u op.'

'Nee, dit is het niet. Het kustpad, aan de kust. We willen naar Tintagel wandelen.'

'Dit is het pad. Het is niet op het strand, het is hier, op het klif.'

'O, en komen er nog meer heuvels zoals die daar?'

'Nog een stuk of zes, zeven? Ik ben de tel kwijtgeraakt.'

'O, nou vergeet het dan maar. We gaan terug.' Ze draaiden zich om en stampten mopperend weg. 'Ze zouden het een klifpad moeten noemen, geen kustpad.'

Port Isaac was vroeger een vissersdorp. Als je de eigenaren van de paar boten op het strand moet geloven, is het dat nog steeds. Maar de duizenden bezoekers die er per auto of touringcar komen, weten dat dit het dorp is waar Doc Martin woont. We zochten onze weg door de smalle, hellende straatjes, waar massa's mensen een selfie probeerden te maken met het huis van Doc Martin op de achtergrond. Een whippet/kruising/greyhound stuiterde door de menigte, zodat telefoons en ijsjes door de lucht vlogen.

'Simon, hé Simon, pak die hond even.'

Moth greep de hond bij zijn halsband en hield hem vast tot het stel van de pasty's zich naar ons toe had weten te dringen.

'We wisten dat jij het was. We wisten het.'

'Wie?'

'Ik wist dat jij het was. Je luisterde toch ook naar je naam?'

'Alleen omdat mensen me al eerder zo hebben genoemd.'

'Ja hoor, tuurlijk, ha, je moeder.'

'Luister, hou nou eens op. Wie is Simon?'

'Simon Armitage.'

'Wie is in godsnaam Simon Armitage? We horen die naam al sinds Combe Martin en we hebben nog steeds geen idee.'

'Tjonge, jij bent goed. Je weet het mooi verborgen te houden. Maar wij krijgen je wel te pakken, jongen. Vergeet niet dat we op je spoor zitten.'

Moth gaf de hond terug en we worstelden ons door de hordes mensen heen het dorp uit, heuvelop, waar een groepje keurig geklede oudere dames stond.

'Simon, Simon, mogen we een foto van je nemen naast het huis van de dokter? Twee vliegen in één klap, dat is nog eens boffen!'

'Nee.'

'Ooo, Simon, wat een geweldige imitatie van Doc. Veel succes met jullie wandeling.'

Ik liep achter Moth aan die met grote stappen vooruit beende over een steil pad omhoog door de brem, zonder achterom te kijken, tot ik buiten adem was en even moest rusten.

'Waarom ergert dat je zo?'

'Ik weet het niet, ik wil alleen maar weten wie die kerel is; het kan wel van alles zijn.'

Stijgen en dalen tussen brem en steen, met altijd de dreun van de zee. Een ritme van pijn en honger, die afzwakten tot pijntjes en dorst, en uiteindelijk wegzakten in een dreunend ritme. Verlangens gleden weg terwijl de windvlagen over het water scheerden en de meeuwen ons voorgingen. Vroeger woonden er vissers in Port Quin, maar nu is het zo te zien een verzameling weekendhuizen. Het schijnt dat de vissers naar Canada zijn vertrokken, op zoek naar betere vangsten, en de kreeftenvallen die ze hebben achtergelaten, staan nu weg te rotten als tuinornament. De uitzichten achter ons lieten de kilometers zien die we hadden afgelegd, maar het uitzicht vooruit werd steeds korter en leidde onverbiddelijk naar weer een hoek, weer een afslag naar het zuiden.

De zon zakte en kleurde de eilandjes van de Mouls in een laag septemberlicht, terwijl we vanaf Com Head omlaag liepen. Een torenvalk die eindeloos in de lucht had gehangen, landde geluidloos op het hek verderop, in de vroege avondzon die zijn rug een roestbruine glans gaf. We aarzelden even voor we hem passeerden, want we wilden hem niet laten schrikken. Alsof hij onze besluiteloosheid aanvoelde, steeg hij weer op, vloog een rondje en ging toen weer op een rots vlak achter ons zitten. We liepen verder. De rand van een akker was een mogelijke kampeerplek, maar omdat we voor het grondzeil vreesden vanwege de stoppels, liepen we door en in de schemering kwamen we aan op Rumps Point.

Ooit lag hier een fort, dat aan de ene kant uitkeek over de landtong van Tintagel en aan de andere kant over de Atlantische Oceaan. Als er een koning Arthur had bestaan, had hij hier zijn kasteel gebouwd, niet tussen de souvenirs en broodjes verder naar het oosten. Hier, waar hij zijn vijanden van alle kanten kon zien aankomen. Een geheime plek, vol vergeten verhalen. We zetten de tent uit het zicht neer achter de grashellingen van de oude verdedigingswallen, op een bewoonde konijnenburcht, en klommen naar Rumps Point terwijl de zon wegzakte en alleen diepe, naamloze kleuren achterliet.

In het donker aten we het laatste pakje noedels op. We hadden nog wel water, maar geen eten meer. Ik overwoog op konijnenjacht te gaan. Dat zou niet voor het eerst zijn: mijn vader en ik hadden vroeger honderden konijnen geschoten, omdat die in grote getale de maïs kwamen opvreten en zo binnen een week de oogst van een heel jaar konden vernietigen. We stopten de vriezer ermee vol, verkochten ze aan slagers, maakten stoofpotten en pasteien, brochettes, patés, soepen, broodjes, tot niemand meer konijnenvlees kon zien. In het donker lag ik te bedenken hoe ik een strik zou kunnen maken, maar ik had niet de energie en niet genoeg gas om een konijn klaar te maken als ik er een ving. 's Nachts werd ik wakker en hoorde zo'n beest gras afscheuren en opkauwen. Te oordelen naar het geluid van zijn gesnuffel had het een flinke stoofpot kunnen worden.

In het roze half-licht van de dageraad waren de holen overal.

Verse keutels stapelden zich op onder de luifel van de tent en toen ik de rits opendeed, hipten er tientallen vette konijnen rond, nog geen meter bij me vandaan. Ik had alleen maar mijn hand hoeven uitsteken om er een te pakken en in de pan te stoppen. In plaats daarvan zetten we thee. Moth vond nog een harige winegum in zijn zak, dus die sneden we doormidden.

Pas toen we wegliepen en nog een keer omkeken naar de Rumps, zagen we dat het stukje grond waarop we hadden gekampeerd boven een grote, gapende grot zweefde. Door landverschuivingen waren de uitgangen van de konijnenburcht komen bloot te liggen, zodat ze nu uit de aarde kwamen en in de lucht eindigden. Hoeveel konijnen waren in de zee beland, en hoeveel meer zouden er nog worden weggespoeld? Of zou de dreun van de zee onder hun burcht uiteindelijk hard genoeg klinken om ze te waarschuwen dat ze moeten vertrekken?

We liepen rondom de landtong en kwamen voorbij een monument voor 'De Gevallenen'. Ik was te moe om mijn bril te pakken en de hele plaquette te lezen en heb dus niet gekeken of het voor degenen was die in de oorlog waren gevallen, voor degenen die van het klif waren gevallen, of voor ons, die uit de samenleving waren gevallen, uit de hoop, uit het leven.

Natuurlijk zal het een monument zijn geweest voor de mannen die in oorlogen waren gesneuveld. Dood, weg, zonder de gelegenheid medelijden met zichzelf te hebben. Ik trok de heupriem van mijn rugzak wat strakker aan, sloot me af voor het huilstemmetje en liep door. Het leven is nu, op dit moment, het is alles wat we hebben. Het is alles wat we nodig hebben.

Het pad liep omlaag naar de twee Polzeaths, New Polzeath en Old Polzeath. Eén grote bouwplaats, van het begin tot het eind. Nieuw te bouwen huizen, uitbouwen, renovaties – bouwen, bouwen, bouwen. Voor ons uit lag een lang strand, van Daymer Bay naar de kleine veerboot in Rock. Het was eb, zodat van de brede riviermond van de Camel alleen nog een smalle tweerichtingsverkeersweg voor boten en jetski's over was. We hadden geen idee hoeveel het zou kosten om de veerboot te nemen. Ik wist zeker dat de paar munten die ik in mijn hand hield niet genoeg zouden zijn, maar bad dat dat wel zo was, want ik moest er niet aan denken om de lange omweg landinwaarts naar de brug bij Wadebridge te moeten maken. Moth liet zijn rugzak vallen en ging op het zand zitten.

'Ik voel me behoorlijk licht in het hoofd. Wanneer krijgen we weer wat geld?'

'Morgen, misschien, ik weet het niet precies. We halen het wel, als we maar blijven drinken.'

'Ik weet het niet, ik voel me een beetje raar.' Mager of niet, zijn 1,90 meter lange lijf kon niet op niets doorgaan. Ik keek nog eens naar de munten in mijn portemonnee en liep door de duinen heen naar de snackbar.

Die was afgeladen met emmers, schepnetten, ouders en kinderen. Ik zocht de schappen af naar de meest economische manier om iets te eten te kopen. Het was alleen maar snoepgoed, maar in mijn ogen leek het een vijfsterrenmenu en het moest even zorgvuldig worden samengesteld. Uiteindelijk koos ik zes karamelrepen van 25 pence per stuk, die we over de dag heen konden verspreiden. De koude lucht van de koelkast zweefde over me heen terwijl ik een fles cola tegen mijn hoofd hield, nat van de condens en heerlijk koud. Ik zette de fles terug en ging in de rij staan. De lange rij. Ik stond vlak bij de deur. Het meisje achter de toonbank lette alleen op de kassa. Kinderen renden rond, en leidden de aandacht af met hun lawaai. De rij schoot niet op. Ik stond bij de deur. De munten brandden in mijn hand. En ik liep weg.

Ik stak het zand over naar Moth, doelgericht, rustig, onopvallend, maar met een neonlicht op mijn hoofd dat flitste: dief, dief, dief.

'Kom op, laten we naar de veerboot gaan, kijken hoeveel het kost.' Ik hielp Moth overeind, want ik wilde snel weg.

'Wil je niet eerst iets eten nu?'

'Nee, misschien is daar wel wat schaduw en we kunnen waarschijnlijk water halen terwijl we wachten.' Vlug nou, Moth. Dief, dief, dief. Dit was het, de grens over. Het stereotype van de dakloze. Vies, hongerig, en nu ook een dief. Een paria.

'Eet er onderweg maar een op, misschien lopen we dan sneller.'

Er was geen water, maar de veerboot kostte nog geen twee pond per persoon. Ik had nog precies genoeg over om terug te gaan en de karamelrepen te betalen, maar wilde geen afstand doen van de munten en stopte ze terug in mijn portemonnee.

Padstow, aan de andere kant van de riviermonding, was een deinende mensenmassa. Nog zo'n vreemd plaatsje dat in een vorig leven een vissersdorp was geweest; nu was het beroemder om zijn Rick Stein-visrestaurants dan om zijn vis. Busladingen toeristen luisterden naar straatmuzikanten in de haven, terwijl ze ondertussen de halve Noord-Atlantische kabeljauwstand naar binnen werkten. Zo te zien had Rick het hele dorp overgenomen: zijn naam prijkte op het restaurant, de frietkraam, een pub, een bistro, een patisserie, eigenlijk was elke eetgelegenheid met hem verbonden. Wij gingen op de kade zitten, met onze voeten bungelend over de stenen rand, en luisterden naar de jonge straatmuzikanten die covers van rocksongs uitbraakten, terwijl hun gitaarkist zich vulde met munten en bankbiljetten.

'Ik wou dat ik mijn gitaar bij me had.'

'Ik wou dat je erop kon spelen.'

'Ik denk niet dat ze spelen, volgens mij is het een bandje.'

De zilte geur was een onontkoombare marteling. Een week lang noedels eten had onze eetlust wel weggenomen en als we aten, hadden we veel minder nodig om een vol gevoel te krijgen. Maar nu we aan alle kanten werden omringd met eten, was dat ondraaglijk, en virtueel eten hielp niet tegen de honger.

'Zullen we gaan? Ik kan dit niet meer aanzien.'

'Laten we nog even bij de bank kijken voor we weggaan. Voor het geval dat.'

'Voor het geval wat?'

'Er staat 32,75 pond op uw rekening en het bedrag dat u vandaag kunt opnemen, is dertig pond.' Niet de 48 pond waarvan we hadden gedacht dat die er misschien zou zijn, maar het kon ons niet schelen waar die andere zestien pond gebleven was, of die 32 pond er eigenlijk wel had moeten zijn, of het dinsdag was, terwijl wij dachten dat het donderdag was, en we hielden de bankbiljetten vast als kostbare edelstenen.

Moth kocht nog wat doosjes ibuprofen en we gingen terug naar de haven om samen een zak friet van Rick te eten.

'Wat vind jij ervan?'

'Oké, het smaakt gewoon naar patat.'

Het was een gevecht om weg te komen van de haven, door de menigte heen, waarin mensen mopperden en klaagden over onze rugzakken, en we stopten voor een ijsje, een belachelijk dure verwennerij, maar we waren vergeten de waterflessen te vullen en die waren leeg.

'Bedankt, en kunt u onze waterflessen voor ons vullen?'

'Nee. U kunt een fles kopen. We kunnen moeilijk gratis flessen vullen, als we ook water te koop hebben.'

Het was de eerste keer dat iemand ons water weigerde en we waren stomverbaasd. Bij een pub aan het eind van de haven vulden we de flessen in de toiletruimte en daarna gingen we het dorp uit, opgelucht toen we weer op het pad kwamen.

De tent stond laag tussen de zandduinen bij Harbour Cove, hopelijk buiten het bereik van hondenuitlaters en de vloed. De rivier was weer volgelopen en scholeksters holden in kwetterende rijen op en neer over het strookje zand dat er nog voor hen was. Verderop op het strand groepten sterns rustig bij elkaar, en nog verder verzamelde zich langzaam een troep zilvermeeuwen. Iedereen bleef op zijn eigen stukje land, gescheiden uit keuze.

September was het nu, en het werd om negen uur donker, de nachten in de tent werden langer en kouder. We hadden nog niet eerder op zand geslapen en schrokken ervan hoe koud dat was. Onontkoombaar koud. Ik trok de korte legging aan over de lange heen, twee vesten, het T-shirt met lange mouwen, het fleecevest, de linnen zonnehoed uit Ibiza, en lag te bibberen in de superlichtgewicht eenseizoensslaapzak.

De ochtend kon niet snel genoeg komen en zodra ik kon, was ik buiten bezig. Maar niet zo snel als een harige labrador/spaniël/terriër die door het zand kwam aangestoven, het water van de brander stootte en de tent in sprong, waar hij in de bagage begon te wroeten. Moth kwam overeind toen de haarbal boven op hem sprong.

'Hier is niets te eten, vriend.'

Hij stuiterde de tent weer uit, achter het fluitje van zijn baas aan, terwijl hij het zand achter zich opgooide.

'Het is hier geen camping, hoor. Je mag hier niet kamperen. Walgelijk gewoon, slapen in het openbaar.'

'Ja, ook goeiemorgen, wat een mooie dag weer.'

De hondenuitlater beende door, met de haarbal huppelend achter zich aan.

We probeerden de zware strandcondens van de tent te schudden, maar verspreidden daarmee alleen maar nog meer zand over de nu natte binnentent, dus gaven we het op, rolden hem tot een prop en liepen weer verder in het vroege licht. De zeevogels waren op zee en de hondenuitlaters waren op weg naar huis voor hun ontbijt, terwijl wij om Stepper Point heen liepen en de wind ons welkom terug heette op de rand.

12

Zeedansers

We hadden Stepper Point gemakkelijk kunnen overslaan, als we waren doorgestoken naar Gunver Head. Maar onze voeten volgden instinctief het pad, ze werden naar het westen getrokken over de stoffige navelstreng die ons liet groeien, ongezien, in onze eigen strook wildernis. Trevose Head kwam nu scherp in beeld, met daarachter eindeloze landtongen die naar het zuiden toe in de mist verdwenen, nog onbetreden.

We kwamen steeds meer bloeiende tamariskstruiken tegen, ze groeiden aaneen tot hoge heggen die als een muur aan weerszijden van het pad stonden en met hun geveerde twijgen de lucht streelden. Ze oogden zachter, vriendelijker, gastvrijer dan de brem en varens verder naar het oosten, maar waren sterk en veerkrachtig genoeg om mee te buigen in de wind, of dat nu een briesje was of een storm. Op een bank die schuilging onder de struiken, lag een stapel vodden, met een zwerm vliegen eromheen en supermarktkarretjes vol spullen ernaast.

Een oude man met zijn leven in plastic tassen.

Hij lag daar bewegingloos. Als een konijn in de heg, waar kraaien in komen pikken, vliegen omheen zwermen, eitjes in worden gelegd en maden in groeien, tot het is leeggezogen en opgenomen in de kringloop. We bleven staan bij het lichaam op de bank en waren ons bewust van onze plek naast hem, onze plek in de kringloop, met één been in de heg van het verval.

'Rot op.' Niet dood dus.

'Heb je iets nodig, vriend? Ik heb hier wat brood.'

'Rot op.'

'Of een chocoladereep.'

'Leg maar op de bank, en rot dan op.'

Moth legde de helft van onze voorraad naast de vodden en we liepen weg, blij dat we de vliegen de rug konden toekeren. Niet onze plek, nog niet. Maar stel dat we stilhielden, dat we iets te lang bleven staan?

*

We bietsten wat water bij strandwachten in Harlyn Bay. Ze waren uit Zuid-Afrika en Australië gekomen om te waken over onfortuinlijke vakantiegangers op schuimplastic drijfplanken, voor ze weer naar het zuiden terugkeerden, als ganzen in de winter. Konden wij ook maar ergens heen gaan waar het warm was, voordat de donkere kou van de winter ons besloop. We lieten hen achter, jaloers op het gemak waarmee ze leefden, en staken de brede strook zand over naar een rotsig uitsteeksel aan de andere kant van de baai. We gooiden onze stinkende, vuile kleren in een rotspoel en lieten ze daar liggen weken terwijl we rondsprongen in de schuimende golven, schoon gewassen, geschuurd door zout, gillend. Een oase van helderheid: helder water, door de vloed geribbeld zand, vrij van de tijd.

We lagen op de rotsen met onze kleren om ons heen uitgespreid, luchtgedroogd, geconserveerd, en sliepen tot halverwege de middag. Toen we wakker werden, ontdekten we dat we door de opkomende vloed van de rest van het strand waren afgesneden samen met een grote familie. Terwijl we twintig meter rotswand op klauterden, legde de grootvader uit dat ze altijd naar Harlyn Bay kwamen, al sinds de kinderen zo klein waren als zijn kleinkinderen nu, en dat ze dan altijd in het caravanpark op de heuvel verbleven. In Mother Ivey's Bay verdwenen ze door grote metalen hekken in een stad van caravans, met overal beton en stadionverlichting. Het was of ze in een concentratiekamp sliepen, maar in elk geval konden ze hun dagen vrij op het strand doorbrengen.

Wij gingen rechtsaf de landtong op, die ons teruglokte naar onze streep wildheid.

De vuurtoren van Trevoze stond blikkerend wit in de late middagzon, scherp afgetekend tegen het blauw, te fel om naar te kijken. Ik lag op het droge zand en trok velletjes verbrande huid van mijn neus. De meeste behoeften waren weggezakt: minder hongerig, minder dorstig, minder alles. We sliepen vast tot het begin van de avond, toen een frisse wind ons wakker maakte en we van de landtong af gingen, omlaag naar een volmaakt strand tussen met helmgras begroeide zandduinen. We zetten de tent op het gras, in de hoop dat de hardgroene stengels ons tegen de kou zouden beschermen, en lieten de wind erdoorheen blazen om de natte stof te laten drogen.

Het tij keerde en stuurde zuiver witte, overslaande golven het strand op. En daar waren ze. Vanaf de weg, van het pad, uit de duinen, van alle kanten kwamen neopreen figuren aangerend, elk met een surfplank onder de arm, gladde zwarte lijven die onelegant voort waggelden doordat hun plank de windvlagen ving. Ze peddelden voorbij de branding, kropen bij elkaar als een school zwarte vissen, tot de golven kwamen en ze zich van elkaar losmaakten en rechtop, één met de deining, sierlijk naar de ondiepte slalomden. Mensen, veranderd in zeedansers.

We zaten in onze slaapzakken in de tentopening tot het licht verdwenen was en daarmee ook de laatste surfer. Het tij nam af en in de aarzeling voor het terugkwam, eisten de vogels het lege strand voor zich op. Om er te lopen en te roepen in de nacht, tussen het zand en het water.

De volgende ochtend was de zware strandcondens er weer, maar deze keer lieten we die opdrogen, terwijl we theedronken en naar hondenuitlaters en vroege ochtendsurfers keken, tot Moth soepel en zonder hulp de tent uit kwam en we die eindelijk inpakten. De honger was er nog, maar net als de pijnlijke gewrichten en harder wordende blaren werd ook die iets wat je meer opmerkte dan voelde.

De wind bleef hard uit het westen waaien, koel en in vlagen. Hij sloeg de zee tot schuim tegen de rotsige eilandjes vlak voor de kust. De rotsen werden groter, tot ze de Bedruthan Steps werden, de legendarische stapstenen van de reus Bedruthan. Niemand lijkt te weten wie de legende heeft bedacht: de vroegere bewoners van Cornwall of de National Trust die de steentorens verkoopt aan de talrijke bezoekers op het pad en in de tearoom. We hadden lokale bewoners wel horen mopperen over de National Trust die meer dan een derde van de kustlijn van Devon en Cornwall bezit, gekocht via het Neptunusproject, een al sinds 1965 lopende campagne om zo veel mogelijk delen van de kustlijn op te kopen, ter voorkoming van nieuwe bouwprojecten. Mensen klaagden dat de Trust te star is en geen begrip heeft voor plaatselijke bewoners die er de kost proberen te verdienen. Ik heb zelf op het platteland gewoond, en het is inderdaad moeilijk daar een goede boterham te verdienen. Ik ben ook in Mother Ivey's Bay geweest, en er is geen twijfel aan dat de kust daarvoor behoed moet worden. Maar terwijl we langs het overvolle parkeerterrein, de stapstenen en de kassa's liepen, rook ik een sterke lucht van hypocrisie.

'Loop gewoon een eindje landinwaarts door het dal; daar is een kleine camping. Een beetje eigenaardig, maar hartstikke goedkoop.' Het was gaan regenen en wij stonden te schuilen onder de luifel van een strandtent. Het meisje probeerde te helpen.

'Zullen we erheen gaan en zien hoeveel het kost? Doen we het niet, dan kunnen we altijd nog in het bos gaan staan; daar is nu meer beschutting dan op de kliffen.' Met de regen was het ook harder gaan waaien, en de gedachte aan beschutting was verleidelijk.

Aan het weggetje naar de camping stonden een paardenbox, een veewagen en een graansilo, allemaal in hoog gras: zo te zien waren ze de hele zomer niet van hun plaats geweest. Tussen de bomen verschenen een handvol chalets, een veld met varkens, twee ezels en een feesttent. Een man met een gescheurde trui en een woest krullende baard kwam achter een chalet vandaan met een emmer en een dweil. Vijf pond per nacht voor de tent, en koude douches. Het regende nog steeds, dus we deden het.

We liepen voorbij de feesttent, door een golfplaten schuur met oude zitbanken en een wasmachine, langs houten schuurtjes, stenen schuurtjes en nog een paardenbox, naar een veldje met bomen.

'Kom straks maar naar de schuur, dan zijn de jongens er ook, die hebben meestal wel een paar biertjes.' De jongens? Er was geen levende ziel te bekennen.

Ik begon me uit te kleden in het douchegebouwtje, een tuinschuurtje met twee douches en een stoel, maar greep naar een handdoek toen ik besefte dat ik niet alleen was. Een vrouw aan de andere kant van de ruimte keek me aan: ze had haar als een ragebol, een bruin verbrand gezicht, met een rode, gebarsten neus, rode, eeltige voeten, slanke, atletische benen en ribben die door slap vlees heen staken. Ik ging met mijn hand langs de ribbenkast in de spiegel: ik herkende hem niet, hij was in geen jaren zichtbaar geweest. Onder het koude water probeerde ik mijn haar te ontwarren. Het lukte niet, dus droogde ik me snel af en zette de linnen hoed weer op. Een koude douche op een koude dag is net zoiets als virtueel eten. Trek je na afloop een dun fleecevest aan, dan voelt dat als een donsjack, maar dat duurt niet lang: al snel komt de kou weer opzetten, net als de honger, sterker dan daarvoor. Liever dan te gaan zitten rillen in de tent, zetten we koers naar de schuur.

De zijdeur van de paardenbox ging open en er sprong een zongebruinde, blonde jongen uit. Ook uit de houten schuurtjes onderweg kwamen jonge, gebruinde twintigers tevoorschijn en toen we bij de grote schuur kwamen, stapte er net een jong stel met dreadlocks uit het stenen schuurtje. Wij deden een poging net zo cool, loom en soepel op een bank neer te ploffen als zij, maar zonder succes.

'Wat doen jullie hier allemaal? Wij hadden het idee dat er niemand was. Zijn jullie met vakantie?' Wat voelden we ons oud en van een andere planeet, terwijl we moeizaam zochten naar iets om te zeggen.

'Nee, man, wij wonen hier. We werken hier in de buurt, van Kurt mogen we in zijn schuurtjes wonen, als we af en toe een klus of een boodschap voor hem doen, en dan zijn we in de winter weer weg, met de golven mee.'

'Jullie wonen in die gebouwtjes, dus niet zomaar voor een nacht? Waar werken jullie dan?'

'De meesten zijn strandwacht, een paar werken in de bediening, maar we zijn allemaal surfers. We zouden hier in de buurt nooit iets kunnen huren – de prijzen zijn idioot hoog. Dus ja, die schuurtjes zijn cool! Dit wordt mijn derde jaar, volgend jaar ben ik aan de beurt voor de paardenbox.'

'En het stenen schuurtje?'

'Nee, het stenen schuurtje krijg je alleen als je een van de uitverkorenen bent.'

De jongen met het rastahaar bij de wasmachine draaide zich om toen hij dit hoorde en gebaarde met zijn kin naar de jongen op de sofa.

'Hé, ouwe rukker, ga jij de biertjes eens halen. Zo, oudjes, hoe zijn jullie hier in de schuur beland?'

Moth keek mij even aan en haalde zijn schouders op. Hier hoefden we niet te liegen.

'We zijn dakloos, hebben ons huis verloren, onze zaak, alles waar we ons hele leven voor hebben gewerkt, nu zitten we zonder geld, en ik ga dood, dus we dachten: wat kan het ons schelen, laten we gaan wandelen. We zijn begonnen in Minehead, lopen nu naar het westen, en wie weet waarheen daarna.'

'Wauw. Dat verzin je toch zeker?'

'Nee.'

'Fuck.'

'Ja, fuck.'

'Maar dat is oké, man, je bent net als een golf.'

'Een golf?'

'Ja, hoe goed een golf is, hangt af van wat de natuur doet. Hij komt op wanneer de wind over het water blaast, ver weg op zee, en dan hangt het ervan af hoe hard die wind is, hoelang hij waait en hoe ver de golf over het water reist – dat noemen wij de aanloop. Een stevige wind, een lange aanloop, een goed stuk kust en dan heb je het, je stormt vooruit. Maar jij, jij wordt voortgeblazen door een verdomde orkaan, man, en je zit nog in je aanloop, jij bent op weg naar de grootste, mooiste overslaande golf, man. Snap je het niet? Jij gaat in stijl omlaag storten! Kurt, Kurt, ze zijn cool, gooi de boel maar open.'

De man met de baard deed de achterkant van een Portakabin van het slot. Die zat tjokvol flessen met elke denkbare soort alcohol. De jongens brachten kisten naar een hoek van de ruimte waarin staldeuren leken te zitten, maar toen die openzwaaiden, stond Kurt daar achter een ingebouwde bar flessen klaar te zetten.

Het was vroeg in de avond en we hadden echt eten nodig, dus met dat hongerige lijf dat wekenlang nauwelijks alcohol had aangeraakt, duurde het niet lang of alles was één grote waas. De reggae van Colonel Roots brulde uit de speakers op de wasmachine en niets maakte meer iets uit. We waren bij de beste vrienden die we ooit hadden gehad op de fijnste plek van de wereld.

'En wat is er dan met je, man, waarom ga je dood?'

Moth danste, soepel, ontspannen, hij bewoog zijn lichaam ritmisch heen en weer, met een glas Jack in zijn hand. Ik wist niet dat hij whiskey dronk, maar je kunt niet alles weten.

'Eerst houden mijn benen ermee op, dan alle andere dingen die belangrijk zijn, en dan stik ik.'

'Fuck.'

'Fuck, ja.'

'Kurt is kruidendokter, je weet wel. Misschien heeft hij daar wel iets tegen.'

'Kurt. Heet hij echt zo? Wat doen jullie echt bij hem, waarom zitten jullie hier echt?'

'We voeren de varkens, maaien het gras – je weet wel, we helpen elkaar een handje; daar hebben we allemaal wat aan. Dan gaat hij met ons mee surfen in Costa Rica. We dragen zijn boards, rijden de bus – zoals ik zei, we helpen elkaar. We mogen gratis in de schuurtjes wonen. Allemaal goed.'

Kurt kwam achter de bar vandaan.

'Zo heet ik echt. Pak aan. Diep inhaleren, dan verdwijnt alle pijn.'

'Maar ik rook niet.'

'Nu wel, nu wel.'

Een prachtige nevel van blijheid vulde de schuur en ik nestelde me gelukzalig op de sofa. Moth danste nog steeds en de wereld was goed.

Het was al ochtend toen ik één oog opendeed om naar twee strandwachten te zwaaien die weggingen met hun surfboard aan hun fiets gebonden, maar het liep al tegen twaalven toen we onze spullen inpakten en wankel wegliepen.

'Neem dit mee, mijn vriend, het is medicinaal. En als je ooit een slaapplek nodig hebt, wij zijn hier.'

'Bedankt, Kurt.'

De hemel klaarde op, de laatste wolken dreven snel weg langs het blauw en Watergate Bay strekte zich eindeloos voor ons uit. We liepen over het strand, te gammel om aan het omhoog en omlaag van het klif te moeten denken. Voorbij de restaurants en cafés lag het uitgestrekte zand, smetteloos en leeg. De enige persoon in de verte bleek van dichtbij een oude man met twee spaniels. Hij bleef staan voor een praatje toen we bij hem waren.

'Wandelen jullie het kustpad?'

'Een stuk ervan. In ieder geval tot Land's End.'

'Dat heb ik altijd al eens willen doen... gewoon dagen achter elkaar door wandelen.'

'Doe het dan. Pak een rugzak in en doe het nu. Je weet nooit hoe lang je aanloop zal zijn, dat hangt van de wind af.'

De man en zijn honden werden klein achter ons, terwijl we tussen het afbrokkelende klif en het schuim door liepen. Het leek of de hoge, overslaande golven van de opkomende vloed de verticale horizon uitrekten, zodat wij in een tunnel liepen tussen het land en de zee. Gevangen en bevrijd, aan de rand, maar onderdeel van alles. Op weg geblazen en nog steeds bezig kracht te verzamelen met onze aanloop.

In de buurt van Zacry's Island kleurden duizenden mosselen de rotsen blauw. We vulden onze pan en kookten ze, waarna we met het zakmes de dikke lijfjes uit hun schelp prikten. Af en toe kwamen er mensen voorbij, maar wij werden waarnemers, geen deelnemers. Kraaien krasten in de vochtige lucht, hun roep klonk spookachtig helder tegen de wand van het klif. Onze wereld veranderde, de randen vervaagden terwijl onze tocht ons voortstuwde tussen zee, hemel en rots. We werden één met de wilde rand waarop we leefden, onze aanloop werd nu bepaald door het zoutpad dat we liepen.

We kampeerden op het fort bij Trevelgue, met de lichten van Newquay voor ons en de duisternis van Watergate achter ons, blootgesteld aan de Atlantische Oceaan. De wind trok aan en bracht kletterende regen met zich mee. Wij trokken al onze kleren aan, legden onze regenkleding over de slaapzakken en sliepen twaalf uur aan één stuk.

13

Huiden

De uitgestrekte bebouwing van Newquay was een schok na de wildernis, maar vreemd genoeg waren we er tegelijkertijd ook blij mee. De stedelijke deken begint in Porth en gaat helemaal door tot de Gannel: een reeks landtongen met daartussen zandstranden waar de beste surfgolven van het land aankomen. De stad dankt haar reputatie aan de surfcultuur die in de jaren zestig opkwam, maar die hoogtijdagen zijn voorbij, en sindsdien is de stad steeds triester geworden. Nu is het een bestemming voor de immer aanwassende kudde vrijgezellenfeestgangers die verkleed en gillend door de straten trekken en in de portieken hun lege flessen en plassen kots achterlaten. Het stoot de plaatselijke bevolking, de gezinnen en de surfers af: juist de klanten die de winkeliers graag willen aantrekken. Maar de pubs en restaurants hebben de inkomsten van de feesten nodig om de winter door te komen. Deze tegenstrijdigheid houdt de stad in een akelige greep. Nog maar een handjevol surfwinkels herinnert aan het verleden en aan de mooie verwachtingen voor de toekomst.

We waren zo lang afgezonderd geweest van mensen, dat ons tolerantieniveau was gedaald, maar even was het wel een prettig gevoel om weer bij de mensheid te horen. Even. En de stad was een goede plek om te schuilen voor de regen die nu op een strakke westenwind horizontaal landinwaarts striemde. Ik ritste de capuchon van het regenjack strak om mijn gezicht en bezag Newquay door een tunnel.

Het werd al snel duidelijk dat de stad naast de vakantiegangers, die in september nog steeds in groten getale aanwezig waren, nog een andere kant had, een kant die de toeristen negeerden. De onzichtbaren. De dakloze straatbewoners die de winkelgebieden bevolkten in aantallen zoals we sinds Glastonbury niet meer hadden gezien. Natte lichamen ineengedoken in portieken. Maar dit waren geen weldoorvoede beroepsbedelaars, dit waren taaie, geharde buitenslapers. Een lange brede ex-soldaat vroeg ons om geld en toen we hem vertelden dat we dat niet hadden en zelf ook dakloos waren, stelde hij verder geen vragen, maar wees ons de weg naar een gaarkeuken. Moth gaf hem wat munten en zijn laatste chocoladereep. We hadden nu nog maar heel weinig over, dus liepen we erheen om uit de regen te komen en onze gratis kom soep te gaan halen.

Op aanwijzing van de soldaat kwamen we bij St Petroc's, een liefdadigheidsinstelling voor alleenstaande daklozen die door de mazen van het vangnet van de sociale voorzieningen zijn gevallen. Ik vroeg niet hoe het dan moest met echtparen die door de mazen van dat net waren gevallen, maar ze verwezen ons toch wel naar de gaarkeuken. Afhankelijk van welke statistieken je leest, heeft Cornwall het op één na of het op vier na grootste aantal straatslapers in het land, buiten Londen. Het zou gaan om 40 of 65 mensen of daaromtrent. Als dat klopte, zat op dit moment elke dakloze van Cornwall in een leegstaande kerk in Newquay brood in tomatensoep te dopen. Een vrijwilliger legde ons uit waar dit vreemde verschil met de cijfers vandaan kwam; kennelijk werden alleen de mensen die op het moment van de telling in één bepaald gebied op straat waren, meegenomen in de cijfers. En dan nog alleen als de persoon zelf bevestigde dat hij dakloos was en op straat sliep. En als hij sliep of leek te slapen, mocht je hem niet wakker maken om het te vragen.

'En, slaapt elke dakloze in dat bepaalde gebied op het juiste moment op straat?'

'Natuurlijk niet, ze zijn overal. Er is een groep die in het bos slaapt, maar de gemeenteraad wil ze daar niet hebben, omdat ze er een soort recreatiegebied van willen maken. Wat ze echt nodig hebben, is opvangplaatsen waar ze 's nachts kunnen verblijven, geen leuke paadjes in een bos, waardoor ze het beetje veiligheid dat ze nog hadden ook kwijtraken. Er komen van de winter wel wat nieuwe opvangplekken bij, maar op geen stukken na genoeg.'

'Het probleem is, mensen denken dat wij allemaal verslaafd zijn of zo; daarom willen ze niet helpen. Ze vinden het tijdverspilling.'

'Natuurlijk zijn er veel verslaafden op straat, maar hoe je ook dakloos bent geworden, je verdient gewoon hulp.'

Het was opgehouden met regenen en er scheen een dun, waterig zonlicht door de wolken. We gingen op een bank zitten die op het dampende trottoir stond en keken naar de voorbijgangers. Mensen die boodschappen deden, vakantiegangers, moeders met kinderen die in hun gloednieuwe schooluniform van school kwamen, skaters op een longboard, mensen die hun hond uitlieten, een dakloze jongen met een dekbed over zijn schouder. Wij waren al die mensen, en geen van hen. De bakkerij bij het postkantoor verkocht de laatste broodjes voor 25 pence per stuk. Moth kocht er zoveel hij kon en gaf er één aan alle mensen die op vodden in een portiek zaten, waarna hij de rest voor onszelf hield.

Op Fistral Beach was het lawaaiig met bulderende golven en neopreen dansers op weg naar de zee. Langs de weg achter ons stond een rij Volkswagenbusjes met blonde, gebruinde jongens erin die vol spanning keken of er een goed stel golven in aantocht was. Maar wij liepen door en staken de monding van de Gannel over via de houten voetbrug, nog net op tijd voor hoogwater. Daarna verder, naar het open land hoog boven zee, onze kamer voor de nacht.

De lucht vertoonde een heel zwak waasje licht toen Moth alleen de tent uit ging om thee te zetten. Ik lag nog in de slaapzak, onder een thermische deken die we bij een kringloopwinkel in Newquay hadden geruild voor *Robinson Crusoë*. Rond de tent graasden schapen, maar die gingen er verschrikt vandoor bij het geluid van de rits. Boven een rots in de zee vlak voor de landtong, met de vreemde naam The Chick (Het kuiken), krioelde het van de zeevogels. De kakofonie van lawaai overstemde het geluid van de opkomende zee die door de opening stroomde. Zilvermeeuwen, mantelmeeuwen, scholeksters, aalscholvers en sterns, die ruzieden om hetzelfde brok onherbergzame, kartelige steen. Het was of alles wat in dit gebied leefde, Kelsey Head wilde bezetten en niemand bereid was de ruimte te delen. We lieten de vogels verder kibbelen, en op weg omlaag naar Perranporth Beach passeerden we het verlaten legerkamp bij Penhale, met zijn leegstaande nissenhutten. Ik had best in zo'n roestige ijzeren hut kunnen wonen. Met een beetje fantasie zou het hele terrein huisvesting kunnen bieden aan de mensen van Newquay die wanhopig behoefte hebben aan onderdak, maar het zal ongetwijfeld worden omgebouwd voor het toerisme.

Het strand is vlak, recht en zo lang als een landingsbaan. Moths schouders waren stijf en ik was vermoeider dan normaal, dus gingen we in het zand zitten onder twee beeldhouwwerken die waren gemaakt van spullen die op het strand waren aangespoeld. Menselijk afval, gemodelleerd tot menselijke vormen. We zetten nog wat thee en deelden de laatste ibuprofen. Vlak bij ons legde een oude man zorgvuldig een handdoek neer, trok methodisch een voor een elk stukje kleding uit en ging heel precies midden op de handdoek liggen. Er was iets schildpadachtigs aan de naakte oude man, dat gerimpelde, hangende, alsof zijn oude huid omlaag zakte en er straks een roze, bloot, glad, nieuw lijf tevoorschijn zou komen. Ik kon niet nalaten te kijken. We weten onszelf zo goed te verbergen, we laten onze huid alleen zien als we jong zijn, als die niets te zeggen heeft, maar die andere huid, met het verhaal van de tijd en van wat we hebben meegemaakt, de waarheid van het leven, die laten we zelden zien.

Eén naakte man was interessant, maar twee werd een beetje ongemakkelijk. Toen een derde 'Goedemorgen' riep, terwijl hij slechts gekleed in blauwe sokken en wandelschoenen voorbij stapte, vond ik het tijd om de gasbrander in te pakken en door te lopen. Het alternatief was thee voor hen zetten en een gesprek beginnen over antirimpelcrème. We gingen weg, duidelijk *overdressed* en half en half in de verleiding om voor streeploos bruin te gaan.

Het strand hield niet op, maar werd een woestijn, die meedogenloos doorging. Het gloeiendhete zand schroeide onze blote voeten en we deden onze schoenen weer aan.

We staken over naar de duinen om wat schaduw te vinden, maar daar verloren we elk gevoel voor richting. Elke nieuwe top gaf geen zicht op de weg eruit, maar alleen op nog meer nergens eindigende duinen die de hitte weerkaatsten. Uitgedroogd, zelf bijna tot stof verworden, gleden we door het zand terug naar het strand en richtten onze ogen op de kliffen voorbij Perranporth, een glinsterende oase in de verte die we misschien nooit zouden bereiken. Uiteindelijk verscheen uit het waas van hitte een zwerm mensen en windschermen in de buurt van een parkeerplaats. Het eind. We bietsten ijskoud water bij een café, slokten dat op en hoorden ons lichaam sissen van genot.

Ik trok nog wat velletjes los en vond alweer een nieuwe neus.

De kliffen van St Agnes Head zijn troosteloos, vol schrammen en littekens van de vroegere mijnbouw. Overal liggen nog open schachten en vervallen gebouwen die tranen huilen van zwaveldamp en stof; het land zit vol vlekken erts in alle kleuren van de regenboog.

De dagen hadden een vast patroon gekregen. Tussen de ochtend en het begin van de avond zagen we kampeerplekken genoeg. Na zessen waren ze nergens te bekennen. De nachten werden langer en kouder; zodra de zon onderging, daalde de temperatuur er snel achteraan. Die ochtend was onze vroegste start geweest en ongemerkt hadden we een dag lopen achter de rug die onze langste zou worden. Maar nu waren we uitgeput en wanhopig op zoek naar een plek voor de nacht. Links rees de RAF-vliegbasis van Nancekuke Common op, met zijn hoge stalen hek dat ons gevangenhield in een strook brem en braamstruiken. Het land was doods en stil en het hek eindeloos. We kwamen in een ondiepe vallei met een stukje gras dat er veelbelovend uitzag. Maar de vallei was aan de landzijde gebarricadeerd met een door mensen aangelegde dam van puin, overgroeid met brem, braamstruiken en distels. Uit het land rond de dam sijpelde water, dat met ertskleurige modder omlaag stroomde. We liepen verder, het licht verdween, de duisternis was in aantocht, en eindelijk draaide het hek landinwaarts de hoek om en ging de luchthaven over in boerenland en akkers met kool. Bij het allerlaatste licht zetten we de tent op in de hoek van een stuk grasland. Het was allang niet meer een twintig minuten durende worsteling met haringen en stokken, de tent was binnen vijf minuten in het halfduister opgezet. Ik warmde een blik soep op; onze benen brandden, al onze kracht was opgeslokt door zand en hekken.

De hemel lichtte op in kleuren die we niet meer hadden gezien sinds de Rumps, en die langzaam vervaagden tot zwart; daarna een zilveren licht dat meedeinde met de zee.

'Zie ik spoken of geven die kolen licht?' Moth drentelde over het grasland in een poging de pijn uit zijn lijf te strekken voor hij ging slapen. 'Denk je dat dat een effect van het maanlicht is?' De akker had een lichtgroene aura, een bovennatuurlijke kleur.

'Nee, ze geven echt licht. Misschien komt het door de hoek waaronder de maan staat.'

'Wat gebeurt er in hemelsnaam achter dat hek, denk je?'

De vroegere basis was nu een radarpost, maar was in de Tweede Wereldoorlog gebouwd als RAF-basis Portreath. In 1950 was die niet langer nodig en werd het terrein teruggegeven aan de overheid. Met behulp van uit nazi-Duitsland meegenomen apparatuur bouwde de overheid het vliegveld om tot een fabriek voor chemische wapens, als onderdeel van het geheime defensielaboratorium Porton Down, en men begon er het dodelijke zenuwgas sarin B te produceren. Dat ging twee of drie jaar door, naast de productie van andere chemische wapens. Uit een onderzoek door journalisten van *The Independent* bleek dat er onder de arbeiders die betrokken waren geweest bij de productie van sarin B, 41 doden waren gevallen en veel mensen ernstig ziek waren geworden. Bij het onderzoek naar ziektegevallen in Nancekuke in 1970 bleek dat fabrieksarbeiders die betrokken waren geweest bij de productie van sarin B, 33 procent meer kans hadden ernstig ziek te worden dan gemiddeld en 50 procent meer kans om luchtwegaandoeningen te krijgen, de klassieke verschijnselen van blootstelling aan zenuwgas. De overheid ontkende dat er aan haar kant fouten waren gemaakt, hield het rapport achter en veranderde de conclusies ervan door te verklaren dat er in deze periode alleen maar een 'hoger niveau van ziekmeldingen dan verwacht' was geweest. Maar in 1971 gaf de regering toe nalatig te zijn geweest en kende ze 'royale' schadevergoedingen toe aan mensen die ziek waren, zo rond de 120 pond per persoon. In 2000 gaf de overheid eindelijk toe dat de machines die voor de productie van sarin B waren gebruikt, in de mijnschachten op de gemeenschappelijke gronden waren gedumpt, en in 2003 werd er een begin gemaakt met het saneren van het terrein.

De volgende ochtend waren de kolen gewoon groen en verschenen de vakantiegangers alweer in de vallei van Portreath, niet veel verderop.

*

Het pad slingerde zich langs de randen van diepe, verborgen inhammen en over parkeerplaatsen, want het liep evenwijdig met de weg. De nabijheid van die weg maakte dit tot een volmaakte plek om de hond uit te laten. Wij hadden inmiddels oog gekregen voor de uitdagingen waarvoor hondenuitlaters zich telkens weer gesteld zien als ze een overstaphek tegenkomen. Veel houten overstapjes op het pad hebben aan de zijkant een open stuk, met daarin een houten plank die je omhoog kunt schuiven om de hond erdoor te laten. Wat waarschijnlijk prima werkt voor kleinere honden, maar alles wat iets groter is, moet wel in het circus zijn opgeleid, of anders moet die hele harige, modderige bundel worden opgepakt en naar de andere kant gesjouwd. Sommige overstapjes bestaan uit stenen treden die horizontaal in de muur gestoken zijn, waardoor de wandelaar aan de ene kant de trap omhoog moet, over de muur heen en dan aan de andere kant weer omlaag. Soms zijn dit enorme, stevige constructies, een kasteel waardig, prima voor een grote hond, maar een kleintje moet gedragen worden.

We kwamen bij een hek. Een hek werkt goed voor een hond, ook al is het, zoals in dit geval, een *kissing gate.* Dit zijn ingenieuze constructies: in een C-vormig stuk omheining zit een hek gebouwd dat aan de tegenoverliggende kant is opgehangen, waardoor de wandelaar de C van de ene kant kan binnengaan, dan het hek kan opendoen en er aan de andere kant uit kan gaan. Goed voor iedereen: goed voor wandelaars en honden, die er gemakkelijk doorheen kunnen; goed voor boeren, tenzij ze bijzonder intelligente schapen hebben. Maar niet goed voor mensen met rugzakken, of voor dikke mensen. Ik weet zeker dat de bruikbaarheid van de kissing gate afhangt van de maat van de persoon die hem bouwt. Is die persoon groot, dan zal hij genoeg ruimte laten tussen de rand van het hek en de achterkant van de C, genoeg ruimte om rond het hek te komen en aan de andere kant er weer uit. Is de bouwer tenger, dan is zijn perceptie van ruimte totaal anders. Nadat we met onze rugzakken verschillende keren vast hadden gezeten in zo'n hek, hadden we een manier ontwikkeld om erdoor te komen zonder klem te komen zitten. Ga de C in met het hek helemaal open, klim omhoog tegen de achterkant van de C tot je rugzak hoger is dan het hek, schop het hek helemaal dicht, klim dan weer omlaag en ga de C uit.

Na een ochtend vol overstaphekken, wachtend op honden, honden overtillend, honden opvangend die eroverheen werden gegooid, kwamen we bij een piepkleine kissing gate. Ik beklom de

C, net toen een mollige pre-pensionado die achter ons aan kwam, naar het hek toe rende, kennelijk in een wanhopige haast om thuis bij de ochtendkrant te komen. Hij negeerde mij volkomen, zoals ik daar wiebelig aan het hek bungelde en liet zijn drie honden er een voor een doorheen. Bleef daarna staan en werd van woede nog roder.

'Nou, gaat u er nog door of hoe zit dat?'

Ik klom de C uit, gevolgd door Moth, en liet de mollige man voorbij hollen. Er klonk luid applaus van de andere kant van de heg.

'Tjee, dat was mooi, wat een prachtige manier om dat hek door te komen.' Een keurig gekleed echtpaar stond enthousiast te klappen. 'Wilt u het nog een keer doen, zodat ik het kan filmen?'

Braaf klom Moth nog eens het hek in en uit, terwijl het echtpaar onder het slaken van bewonderende kreetjes met de camera in de weer was. Ze schudden hem krachtig de hand, toen hun meesterwerk af was.

'Dit gaat de boekenclub enig vinden; vindt u het erg als ik het op het blog zet?'

'Nee hoor, dat is best, vriend.'

'We komen naar u kijken in St Ives. Daar verheugen we ons enorm op.'

'O ja?' Moth trok zijn hoed wat verder omlaag en deed een stap achteruit.

'En wie denkt u dan te gaan zien?'

'U, natuurlijk! O, is dat een aanwijzing? Is dat het thema, onze verschillende persoonlijkheden? Prachtig, wie bent u vandaag?'

'Ik ben gewoon een dakloze zwerver die een eind gaat wandelen.'

'O, dat is prachtig, prachtig. O, wat spannend, nu verheug ik me er nog meer op om je te zien optreden, Simon. Tot dan!' Ze liepen verder in tegenovergestelde richting. 'Gespleten persoonlijkheden, tegenstrijdigheden, tegenstellingen. Wat spannend dat we hem zomaar zelf hebben ontmoet, laten we het op het blog zetten, zodra we terug zijn.'

We keken hen na, druk in gesprek.

'Waarom ontkende je het niet?'

'Het is gewoon leuk nu. Stel je eens voor hoe hij voor aap staat als zijn boekenclub zijn blog leest. Daar komt hij nooit meer overheen.'

'Gemeen.'

'Maar we weten nog steeds niet wie die Simon Armitage is.'

'Nee, maar we hebben wel een aanwijzing: hij is interessant voor boekenclubs, dus het is vast een schrijver.'

'En zij gaan naar een optreden van hem in St Ives.'

'Schrijvers treden niet op, toch?'

'Het zou een signeersessie voor een boek kunnen zijn, of zo, maar dat noem je eigenlijk geen optreden.'

'Slimmerd. Wie het ook is, misschien komen we hem wel tegen.'

'Ik weet niet of ik dat nog wel wil, ik vind dat mysterie juist wel leuk.'

Hangend over de rand van Hell's Mouth keken we naar de zeehonden op de rotsige oever beneden, grijze gestalten die in de zon lagen of in het water gleden. We hadden geboft dat we even een rustig moment troffen tussen de toeristen die vanaf het parkeerterrein of de strandtent in drommen hierheen komen. Over de rand kwam een ozonrijke wind omhoog, die de kreten van de dieren met zich meevoerde, diepe, smartelijke echo's tegen de rotsen. Hun triestheid was natuurlijk een illusie, een menselijke interpretatie van het dierengeluid. Er klonk geen onheil of verlangen in dat geluid; waarschijnlijk kibbelen ze gewoon om ruimte, levend en stervend tussen de rots en de zee. Geen emotie, alleen een echo van de lage tonen van het leven.

Er kwamen meer toeristen aan en we gingen weer weg, langs de vuurtoren van Godrevy, glinsterend in de zon die weerkaatste van de zee. Een helder licht dat langs de eindeloze landtongen scheen, helemaal terug naar de vuurtoren van Trevose en waarschijnlijk heel zwakjes en heel ver weg die van Hartland Point. Het was onmogelijk ons te zien als dezelfde mensen die op Hartland Point hadden gestaan, met het vlaggetjescafé; en nog minder als de gebroken hulzen die in Minehead uit de bus waren gestapt. En daarvoor? Onbereikbaar, te ver weg nu, ons huis lag nu buiten ons bereik. Het bestond nog wel, maar te ver weg om het te kunnen aanraken. De rauwe, scherpe innerlijke pijn van het verlies was verdwenen, maar de herinnering eraan was er nog, als ik mijn ogen dichtdeed en hem liet binnenkomen. Maar hij was niet hier op Godrevy; hij was achterbleven op een andere landtong, de pijn bestond alleen in de echo.

De wind trok aan en klopte de zee op tot een kolkende massa. Voor ons uit koesterde het kilometerslange strand van Hayle Beach zich in de witte gloed van St Ives, dat nu duidelijk zichtbaar was aan de andere kant van Carbis Bay. We liepen gemakkelijk over het harde zand, heel anders dan de zuigende, zachte verschrikking van Perranporth, en hielden onze ogen voortdurend gericht op de zee die snel dichterbij kwam, rijzend en neerslaand in een wolk van spetters en schuim. Zilvermeeuwen op de lift van de luchtstromen bespotten ons met hun daglichtkreten omdat we zo langzaam vooruitkwamen. Kitesurfers kwamen op de kracht van lucht en water omhoog uit de golven, en bleven heel even tussen die twee in hangen, vrij van allebei. Als je heel goed uitkijkt, kun je bij eb de monding van de rivier de Hayle oversteken, maar zodra de sterke stromingen de lagune binnenstromen, zit je in een dodelijke val. De vloed dreef ons landinwaarts en we volgden het pad langs een rij houten strandhutten, versierd met schelpen, boeien, drijfhout en andere strandvondsten. Ik had wel in zo'n houten hutje kunnen wonen, een kleine blauwe schuilplaats voor de winter die eraan kwam. Nu de dagen korter werden, nam het aantal badgasten af, en de meeste hutten stonden leeg en zouden binnenkort worden dichtgespijkerd tegen de komende stormen.

Het pad verdween in een betonnen vlakte vlak bij de oude haven en werd toen een stoep die kilometerslang langs de weg zou blijven lopen. Volgens Paddy kiezen sommige wandelaars ervoor om het stedelijke gedeelte tussen hier en St Ives over te slaan en de bus te nemen. Het was het einde van de middag en als we gingen lopen, zouden we in het donker in een woonwijk zitten waar we nergens konden kamperen, dus kozen we voor de bus. We hadden nog net genoeg geld voor een kaartje en voorbij St Ives zou een landtong zijn voor de nacht, dus gingen we in de rij bij de bushalte staan.

'Waar gaan jullie naartoe? Beetje laat in het seizoen voor backpackers.' Voor ons in de rij stond een twintiger met een lange korte broek en een hoodie.

'Land's End, en daarna hangt het van het weer af. Wie weet gaan we nog verder.'

'Hoelang hebben jullie dan de tijd?'

'Zo lang als we willen.'

'Wat? Niets om voor terug te gaan? Dat is fantastisch, dat je dat doet op jullie leeftijd. Gewoon gaan, en doen waar je zin in hebt.'

'Zo ligt het niet helemaal.'

'O, jawel, man, als je niet terug hoeft, ben je vrij, dat is pas leven. Goed zo, mensen.' Hij stapte in de bus die de andere kant op ging, maar riep nog over zijn schouder: 'Haal eruit wat erin zit, oudjes.'

We gingen in de bus zitten; het was een vreemde gewaarwording om zo snel vooruit te komen, in een paar minuten een afstand af te leggen die ons te voet uren zou hebben gekost. Het pad had ons geleerd dat te voet afgelegde kilometers anders zijn; we kenden de afstand, de ruimte tussen de ene stop en de volgende, van de ene slok water tot de andere, kenden de afstand in onze botten, zoals de torenvalk in de wind en de muis in zijn vizier. Bij wegkilometers gaat het niet om afstand; alleen de tijd telt.

We stapten uit in St Ives, een uur voor het donker zou worden, aan de verkeerde kant van de stad voor een open landtong. Dat gaf niet. Niets gaf meer. Moth vulde nog steeds de lucht naast me en we waren vrij, we haalden eruit wat erin zat.

14

Dichters

Zelfs tegen de avond heeft St Ives iets stralends. Dan baadt de stad, die op het noorden gericht is, maar aan drie kanten wordt omgeven door de Atlantische Oceaan, in een sterk ultraviolet licht, dat door de zee wordt weerkaatst en de geschilderde huizen een glinsterende onwerkelijkheid geeft, ook in de schemering. In 1920 begon Bernard Leach hier een pottenbakkerij, die nog steeds in bedrijf is; hij werd opgevolgd door Barbara Hepworth en haar reusachtige beeldhouwwerken. Het licht trok kunstenaars uit de hele wereld aan en het vissersdorpje werd een kolonie voor bohemiens. Vervolgens kwamen de toeristen, daarna de galerie van Tate St Ives, nog meer toeristen, en toen verdween de haring en was het lot van de stad bezegeld. Een krioelend toeristenmekka in Cornwall, waar de vissers toeristenboten bemannen in plaats van trawlers en waar meer galeries zijn dan kunstenaars. Maar het licht is nog echt en kaatst in een witte mediterrane gloed terug van de smalle straten en rijen vissershuisjes.

'Het zou fijn zijn om een dag te blijven, wat rond te kijken.'

'Dat gaat niet, er is geen plek om te kamperen.'

We zaten op het muurtje bij de haven te kijken hoe de lichten een voor een aangingen. Een oude man met een gescheurde wollen trui, halfhoge laarzen en een muts die tot over zijn baard was getrokken, was bezig met het inpakken van een verzameling nieuwe kreeftenvallen en één val die half af was. Even hadden we kunstenaars uit de jaren dertig kunnen zijn die de sfeer voor een schilderij kwamen opsnuiven.

'Vist u hier in de buurt, met uw vallen?'

'Ik ben geen visser, mooie dame, mij krijg je niet op een boot.'

'Wat doet u dan met die kreeftenvallen?'

'Ik verkoop ze aan toeristen. Hoezo, willen jullie er een?'

'Nee, bedankt.'

'Zo te zien hebben jullie meer behoefte aan een camping dan aan een kreeftenval. Loop het dorp uit, langs de Tate, neem het kustpad de heuvel op en dan zie je links een camping.'

We gingen van het pad af en liepen de heuvel op, een hek door en naar het laatste van een lange rij velden die samen een camping voor tenten en caravans vormden boven de stad.

'Dit kunnen we niet betalen.'

'Nee, maar het is donker; ze komen nu heus niet controleren. We kunnen vroeg vertrekken.'

De tent paste precies in de verste hoek van het verste veld, achter de bremstruiken. We sliepen alsof we twintig kilometer over heuvels en rotsen, zand en asfalt hadden gelopen. Toen we eindelijk wakker werden, namen we het risico en bleven.

In het doucheblok deed ik mijn schoenen uit en pelde de sokken af die al drie dagen en nachten aan mijn voeten zaten. De grote teen was platgedrukt, de nagel kwam aan de randen los. Ik knipte de losse nagel af tot er nog maar een dun randje over was in het midden van een roze, kloppende teen. Maar de vloer was warm: vloerverwarming in een doucheblok – ongekend. Ik droogde de sokken met de haardroger onder een enorme spiegel, waarbij ik zand, stof en huid over het smetteloze blad blies. De radio stond hard en een mierzoete stem praatte over gratis brandstofzegels als je een Pirate FM-sticker op je bumper plakte. 'La la la la Pirate FM.' Het deuntje bleef in mijn hoofd zitten, en zelfs Bon Jovi die 'Dead or Alive' uitbrulde terwijl ik onder de douche stond, kon het niet verdrijven.

Ik droogde mijn vogelnestjeshaar, de warme, droge luchtstroom was een vergeten weldaad. Met ons leven buiten op het pad waren we altijd nat. Nat van het zweet, nat van de regen of gewoon nat van de vochtige lucht. Onze kleren waren altijd vochtig. Vochtig of kletsnat van het zweet overdag, vochtig van de avondlucht, vochtig en ijskoud in de ochtend. Er waren wel 'droge momenten', als we in de zon zaten op te drogen, met de rugzakken af, de sokken uit, maar met alles weer op en aan waren we binnen een paar minuten weer nat. Het was net zo vertrouwd als droog zijn in het gewone leven, zo vertrouwd dat we er niet echt meer bij nadachten. Misschien was dat de reden waarom mijn sokken al dagenlang niet van mijn voeten waren geweest. We waren over het randje van de hedendaagse beschaving gevallen in een toestand van alleen maar bestaan, overleven. De warme, droge vloer was wellness voor mijn voetzolen, en ik bleef voor mijn gevoel een eeuwigheid staan met warme voeten, droog haar en Pirate FM. Ik houd van de beschaving. La la la la Pirate FM. Shit. Als de doucheruimte zo goed was, kostte de camping natuurlijk een fortuin. We moesten maken dat we wegkwamen, voordat iemand ons om geld kwam vragen.

In St Ives kon je over de hoofden lopen, een zwerm mensen perste zich door de smalle straatjes. Spandoeken daarboven kondigden aan dat komend weekend het St Ives Septemberfestival zou beginnen, maar het was er nu al afgeladen met mensen die de grote massa blijkbaar voor hadden willen zijn. Wij huppelden door de straten op onze wandelschoenen, zonder het gewicht van de rugzakken.

'Weet je, er moet wel wat geld op de bank staan.'

'Dat is dodelijk; er is hier zoveel te eten.'

We drukten onze neus tegen de etalage van een visrestaurant. We aten een virtueel ontbijt van gepocheerde eieren en gerookte zalm, bijna gevolgd door een cappuccino, waaraan we nog niet waren begonnen toen de serveerster naar buiten kwam en vroeg of we weg wilden gaan, omdat we mensen de eetlust benamen. Eettentjes, donuts, ijs, slagroom, taart en pasty's. Gevulde broodjes. We gingen naar de geldautomaat.

'Op uw rekening: 25,62 pond. U kunt vandaag 20 pond opnemen.' Waarom zo weinig? We konden er niets aan doen; we wisten de gegevens van onze belastingteruggave niet en al hadden we die wel geweten, we konden ons niet de kosten van het telefoontje veroorloven om erachter te komen wat er aan de hand was. We namen de twintig pond op en gingen zwijgend in een groen plantsoentje bij de kerk zitten.

Moth sloeg zijn arm om me heen.

'We redden het wel. Dat is al eerder gelukt.'

'Dat weet ik, maar ik had zo'n zin in een pasty. Laten we toch maar gewoon wat rondlopen.' Ik deed hard mijn best om niet te huilen.

'Nog wat noedels dan. We zijn dol op noedels.'

'Jaaa, dol op noedels.'

De straten golfden en deinden van de mensen en straatmuzikanten, maar het licht leek toch een beetje minder stralend. We liepen door de straatjes achter de kerk en gluurden door de ramen van een chic hotel, met geboende houten vloeren en helemaal in witte tinten geschilderd, met lambriseringen in Nantucket-blauw.

'Hoe weet je dat?'

'Het zijn dezelfde kleuren als ik in de keuken van de schuur heb gebruikt. Weet je dat niet meer?'

Een winkel met newageprullaria trok onze aandacht met zijn etalage vol zilveren sieraden, kristallen en dromenvangers. Op een bordje aan de deur stond: 'Vandaag tarotlegging'. We staarden wat in de etalage, zonder echt te kijken, lieten alleen maar onze ogen rusten op een waas van flonkerende dingen.

'Zal ik de kaarten voor jullie leggen?' Een oud dametje met een joggingbroek en een twinset aan hield de deur voor ons open.

'Nee, nee, bedankt, daar hebben we geen geld voor.'

'Ach, kom toch maar binnen. Het lijkt wel of alle klanten in de stad aan mijn deur voorbijgaan – ik doe voor jullie wel de korte versie.'

Ik deed een stap naar voren.

'Oké, waarom niet.'

'Nee.' Moth bleef hoofdschuddend op de drempel staan en weigerde eroverheen te stappen. De vrouw stak haar hand naar hem uit en leidde hem naar binnen.

'Dan leg ik alleen de kaarten voor uw vrouw. U kunt erbij blijven zitten.'

In de achterkamer gingen we haar hokje binnen dat van de rest was afgescheiden met gordijnen en prullaria; zij schudde de kaarten en ik koos er een uit. Ze legde de kaarten een voor een neer.

'O hemel, je hebt de zon in het midden van je legging, en de maan bovenaan. Je laatste drie kaarten zijn Moeder Aarde, de Kunsten en de Weegschaal. Een indrukwekkende, prachtige legging. Neem de tijd voor wat je weet dat je moet doen en je krijgt wat je het liefst wilt.'

'Echt?'

'Echt.' Ze leunde voorover en pakte Moth bij zijn hand. 'En met u komt het goed. Ze heeft een lange levenslijn en u zit daarin.'

We liepen terug naar de zee en daar verder langs de betonnen zeemuur. Een kunstenaar was aan de waterkant bezig stenen op elkaar te stapelen, zeesculpturen in hun eigen galerie, te bekijken tot de vloed opkwam, terwijl zijn publiek munten gooide door een stuk regenpijp dat uitkwam in een emmer op het strand.

'Dus jij blijft eeuwig leven.'

'En met jou bij me.'

'En je krijgt wat je maar wilt.'

'Laten we het doen dan.'

'Wat?'

'Een pasty kopen.'

Er zijn allerlei zaken in Cornwall die pasty's verkopen, en de meeste beweren ofwel de beste, ofwel de oudste, ofwel de enige echte pasty-bakker te zijn. We kochten één grote pasty bij een winkel die dat alle drie beweerde en gingen aan de haven zitten om hem op te eten. Massa's mensen bevolkten de bankjes en propten zich vol met patat en ijs. We lieten onze voeten over de betonnen muur bungelen, terwijl Moth zijn deel van de pasty opat.

Hoog op daken, hekwerken en lantaarnpalen zaten meeuwen te krijsen met boze, snelle kreten. Een bijzonder woest uitziende vogel had positie gekozen op de keet van het rondvaartbedrijf, en hield zijn zeeglasoog strak op ons gericht. Ik hield het kostbare, brosse gebak dicht tegen me aan, gewikkeld in zijn papieren zakje vol vetvlekken. Dit was echt de lekkerste pasty die ik ooit had gegeten. Volmaakt zacht rundvlees, aardappel en koolraap en precies zoveel jus dat die niet over mijn hand droop. Ik nam mijn tweede hap, probeerde langzaamaan te doen, er zo lang mogelijk van te genieten, terwijl ik met één oog de meeuw in de gaten hield. Mijn hand verliet mijn mond, ik hoorde een geruis, alsof iemand van achteren over mijn hoofd scheerde, en weg was de pasty. Verbluft hield ik het lege papieren zakje in mijn hand, terwijl de meeuw op het botengebouwtje met een schor gekrijs opvloog. Wat een sufferd. Ik had niet achter me gekeken. Jagen zeemeeuwen samen?

'Ze zei dat je zou krijgen wat je wilde – maar niet hoelang je het zou houden.'

'Jij hebt gemakkelijk praten, je had jouw helft al op.'

'O, kom op, je moet toch toegeven dat dat grappig was.'

'Nee.'

Moth stond op en gooide het papieren zakje in de vuilnisbak.

'Nou, blijf jij hier maar medelijden met jezelf zitten hebben. Ik moet even iets uit de tent halen. Niet weggaan, want dan vind ik je niet meer terug.'

En hij was in de menigte verdwenen. Er was iets vreemds aan de manier waarop hij was weggelopen, soepel, rechtop, niet verkrampt van pijn. Normaal. Raar. La la la la Pirate FM. We waren nauwelijks van elkaar gescheiden geweest sinds we uit Wales waren vertrokken en ik voelde me vreemd ontheemd, alsof hij bij het opstaan de helft van mij mee had genomen. Een half opgegeten pasty. De meeuwen dromden samen bij de fish-and-chips-tent, blijkbaar bleven ze toch enigszins trouw aan hun instinct – ze hadden een duidelijke voorkeur voor vis – maar als ze de kans kregen, pakten ze alles aan. Ze doken en pikten, af en toe met succes. La la la la Pirate FM. Ik probeerde een liedje op St Ives te bedenken. 'Toen ik naar St Ives ging, ontmoette ik een man met...' Nee, dat is al geschreven. Stel dat hij niet terugkwam? Dat hij doodziek was van dat gezeur van mij, en gewoon zijn rugzak inpakte en wegging? Nee, dat zou hij niet doen; ik had het geld. Toen kwam het omlaag, het dak boven me begon in te zakken, het dak dat ik de hele zomer omhoog had gehouden met allerlei ontkenningsgereedschap. Wat zou er gebeuren als hij niet terugkwam, als hij me voorgoed achterliet? Ik zou altijd een half opgegeten pasty blijven, nooit meer heel. Ik sloeg mijn armen om mijn knieën en concentreerde me op de meeuwen, alles om die gedachte op afstand te houden. La la la la Pirate FM.

'Ik bedoelde niet dat je hier op deze plek moest blijven zitten.'

'Nou, dat heb ik toch gedaan. Wat was er nou zo belangrijk?'

'Ik moest *Beowulf* hebben. Kom mee.'

'Wat?'

We drongen ons door de menigte heen naar een plek waar de straat zich verbreedde en de straatmuzikanten stonden. Hij koos een plek in de buurt van het eettentje en sloeg *Beowulf* open, het zo vertrouwde effen donkerblauwe omslag met de rode letters.

'Klaar?'

'Nee, nee, dat kun je niet...'

Moth leunde met zijn rug tegen de muur, nonchalant, alsof dit de gewoonste zaak van de wereld was. Maar hij was altijd goed geweest in verhalen vertellen. Hij had verhalen verteld in schaftketen van bouwvakkers, in de rij bij een bushalte, aan kinderen op zijn tuinreizen, aan de gasten in onze schuur, aan iedereen die iets te lang stil bleef zitten. Hij betoverde mensen met zijn verhalen of die nu over geschiedenis gingen of over planten. Maar dit was anders. Dit was geen vertrouwd publiek, het waren straten vol totale vreemden. En vaak geen vakantiegangers met emmers en schepjes, maar kunstkenners die voor het festival kwamen.

'Nee, Moth...'

'"Hoort!"'

O jezus. Ik geneerde me dood en probeerde me terug te trekken. Hij had altijd al zo'n luide stem gehad, hem zou je niet horen fluisteren.

De vorsten van ons volk, de Vecht-Denen,
waren vroeger maar wát machtig –
Welk een roemruchte daden verrichtten zij!

Een paar mensen waren blijven staan en keerden zich naar hem toe. Daarna twee oude mannen, die met hun armen over elkaar stonden te knikken. Hij raakte nu echt op dreef, was zich niet meer bewust van de menigte maar zat weer in de bouwvakkerskeet.

'De machtige geest die in duisternis doolt...' Hij gooide me zijn hoed toe – hij verwachtte toch niet dat ik... – en er vielen munten in. Munten van een pond. Ik liep door de menigte en de munten kwamen: twintig pence, vijftig pence...

'Hebt u hier een vergunning voor?' Ergens aan de zijkant van de menigte die nu zo groot was dat hij bijna de straat blokkeerde, klonk een hoge stem op. Een vergunning?

'Zo zaten er vaak slechtwillende schurken mij dicht op de huid.'

Hij sloeg het boek dicht.

'Nou mensen, dat is het voor vandaag, met dank aan Seamus Heaney en aan *Beowulf*, en dank voor het luisteren.' En ze klapten en klapten.

'Mooi gedaan, een geweldig eerbetoon, hij zou trots geweest zijn.' Een van de oude mannen schudde Moth de hand. 'Ik hoop dat hij deze week van daarboven op het festival neerkijkt.'

'Sorry, help me even, wanneer is hij overleden? Ik ben al een tijd aan het wandelen, ben niet meer zo op de hoogte.'

'Twee weken geleden. Een geweldig, geweldig eerbetoon, dank u.' De menigte verspreidde zich en ik stopte de hoed onder mijn fleecevest.

'Ik wist niet dat hij gestorven was. Nou voel ik me wel een heel respectloze oen.'

'Hij zou het niet erg hebben gevonden, denk ik. Had er waarschijnlijk wel om moeten lachen.'

'We moeten gaan. Hoorde je dat, over die vergunning?'

Terug aan het rustige uiteinde van de haven leegden we de hoed en telden de munten. Glimmende, glimmende munten. We telden ze nog eens. En nog eens. 28,03 pond. 28 hele ponden! We deden ter plekke een dansje en sprongen in het rond terwijl we telkens weer het hele tafereel doornamen en lachten tot de tranen over onze wangen stroomden.

'Ik vond het prachtig, zoals jij rond die lantaarnpaal zwaaide, zo dramatisch.'

'Eten, eten, eten, eten.'

We telden onze munten uit op de toonbank van de Co-op en vulden onze rugzak met brood, fruit en groene dingen, alles waar we zo naar hadden gesnakt en wat geen noedels waren. Daarna voor ieder een wollen trui van de kringloopwinkel en een zak friet en nog hadden we tien pond over, die we bij de twintig pond in onze portemonnee konden stoppen. En nog vijf pond op de bank. Ja, we haalden eruit wat erin zat.

Onderweg terug naar de camping zagen we in de etalage van een galerie een poster. Simon Armitage. Dichter. Hij loopt van Minehead tot Land's End en geeft onderweg af en toe een optreden. Ook hier in St Ives, aanstaande zondag. Toegang gratis. Uitverkocht.

'Nou, nu weten we tenminste wie het is.'

'Hij lijkt helemaal niet op jou.'

'Tja, wat moet ik zeggen, misschien herkennen mensen mijn poëtische inborst.'

'Flauwekul.'

We brachten de avond door in het douchegebouw, terwijl we onze kleren wasten en met de haardrogers speelden.

La la la la Pirate FM. Ik probeerde mijn liedje over St Ives af te maken, zonder veel succes.

Eerbetoon aan Simon Armitage

Zeemeeuw, zeemeeuw overal
In mijn haar
Broodjes, broodjes, overal
In het beest.

'Ray, dat slaat nergens op.'
'Jawel, het is een jambische heptameter.'
'Flauwekul.'

DEEL VIER

Licht gezouten bramen

Spoilt for choice – which one to throw,
which to pocket and take home.

(Zoveel keus – welke gooi je,
welke neem je mee naar huis.)

Simon Armitage, 'The Stone Beach' (fragment)

15

Landtongen

Het was zo'n ochtend die gewoon te perfect is. Kristalhelder licht vanaf het moment dat de zon aan de horizon verscheen. De scherpe groene landtong van Godrevy en in de verte de zuivere lijnen van Trevose. Het kon niet lang duren; zo'n ochtend loopt altijd uit in, op z'n minst, een wolkenmassa, en vaak nog veel erger. Maar we hadden ontdekt dat de camping 25 pond per nacht kostte en wisten dat we niet nog een dag konden blijven.

Vanaf Clodgy Point strekte het groene licht zich uit naar het oosten, maar in het westen verzamelden zich de witte koppen van stapelwolken die alvast hun voorbodes stuurden, op vlagen harder wordende wind. Het pad liep verder, naar een woestenij van landtongen: Hor Point, Pen Enys Point, Carn Nuan Point en nog veel meer, onzichtbaar in de verte. Landtongen en de Atlantische Oceaan: een steil, onheilspellend oerlandschap. Altijd weer een volgende landtong. We liepen door, in het westen werd het donkerder, afbrokkelende steen stortte in de zee, wit schuim kwam omhoog terwijl het water zich mengde met de omlaag zakkende wolk. Een verborgen land van water en rotsen, afgelegen en eenzaam. Duizenden jaren lang onveranderd en toch voortdurend in verandering, door de zee en de lucht, een tegenstrijdigheid aan de westelijke rand. Dit oude land trok zich niets aan van tijd of mens, het zoog onze wil en onze kracht op en dwong ons mee te buigen met de vormende elementen.

De grond breekt en verheft zich, duwt keien op, verandert het pad in een braaksel van scherpe, onneembare brokken steen. We klauterden voort, over, rond, achterlangs. De lucht ontmoette het land, wij ontmoetten de lucht. Water liep overal doorheen, het stroomde door kleren, welde op uit schoenen. Ergens rechts van ons dreunde de zee tegen de rotsen, maar we zagen hem niet; de regen raasde voorbij en liet een grijze, laaghangende natte lucht achter, zo dicht dat er weinig hoop was om het pad tussen de stenen door te kunnen volgen. Het was onmogelijk een punt vast te stellen om op af te koersen, en we struikelden verder door de reusachtige verzameling puin en begonnen te geloven dat we misschien waren voorbestemd om voorgoed rond te dolen door deze keienvelden, in een grijze, natte Hades.

Op een bepaald moment, gebogen in de wind en één met de regen, besefte ik dat mijn voeten op hard zand stonden: hoe dat kon, wist ik niet, maar ze hadden instinctief het pad teruggevonden dat omhoog liep naar Zennor Head. De rotsen maakten plaats voor varens terwijl we verder sopten, met onze ogen strak op het pad gericht, bang om het kwijt te raken. Uiteindelijk werd het vlakker, ik keek op en stond oog in oog met twee oudere Duitsers, de eerste mensen die we die dag tegenkwamen.

Zij waren al even dankbaar dat ze ons zagen.

'O godzijdank. We dachten dat we hier zouden doodgaan. Het is nu al de derde keer dat we op dit punt staan. Waar zijn we?'

Jullie dachten dat jullie dood zouden gaan? Ik dacht dat ik dood wás. Moth haalde een doorweekte Paddy Dillon uit zijn zak en trok voorzichtig de bladzijden van elkaar terwijl we in een kring stonden en allemaal een leesbril probeerden af te drogen met natte kleren.

'Waar willen jullie naartoe?' vroeg Moth.

'Naar Zennor. We hebben een kamer geboekt bij de Tinner's Arms.'

'De heuvel af en dan de weg landinwaarts volgen.'

Ze keerden zich om en waren binnen twee meter in de mist verdwenen.

'Tinner's Arms?' De gedachte aan een warme, droge pub was onweerstaanbaar.

Onze benen sleepten zich uitgeput over de asfaltweg, onze rugzakken waren nu twee keer zo zwaar en er liepen stralen water uit, maar na al die keien was de vlakke weg de hemel.

Er is een legende over de Zeemeermin van Zennor, een mooie vrouw met een magische stem, die af en toe naar de kerk ging. Daar liet ze op een dag haar oog vallen op Mathey Trewella, die natuurlijk in haar ban raakte en met haar meeging, waarna hij nooit meer terug is gezien, tenminste niet op het land, maar misschien wel op zee, wanneer de mist opkomt in het westen... Dat had het meisje in ijssalon Moomaid of Zennor in St Ives ons tenminste verteld. Kennelijk hadden de dorpelingen ter herinnering aan het stel een zeemeermin uitgesneden in de houten kerkbank waar ze altijd had gezeten, en die was absoluut niet gemaakt door een marketingbewuste vijftiende-eeuwse parochie die zojuist een ijstoetje had bedacht.

Dus toen de St Senarakerk uit de mist opdoemde, moesten we ernaar binnen. En daar was ze, in al haar vissenstaartglorie. We stonden net te overwegen of we die nacht in de kerk zouden blijven schuilen, toen de deur openzwaaide en twee mannen met rugzakken in zo'n handige waterdichte hoes naar binnen marcheerden. De grootste van de twee liep in één rechte lijn door naar de uitsnede, bukte en bekeek hem.

'Nou, hier zit hij.'

Daarna draaide hij zich op zijn hakken om en marcheerde weer naar buiten, waarbij hij de kleinere man meetrok voordat die zelfs maar bij de uitsnede was aangekomen. Eikels.

We vonden twee krukken in een donkere hoek aan de bar van de Tinner's Arms, trokken de regenkleding uit en bestelden een pot thee. De Duitsers zwaaiden naar ons vanaf de andere kant van de ruimte, allebei achter een groot bord eten. Ik hing mijn rode sokken over de rand van de tafel en het water dat eruit droop verdween in de plas onder de rugzakken. We kregen het al snel zo warm dat de damp van ons afsloeg, en zo werden we in die donkere hoek aan het zicht onttrokken door onze eigen mist.

De deur vloog open en de twee mannen uit de kerk marcheerden naar binnen, met vier anderen in hun kielzog. Zij waren niet meer nat, maar hadden gedoucht en schone, droge kleren aangetrokken. We wachtten tot ze gingen vertellen waar ze mee bezig waren; backpackers kunnen het niet helpen, vroeg of laat moeten ze anderen vertellen wat ze aan het doen zijn. Het duurde niet lang.

'Wij wandelen het kustpad. Van Minehead naar Plymouth. Over uiterlijk twee weken moeten we in Plymouth zijn. Dit is onze achttiende dag, dus we liggen op schema.' De grote man was de woordvoerder.

'Waarom we het doen? Nou, voor een goed doel natuurlijk. Niemand doet nog zoiets als het niet voor een goed doel is, dat zou gewoon egoïstisch zijn. We hebben natuurlijk een volgbus, ter ondersteuning.'

Dit is het moment in het gesprek waarop meestal een andere wandelaar invalt en iedereen gezellig wandelverhalen begint uit te wisselen. De Duitsers waren al weg en de andere gasten waren duidelijk geen wandelaars. Nou, ja, wij wandelen ook het pad. Nee, niet voor een goed doel, hadden gewoon zin om een stuk te wandelen. Of we een volgauto hebben? Nee, alleen onze rugzakken. Kamperen? Ja, dat klopt, en ja, de tent is drijfnat. Waar we vannacht slapen? Geen flauw idee. We zagen er maar van af en bestelden vanuit de mist nog een portie heet water. Om tien uur marcheerden ze naar buiten om 'vroeg naar bed te gaan, zodat we vroeg kunnen starten'.

Om elf uur hield het eindelijk op met regenen en trok de mist enigszins op. We trokken onze natte kleren weer aan en liepen het donker in. Een grasveld naast de weg leek een goede plek, maar de composthoop verraadde dat het bij een tuin hoorde. We hadden op de landtong een onbegroeid stukje gezien en gingen dus weer terug omhoog. Een veldje varens doorploegen en we stonden op een weiland, waar de lichten van de boerderij ver genoeg waren om het aan te durven. Het ging harder waaien terwijl we met een natte handdoek de tent uitdweilden, dus gingen we in het gras zitten in de hoop dat het in de tent droog genoeg zou worden om de slaapzakken uit te rollen. Om één uur 's nachts zaten wij nat en rillend op een onbeschutte landtong rijst met tonijn te eten. Door de natte lucht heen kwam uit de diepte beneden het lage, jankende geluid van zeehonden omhoog; dan, zwakker, wat verder weg, een antwoord. Ze riepen naar elkaar door de natte zwarte nacht:

'Wat is het hier godverdommes nat.'

'Hier ook.'

'Doodziek van die stomme zeemeermin. Houdt ze dan nooit haar kop? Ik kan er niet van slapen.'

Het kan ook gewoon zeehondengeroep zijn geweest; dat was moeilijk te zeggen. Hoe dan ook, terwijl ik in een natte slaapzak schoof in een natte tent op een winderige landtong en luisterde naar de zeehonden in de nacht, was ik dankbaar dat ik niet op een stuk karton achter de vuilcontainers in een steegje lag.

*

Koeien die in een weelderige wei staan te grazen, maken een speciaal gasachtig geluid. En dat klonk vlak bij mijn hoofd. Als een koe vlak bij mijn hoofd een boer liet, wilde dat zeggen dat haar hoeven vlak naast de tent stonden: één verkeerde stap en ze zou verstrikt raken in een scheerlijn of, erger nog, haar poot door het tentdoek heen steken. Ik probeerde zachtjes te fluisteren.

'Moth, Moth, er staat een koe buiten.'

'Nou en?'

'Nou, ze staat hier vlakbij.'

'Niet op letten. Die gaat wel weer weg.'

Ik kon de koe niet negeren en probeerde de rits open te doen, langzaam om te voorkomen dat ze schrok en boven op de tent sprong. Het is onmogelijk de rits van een tent zachtjes open te doen. Vervolgens struikelde ik over de gasbrander en viel voorover op het natte gras. De koe had zich al omgedraaid en liep langzaam weg, grazend, volkomen onverstoorbaar. Van haar rug steeg damp op en in de koude, stille lucht kon ik haar zien ademen terwijl ze door nevel dwaalde, naar de kudde geestverschijningen aan de rand van de mist. Ik luisterde hoe ze het gras afscheurden, kauwden, boerden, ademden in het natte halflicht van de maan ergens buiten mijn gezichtsveld. De zeehonden riepen nog steeds, laag en repeterend, af en toe overstemd door het snerpende gekrijs van een scholekster. Ik trok de slaapzak de tent uit en wikkelde die om me heen terwijl een gloed de contouren begon te schetsen van de oostelijke horizon en een voor een de landtongen verlichtte, tot de maan was gedoofd en de mist begon op te trekken. De meeuwen schakelden over op hun daglichtvolume en in de boerderij gingen lichten aan.

De wolken waren ver genoeg opgetrokken om de bult van Gurnard's Head en de landtongen daartussen te kunnen zien, maar de lucht hing nog steeds laag en grijs en dreigde zo te blijven als de wind er niets tegen deed. Het pad liep door een ravijn dat was uitgesleten door een stroompje waarvan de oevers vol bloemen stonden, alsof alle tuinen van Zennor hun zaden in het water hadden laten vallen, om opgevangen te worden door de vochtige aarde en overvloedig te bloeien in een verborgen wilde tuin.

En weer een landtong op. We gingen op een bank zitten en aten een natte karamelreep, terwijl we stemmen en marcherende voeten hoorden naderen.

'Die stomme blaren van jou kunnen mij niks schelen. We passeren vanavond Land's End, op schema.' Ze marcheerden voorbij, zonder ons op te merken, en waren weg. Land's End, vandaag? Wij waren nog dagen verwijderd van het vraagteken van Land's End, het grote 'wat dan?'.

Nog twee gestalten kwamen zigzaggend omhoog vanuit Pendour Cove over een smal paadje dat naast ons op het pad uitkwam. Oude, gebogen mannen, van dezelfde lengte en leeftijd.

De ene, geheel gekleed met wandelschoenen, regenkleding en muts, mager en met een ingevallen, grauwe huid, had een bundeltje kleren bij zich. De andere, iets jonger, in zwembroek en op slippers, had een handdoek om zijn nek en een Tupperware bakje in zijn hand. Terwijl ze dichterbij kwamen, werd uit hun bewegingen, de vorm van hun hoofd en hun gekibbel duidelijk dat het broers waren.

'Goedemorgen. Gaan jullie zwemmen? Wij zijn net geweest. Nou ja, ik dan – hij weigert zijn schoenen uit te trekken. Geen idee wat hij denkt dat er gebeurt als zijn huid een keer daglicht te zien krijgt, misschien is hij bang dat er iets af valt.' De zwemmer was ook de prater. De andere broer stond er zwijgend bij, met een scheef lachje.

'Heerlijke lucht vanochtend. Warm en vochtig, heel goed voor de huid. Ik blijf het tegen hem zeggen: een beetje zout water, een warme mist, beschermt tegen ziekte en houdt je jong.' Hij hield ons het Tupperware bakje voor, halfvol met glinsterende, rijpe paarse vruchten. 'Willen jullie een braam?'

De bramen die wij onderweg hadden geplukt, waren klein, wrang en scherp geweest, dus nam ik er een uit beleefdheid, maar toen ik hem in mijn mond stopte, smaakte hij anders dan elke braam die ik ooit had geproefd. Zacht en zoet, een uitbarsting van rijke, wijnachtige herfstsmaak met op de achtergrond, een licht, heel licht vleugje zout.

'Jullie dachten zeker dat het over was met de bramen, hè? Of jullie hebben er wel van gegeten, maar dachten dat jullie er niet van hielden. Nee, je moet tot het laatste moment wachten, het moment tussen volmaakt en te ver heen. De merels kennen dat moment. En als dan op dat moment de mist komt en zachtjes zoute lucht over de vruchten legt, dan heb je iets wat voor geen geld te koop is en wat geen chef kan creëren. Een volmaakte, licht gezouten braam. Je kunt ze niet maken; het is een kwestie van tijd en natuur. Het is een geschenk, net als je denkt dat de zomer voorbij is en alles wat lekker was, is verdwenen. Het is een geschenk.'

Hij sloeg zijn arm om zijn broer heen, die nu bibberde en bleek zag, duidelijk ziek.

'Laat mij zelf mijn kleren maar dragen, ouwe jongen, en dan zorgen we dat jij weer snel thuis bij het vuur komt.' De andere broer glimlachte alleen maar en ze liepen weg, het ravijn in.

We aten handenvol bramen, terwijl we over het kronkelende pad naar Gurnard's Head liepen, met paars gevlekte handen.

De hemel kwam omlaag, zoog de zee op en viel neer op het land, zodat wij glibberende modderlijven werden die langs het rotsige pad vol gaten gleden. Enorme, verpletterende golven sloegen tegen de landtongen, en de regen sloeg tegen ons aan. Water liep door niet-waterdichte regenkleren, door gewone kleren, in schoenen, waar het dan weer uit gutste in stralen modderige, zweterige soep. Halverwege de middag gaven we het op, zetten de tent neer in een weiland, verwisselden onze natte kleren voor iets minder natte kleren, aten rijst, speelden 'Ik zie, ik zie wat jij niet ziet' (een nogal beperkt spelletje in een tent), speelden 'Wat te doen na Land's End' (een nogal beperkt spelletje als er maar twee mogelijkheden zijn: doorgaan of niet), speelden *Beowulf* (een nogal beperkt spelletje om wie het grootste zwaard heeft en niet aan te raden in een tent) en sliepen vervolgens twaalf uur achtereen.

Een fel licht scheen de tent binnen, feller dan we in dagen hadden gezien, maar of het nu licht was of niet, mijn ingewanden trokken samen in bramenkrampen, van streek door al dat fruit na wekenlang rijst en noedels. Ik hurkte naast een stenen muurtje en liet het paars de vrije loop, terwijl ik naar de witte donzige stapelwolken keek die langs een blauwe lucht dreven. Toen zag ik haar. Een vrouw, op een krukje, met haar hoofd tegen de flank van een koe die uit een emmer stond te eten. Wat deed ze daar, waarom zat ze in een weiland een koe te melken? Was ik ziek, hallucineerde ik, of was ik in een verkeerde tijd beland, de tijd van *Tess van de d'Urbervilles*? Niemand zit tegenwoordig meer op een krukje een koe te melken, en zeker niet in een weiland. Toen zwaaide ze naar me. O, shit, ze had me in haar weiland zien hurken. Ik was het levende bewijs voor de plaatselijke overtuiging dat toeristen onbeschaafde, sojamelk drinkende heidenen zijn.

'Moth, sta op, we moeten gaan.'

Het pad werd vlakker en kronkelde langzaam naar Portheras Cove. Onze kleren droogden in de wind terwijl we een beekje naar het strand volgden. Een bordercollie holde voorbij, springend van steen naar steen, gevolgd door een kleine vrouw met zulk lang grijsblond haar dat het zelfs in een vlecht nog tot over haar middel viel.

'Hallo, wandelen jullie het pad? Waar gaan jullie naartoe?'

'Land's End, of misschien nog verder.'

'Niet zo ver meer dus. Waar zijn jullie begonnen? Kamperen jullie?'

'In Minehead, en ja, we hebben het grootste deel van de route wildgekampeerd.'

'Dat kan ik zien; jullie hebben het over je.'

'Het?'

'Het heeft jullie aangeraakt, jullie stralen het uit: jullie hebben de hand van de natuur gevoeld. Dat raak je nooit meer kwijt; jullie zijn gezouten. Ik ben hier dertig jaar geleden gekomen en nooit meer weggegaan. Ik zwem elke dag en ik wandel veel met de hond. Mensen vechten tegen de elementen, tegen het weer, zeker hier, maar als het je heeft aangeraakt, als je het toelaat, zul je nooit meer hetzelfde zijn. Veel geluk, waar het pad jullie ook brengt.' Ze liep achter de hond aan en verdween moeiteloos over de landtong.

'Is deze kust soms het land van zieners en profeten? Het lijkt wel of ze overal opduiken.'

'Gezouten. Dat vind ik mooi. Op smaak gebracht, geconserveerd, net als de bramen.'

'De zon wordt warmer, laten we onze spullen drogen.'

De inhoud van de rugzakken lag om ons heen uitgespreid over

de rotsen, lichtelijk dampend in de middagzon. Voorwerpen die ons vreemd, maar toch wel praktisch hadden geleken toen we ze weken geleden kochten, waren nu net familie. We zagen hun eigenaardigheden en zwakke kanten, wisten hoe irritant ze konden zijn, maar elk voorwerp was iets wat we niet konden missen, iets wat we tot onze laatste snik zouden verdedigen. Zelfs de papierdunne slaapzakken die we begonnen te haten, waren even belangrijk als een irritante broer of zus. Het ruwe graniet absorbeerde de warmte, gaf haar weer terug, en verwarmde zo onze vochtige, rimpelige huid, verzachtte de pijn in onze spieren; we werden tegen de avond wakker van een middagdutje. Ik stond stijf op, mijn verbrande huid kraakte, even knapperig en droog als onze uitrusting op de rotsen. Ik begon de spullen weer in te pakken. De slaapzakken en de truien van de kringloopwinkel waren eindelijk warm en droog: konden ze die warmte maar de hele nacht vasthouden.

'Zullen we vannacht gewoon hier blijven, en morgen verder gaan?'

'Ach ja, waarom niet? Ik ga zwemmen.'

Moth rekte zich uit in het diepe water waar het strand geleidelijk afliep. Zijn lichaam was magerder dan ik ooit had gezien, helderwit binnen zijn T-shirt-bruin. De spieren bewogen over zijn rug, niet sterk, zoals ze waren geweest na zomers van *clawdd*-muren bouwen, hooi binnenhalen en greppels graven, maar leniger en duidelijker afgetekend dan ze waren geweest sinds de schouderpijn en het verval van de spieren waren begonnen. Hij zwom, strekte zijn armen naar voren in een borstcrawl, een volledige zwemslag, verder naar nog dieper water, terwijl het zonlicht lager zakte en het donker wordende water verlichtte met gouden vegen. Toen, in de donkerblauwe en winegumtinten, een donker grijs, een glad grijs, dat zich kromde, dook en weer tevoorschijn kwam. En nog een, en een derde: tuimelaars, die naar de kust toe kwamen. Moth had ze ook gezien en hield op met zwemmen, bleef stil in het water liggen toekijken hoe zij de baai overstaken, met af en toe een neus of een staart die opdook terwijl ze zich geluidloos door de zee bewogen, moeilijk te onderscheiden van opkomende golven. Zij waren het water, de afnemende, stromende zee, ze waren van hetzelfde element. Ze verdwenen met het tij en het licht, gleden weg in de richting van de horizon en de diepe oceaan.

Anders dan de dolfijnen in Wales en Schotland heeft de tuimelaarpopulatie van Cornwall geen speciale beschermde regio. Hun aantal hier is de afgelopen tien jaar gehalveerd, terwijl dat in andere regio's gestabiliseerd is. Om lokale bescherming te krijgen moeten ze door officiële natuurbeschermingsinstanties erkend worden als inheemse soort, maar dat kan niet zonder voldoende onderzoek. Wetenschappers ontdekten dat de tuimelaars in Cardigan Bay een ander dialect spraken dan die in Ierland, en dat gold als doorslaggevend bewijs dat ze inheems waren: deze dolfijnen waren lokaal, want ze spraken Welsh. De school van Portheras heeft overduidelijk het ronde, gladgeslepen stemgeluid van deze streek; is er meer bewijs nodig?

Zelfs al krijgen ze ooit enige bescherming, dan nog is het niet zeker of dat ze zal redden, zolang we er niet op kunnen vertrouwen dat overheidsinstanties een eenduidig beleid voeren. De regering van Wales vindt dat het onderwaterleven in de beschermde gebieden van Cardigan Bay en Pen Llyn nu lang genoeg beschermd is geweest en heeft een wet ingediend om de gebieden weer open te stellen voor trawlers die met sleepnetten schelpdieren van de zeebodem opvissen. Nadat het gebied, waar voorheen zwaar werd gevist, een paar jaar met rust is gelaten, is het zeeleven nog lang niet teruggekeerd, waardoor het parlement van Wales tot de conclusie kwam dat een zanderige onderwaterwoestijn de natuurlijke toestand van onze kustwateren is. Maar met de schelpdieren hebben de metalen klauwen ook al het andere zeeleven uitgerukt: mosselen, zeeanemonen, waaierkoralen, sponzen, zeewieren, allerlei soorten vis, een onderwaterwereld die zich niet in een handjevol jaren kan herstellen, maar daar decennia, eeuwen zelfs, voor nodig heeft. Dit is het onderwaterleven waarmee dolfijnenmoeders zich voeden als hun kalfjes nog jong zijn en zich niet snel kunnen bewegen.

De kliffen achter het strand waren brokkelig en instabiel, dus we zetten de tent op ruime afstand daarvan neer, aan de andere kant van een stroompje zoet water en ver boven de vloedlijn van zeewier en schelpen. Na weken meebewegen met eb en vloed hadden we gevoel gekregen voor het punt waar het tij zou keren. Het donker viel in; het licht van de vuurtoren van Pendeen zwaaide ritmisch over de landtong, zonder ooit het strand te bereiken; de scholeksters kwamen en met hen een bijtende kou, die optrok door het zand en ons tot op het bot verkilde. Ik had al mijn kleren aan en een paar van Moth, die het helemaal niet koud had, en huiverde uiteindelijk weg in die toestand van diepe slaap die in een tent niet veel uren kan duren.

Dit was de nacht waarin de zee kwam opzetten, onafwendbaar en krachtig, de vloedlijn bereikte en daar niet stopte. We hadden deze tent gekozen omdat hij zonder haringen overeind kon blijven, maar dat hij ook overeind bleef terwijl hij door de lucht werd gesleurd met de luchtbedden en slaapzakken er nog in, overtrof alle verwachtingen. Nog verbijsterender dan het uithoudingsvermogen van de Vargo tent was Moth. Die in zijn onderbroek het strand op holde, met de tent boven zijn hoofd. Die zelfs nog doorging terwijl hij tot zijn knieën door het zoute water moest waden dat het zoetwaterbeekje in stroomde. Hij was veranderd, dat was overduidelijk, hij was veranderd en volgens de artsen was dat niet mogelijk. CBD is een enkele reis.

Dat wist hij ook.

'Ik ben sterker geworden. Als ik nu de ene voet voor de andere zet, weet ik waar hij terecht zal komen. Ik laat niet meer zo vaak dingen vallen. Maar het is ook mijn schouder – die is niet meer zo pijnlijk. Het was heel erg toen ik met de pregabaline ophield, maar ergens voor Newquay besefte ik dat ik er niet meer zoveel last van had. Het is jaren geleden dat die schouder zo goed aanvoelde, en mijn hoofd is veel helderder; ik kan logisch nadenken. Ik weet niet of het tijdelijk is, en of het zelfs mogelijk is, of het allemaal terugkomt zodra ik ophoud met wandelen. Ik weet het niet.'

'Voor Newquay? Vast door die kruidenmiddeltjes van Kurt.'

'Ik denk dat het extreme fysiotherapie is. Misschien moet ik mijn hele leven blijven wandelen.'

'Maak er maar geen grapjes over, misschien moeten we dat toch wel. Maar dat kan me niet schelen. Als het jou gezond houdt, blijf ik eeuwig wandelen.'

'Wat doen we na Land's End?'

'Ik weet het niet.'

De behoefte aan eten dreef ons Pendeen in. Bij een winkeltje hadden ze een stapel versgebakken broden formaat rugbybal; we moesten er een hebben en aten het hele geval in één keer op. Snakkend naar een kop thee peuterden we bij het café een pot heet water los en probeerden er ook de telefoon op te laden, maar die had de regen niet overleefd en weigerde iets anders te laten zien dan een wit scherm.

'En, waar gaan jullie naartoe?' De eigenaar van het café was duidelijk nieuwsgierig naar de stinkende bedelaars in de hoek.

'We dachten Land's End, maar we weten het nu niet zeker meer, misschien gaan we door.'

'Hoeven jullie dan niet terug naar huis?'

'Nee, we zijn dakloos nu.'

'Tjee, alles verkocht om erop uit te trekken? Dapper hoor, op jullie leeftijd – dat zouden niet veel mensen doen.'

Dat was niet wat Moth had gezegd, maar we lieten het er maar bij.

'Mijn droom is om te gaan fietsen en kanoën door Frankrijk, met mijn kano op een karretje achter de fiets. Misschien kunnen jullie wel meegaan. Ik heb een huis in Noord-Frankrijk; dat zouden jullie in de winter kunnen huren voor vijfhonderd pond per maand. Dan kunnen we daar fietsen.'

'Dat klinkt geweldig. We bellen wel als we klaar zijn met het pad, wanneer dat ook mag zijn.'

We verlieten het café in de warmte van het middaguur. Iemand had ons een huis aangeboden om in te wonen. We konden het ons niet veroorloven, het was in een ander land en, sterker of niet, het was de vraag of Moth duizend kilometer zou kunnen fietsen met een kano achter zijn fiets. Maar toch: iemand had het ons aangeboden. Ook al was dat gebaseerd op het idee dat we een zak met geld bezaten na de verkoop van een huis en had hij het ons waarschijnlijk niet aangeboden als hij de waarheid had geweten. Er waren mogelijkheden; er was hoop.

Geevor was een tinmijn die in bedrijf was geweest tot ze uiteindelijk in 1991 dichtging; in het decennium waarin de laatste Engelse tinmijnen sloten, de pompen werden uitgeschakeld en de schachten volliepen tot zeeniveau. Sommige mijnwerkers emigreerden, tot naar Australië aan toe, andere vonden werk bij de bouw van de Kanaaltunnel. Het eind van een tijdperk dat eeuwen had geduurd – de geschiedenis van Cornwall als mijnstreek was voorbij. Maar dat duurde niet lang; zoals met de meeste dingen die typisch Cornish zijn, werd ook die mijnhistorie een toeristische attractie. Inmiddels is de mijnstreek van Cornwall uitgeroepen tot Werelderfgoed, en daar hoort ook de mijn van Geevor bij. Er worden niet langer tonnen metaalerts gedolven: nu delft de mijn geld uit de zakken van de bezoekers, een duurzamer project voor de langere termijn. De mijnbouw mag dan voorbij zijn, het erfgoed blijft en zonder dat zouden we slechter af zijn. Per slot van rekening hadden we zonder de tinmijnen misschien nooit pasty's gehad. Of *Poldark*.*

Die dag was de mijn gesloten, een stille, verlaten tinmijn in perfecte staat van onderhoud. Na Geevor, terug op het pad, zie je overal om je heen de puinhopen van een dode bedrijfstak. Inge-

* Ross Poldark is de hoofdpersoon in de gelijknamige reeks historische romans en tv-serie van Winston Graham.

storte machinegebouwen en kapotte schoorstenen, een land van schalie en verwoesting, een oorlogsgebied. De strijd van de mens met de steen laat een verwoesting na die nooit meer heelt. De onderworpen aarde. Zo snel we konden, lieten we dit surrealistische landschap en de toeristen die het bewonderden achter ons.

Het pad bleef een eindje van de rand van de kliffen, tussen brem, gaspeldoorn en braamstruiken, en altijd was er rechts de bult van Cape Cornwall met de mijnschoorsteen op zijn top. In oud-Cornish heet deze kaap Kilgooth Ust, ofwel de Ganzenrug van St Just – het dichtstbijzijnde plaatsje. Ik had nooit een gans gezien die er zo uitzag, maar boven op de kaap die als een eiland in het schuimende water lag, leek het wel het einde van de wereld. Tweehonderd jaar geleden dacht men nog dat dit de meest westelijke punt van Groot-Brittannië was. En dat zou het moeten zijn: het voelt zo ver weg van alles, zoals de landtong zich hier uitstrekt, een laatste vooruitgeschoven post in de oceaan. We zaten op de top met onze rug tegen het warme graniet van de schoorsteen en keken naar de horizon. Zelfs de telefoon kwam in de warmte weer tot leven.

Land's End lag maar een paar kilometer links van ons, maar vanaf de schoorsteen was het of we op een enorm zeeschip zaten dat de oceaan op voer, zo westelijk als we maar konden zijn. Een plaquette met het etiket van een blikje witte bonen herinnert eraan dat de kaap in 1987 als geschenk aan de natie is aangekocht door de Heinz Company; hij is nu eigendom van de National Trust. Moth is altijd dol geweest op witte bonen en terwijl de zon omlaag zakte en de hemel oplichtte in een eindeloze, felle nazomerwitheid, die met een oogverblindende schittering weerkaatste op het schuimende water, stond hij met uitgestrekte armen op het bankje en schreeuwde tegen de wind in:

'Dank u!' Ook al was het dan een handige truc geweest om belasting te ontduiken, het zou misdadig zijn geweest als deze plek ten prooi was gevallen aan projectontwikkelaars.

'Dank u, meneer Heinz!'

Het End was zo dichtbij dat we het bijna konden aanraken. We konden Longships Lighthouse, de vuurtoren op het eilandje Carn Bras vlak voor die laatste landtong duidelijk zien. We zouden er nog dezelfde dag kunnen zijn, maar we hadden geen haast. Waarom zouden we opschieten, als daar voorbij het grote onbekende lag? Als de aarde plat was, dan was Land's End de rand. We slenterden voort in de vroege avond, het pad was omgeven door lage, stugge struiken. Bestand tegen wind en zout en onmogelijk om in te kamperen. Op een paar vlakke stukken grond in Porth Nanven stonden al kampeerwagens, dus klommen we omhoog, weg van het stenige strand, met het gevoel dat we misschien geen overnachtingsplek zouden vinden en moesten blijven lopen. Bij een bocht in het pad naar nog meer struikgewas, keken we achterom en zagen een vlak stukje groen aan de zijkant van een smalle rotspunt die vanuit Carn Leskys de zee in stak.

'Wat vind jij?'

'Onbeschut, heel onbeschut.'

Een smal pad leidde naar het groene platje dat net groot genoeg was voor de tent, als we niet alle scheerlijnen gebruikten. Vanaf de rand van de richel ging het klif twintig meter loodrecht omlaag naar de rotsen beneden, waar de golven braken en zo hoog opspatten dat we de druppels bijna konden aanraken.

'Ga maar niet de tent uit vannacht.'

'Dan komen we morgen op Pirate FM: "Voor het laatst gezien op de richel van Leskys."'

Uiteindelijk dook de zon weg tussen de twee pieken van een eilandje dat The Brisons heet, terwijl hij stralen in alle kleuren over de zee stuurde en de landtong in roze en oranje hulde. We lagen wakker in de tent met de flap open, terwijl zilvermeeuwen vlakbij op de rotsen zaten, toen de vuurtoren van Longships begon te flitsen.

'Wat is dat? Dat bewegende licht daar; kijk, het komt vanachter de vuurtoren.' We waren op de hoek; dit was onze eerste aanblik van de scheepvaartroutes over het Kanaal.

'O, shit, Moth, we zijn er, wat doen we nou?'
'Slapen. Slapen en zien wat de morgen brengt.'

Ik sliep en de morgen bracht water dat met tussenpozen tegen de tent sproeide. Ik deed de flap half open en daar was het water weer, bruisend dichtbij. De tent huilde in trillende razernij, gegeseld door de wind. Het regende niet, er was alleen een lucht vol jagende wolken en om de halve minuut een explosie van water. We pakten alles in, trokken regenpakken aan en brachten rennend tussen het brekende schuim door de rugzakken naar een droge plek. De Atlantische Oceaan dreef iets groots onze kant op, maar gelukkig was het er nog niet. We waren doorweekt tegen de tijd dat we de tent hadden afgebroken, maar droogden in een paar seconden weer op dankzij de harde wind, terwijl we buiten het bereik van de golven klommen. Vanuit zee kwamen hoge golven en diepe dalen naar de kust, een kolkende massa wit schuim. Er was duidelijk iets in aantocht. De rugzakken fungeerden als zeilen in de wind, maar gelukkig was het pad eerder glooiend dan steil en bleef het een eindje bij de rand vandaan, terwijl het geleidelijk omlaag liep naar Sennen Cove. Het strand was verlaten, strandwachten zaten in hun wachthuisje met de deur dicht tegen de zandstorm die landinwaarts wervelde en kolkte als een zout schurende huidpeeling. Toen kwam de regen, eerst licht en vermengd met zand, daarna in woeste, horizontale vlagen, kletterend tegen regenpakken, pijnlijk op onbedekte huid. Deuren gingen dicht, luiken omlaag, Sennen Cove zette zich schrap. Wij doken een café in en gingen bij het raam zitten, een dunne glazen afscheiding tussen ons en het brullende beest daarbuiten.

Hongerig als altijd bezweken we en gaven een kostbaar bankbiljet uit aan twee broodjes makreel en thee. Een groep wandelaars kwam voorbij; in de slagregen was het moeilijk te zeggen of ze backpackers waren of gewoon gestoord. Om het even. Halverwege de middag wilde de eigenares het café sluiten; we waren al die tijd al de enige klanten en zij wilde weg. We hesen onze rugzakken op en stapten weer in de muil van de storm.

'Nou, Land's End dan maar?'

'Toch niks beters te doen.'

Het eind van het land. Het begin en eind van epische reizen. Een toeristenfuik, een architectonische nachtmerrie, een ecologisch horrorverhaal. Veel belopen rotspaden leidden door de wolken heen naar de enorme plak beton. Verlaten. Het was laat in de middag en zelfs de fotograaf bij het bordje naar John o' Groats had het opgegeven en zijn deur op slot gedaan. We klommen over de muurtjes en maakten met de telefoon foto's vol regenvlekken. Geen ontvangstcomité, geen huldiging, alleen twee natte mensen met hun arm om een paal. De winkels waren dicht, het bezoekerscentrum was gesloten, zelfs Arthur en zijn ridders hadden de Arthur-experience in de steek gelaten voor iets drogers. We stonden alleen, druipend van het water, in een betonnen enclave.

'Dus dit is het?'

Terwijl ik het zei, reed een dubbeldekker het lege parkeerterrein op. We liepen ernaartoe, zombies die de postapocalyptische woestenij verlaten. De deuren van de toeristische kustbus met zijn open dak gingen open. Water droop over de treden vanaf het bovendek omlaag en stroomde naar buiten toen de deuren opengingen.

'Waar rijdt u naartoe?' Moth moest schreeuwen om zich verstaanbaar te maken boven het loeien van de wind uit.

'Naar St Ives. Daar valt het wel mee. Hier is het wel vreselijk, zeg.'

'Echt vreselijk.'

Meer dan vierhonderd kilometer pijn, uitputting, honger, wild kamperen en wild weer lagen achter ons. We konden in de bus stappen en wegrijden, terug naar de vertrouwdheid van Wales, om ons op de wachtlijst voor een sociale huurwoning te laten zetten en een goedkope camping voor de winter te zoeken. Moth hield mijn hand vast terwijl de deuren van de bus dichtgingen.

16

Op zoek

We keken de bus na die uit de beschutting van de toegangspoort naar het bezoekerscentrum wegreed. Zittend op onze rugzakken, druipnat. Half september en het voelde aan alsof het al herfst was. We hadden kunnen stoppen, maar we hadden niets te verliezen en alles om voor te wandelen. Hier waren we vrij, geteisterd door de elementen, hongerig, moe, koud, maar vrij. Vrij om verder te lopen of niet, om te stoppen of niet. Niet tijdelijk bij vrienden of familie bivakkeren, hun tot last zijn, een ergernis worden, de vriendschap opgebruiken tot er alleen nog tolerantie overbleef. Hier waren we zelf nog meester over ons leven, over wat er met ons gebeurde, over ons lot. Het water liep uit onze rugzakken toen we die omdeden. We kozen ervoor te lopen en grepen de bijhorende vrijheid met beide handen aan.

Binnen een paar honderd meter van het Land's End-themapark is de wildernis er weer. Deze kliffen hoorden tot de indrukwekkendste die we in Cornwall hadden gezien: loodrechte wanden van gekarteld graniet, geranseld door golven die ongehinderd van ver op de Atlantische Oceaan aan kwamen rollen en met onvoorstelbare kracht uiteenspatten tegen de eerste en laatste landtong. Wij stonden tegenover de adembenemende kracht van de natuur en zagen hoe enorme pluimen zee door de stenen boog van de Armed Knight-rots vlak voor de kust werden geperst. Twee figuren alleen op een klif van steen en gras dat door de messcherpe wind tot gazonhoogte was afgemaaid. Geen beschutting, geen bomen, alleen het vooruitzicht van een vochtige tent. 5,20 pond, een Marsreep, een zak rijst, een banaan en een halve zak winegums. Maar het regende niet meer.

Het licht verdween al toen we de tent tussen wat rotsblokken verborgen, min of meer beschut tegen de wind. Twee lapjes nylon tussen Canada en ons.

*

Er trokken korte regenbuitjes over, maar de lucht kwam omhoog van het land en haastte zich weg op de ochtendbries. We zaten op Gwennap Head, terwijl onze schoenen in de wind te drogen stonden, en deelden de Marsreep. We waren stram en langzaam, krakerig van de wind en regen van de vorige dag. Nu we koers zetten naar het oosten, was het of we aan een nieuwe reis begonnen. Of liepen we naar het zuiden, of het zuidoosten? We waren steeds dichter bij het doel gekomen, hadden het bereikt, maar nu liepen we alleen maar, slenterden wat doelloos door de dag. In Porthgwarra was het landschap al veranderd. We waren gewend geraakt aan de vegetatie van de noordkust: lage, stugge struiken, gras en strandkruid en hier en daar een kromgegroeide, verwrongen boom. Vergeleken daarmee was Porthgwarra een en al weelderige vegetatie, bomen die nog steeds klein waren maar wel rechtop stonden, en tuinen vol exotische bloemen. We waren de hoek omgeslagen naar een ander land.

Vroeg in de avond zaten we op een picknickbank in een gemaaid weiland vlak bij een groepje huizen en dachten erover de tent achter wat bomen op te zetten. Tot de auto's kwamen en dit een parkeerplaats bleek te zijn.

'Misschien is er iets gaande in het dorp. Waar is dit?'

'Geen idee, ik heb al een tijdje niet op de kaart gekeken. Misschien is het bingoavond.'

We kookten water, dronken thee en aten samen een banaan, terwijl de parkeerplaats steeds voller werd en mensen wegliepen met een muts op en een deken over hun schouder.

'Openluchtbingo?'

Naast ons stopte een Landrover en er stapte een ouder echtpaar uit.

'Wacht tot die groep weg is, dan gaan we.' Ze bleven tegen de auto geleund staan kijken naar het tafereel voor hen, duidelijk niet dol op grote groepen mensen.

'Pardon, wat is hier aan de hand, waar gaat iedereen naartoe?'

'Naar het theater. Dit is Minack, het beroemde openluchttheater.'

'O, juist, ik had me niet gerealiseerd dat dat hier was.'

'Dus u gaat niet naar de voorstelling?'

'Nee, we wisten het niet. Ik denk ook niet dat we het kunnen betalen.'

'Wat doen jullie, kamperen?'

'Ja, we kamperen, we wandelen het kustpad. We zijn in Minehead begonnen.'

'Nou, willen jullie het stuk zien? Ik wil best een kaartje voor jullie kopen, maar dan moeten we nu wel gaan, anders missen we het begin.'

We liepen achter het stel aan door een entreegebouw en verder naar het open klif.

'Nou, dag. Jullie zitten bovenin; wij hierbeneden. Veel succes met de wandeling.'

'Heel erg bedankt. Ik zal u het geld terugbetalen. Hoe heet u?'

'Ik heet David. Laat maar zitten, geniet maar gewoon van de voorstelling.'

Tegen de wand van het klif lagen trapsgewijs rijen zitplaatsen in het natuurlijke amfitheater van de landtong en onderaan was een podium tegen de achtergrond van de zee. Begin jaren dertig van de vorige eeuw had het Rowena Cade een mooi idee geleken om een theater achter in haar tuin hebben, waar de plaatselijke toneelvereniging kon optreden. Dus verplaatste ze de halve heuvel om er een aan te leggen. Zo staat het in de brochure, maar zoals altijd met dat soort projecten waren het de tuinlieden die het werk deden, en gaf zij instructies en hanneste ze wat in het rond met een kruiwagentje. Dat zei de man naast me tenminste, en die kon het weten, want zijn vader was een van de tuinlieden geweest. Zei hij tenminste.

Het toneelstuk begon, en het bleek geen toneelstuk, maar een opera: *Iolanthe* van Gilbert en Sullivan. De handeling was moeilijk te volgen, met het dramatische gezang dat door het amfitheater wervelde. Vanaf onze plek hoog tegen het klif hoorden we zachte flarden stemgeluid, weggeblazen door de wind. Terwijl de zee donker werd en de maan opkwam achter het podium, werden wij heel even meegevoerd naar een magische wereld waarin herders werden bestrooid met elfenstof.

'Waar zullen we de tent opzetten?'

'Wacht even tot iedereen weg is; het zal toch op de parkeerplaats moeten.'

We liepen achter de laatste toeschouwers aan de trappen op en weg van het theater.

'Nee maar, wat gaan jullie doen met die grote rugzakken?' Een man met zijn haar in een haarnetje kwam de heuvel op gehold. Ik herkende hem: het was een van de acteurs in het stuk.

'We wandelen de kustroute. We kamperen.'

'Maar waar gaan jullie dan in hemelsnaam kamperen in het donker?'

'We vinden wel een plek.'

'Jill, Jill, wat moeten we doen? Deze arme mensen hebben een kampeerplek nodig; we moeten ze van de storm redden.'

Vind je dit een storm? Dan had je het gisteren moeten zien.

Achter ons kwam een elf de trap op gehuppeld.

'De camping van Treen, maar schiet op, schiet op, anders missen we de laatste ronde.'

We kropen achter in een busje en bonkten zo te voelen kilometerslang rond, terwijl de cast van herders, herbergiers en elfen luidkeels zat te kletsen.

'Hoe kon je nou je tekst vergeten zijn, Gerald? Ik moest het hele vers overdoen om het voor je op te vangen, ik ben er gewoon schor van.'

De elf liet een zwak kuchje horen.

'Ik was mijn tekst niet kwijt, ik moest alleen een sms'je sturen. Trouwens jij vindt het heerlijk om in de schijnwerpers te staan.'

De herder deed zijn haarnetje af en zette een muts op terwijl het busje met piepende banden tot stilstand kwam voor een pub.

'Oké, de camping is een eindje verderop. Fijne wandeling nog! Op naar het bier!' Weg waren ze en wij stonden in het donker op een weg in een onbekend dorp.

'Wat doen we hier eigenlijk?'

'Wat raar.' Moth had zijn zaklantaarn aan en Paddy in zijn hand. 'Dit is volgens mij voor het eerst dat ik een hele dag niet op de kaart heb gekeken. O, kijk, het staat er zelfs op: "openluchttheater", maar Treen staat maar voor de helft op de kaart.'

We liepen de weg af, die uitkwam bij een camping. Bijna middernacht en in de meeste tenten was het donker; stilletjes rondkruipend zetten we de onze op.

'Wat doen we hier? We hebben geen geld.'

'Ik weet het ook niet, we zijn er gewoon in meegegaan. Nu douchen en morgen vroeg weg?'

'We zullen wel moeten.'

Mussen kibbelden in de heg bij het eerste ochtendgloren, een zacht, geel licht dat het gebroken wolkendek een fluorescerende gloed gaf. Een lichte mist trok op, maar alles was zwaar van de dauw, het gras ijzig met druppels weerkaatst licht. Het Kanaal strekte zich voor ons uit, niet langer Canada maar Frankrijk was nu de grens waartegen het tij rebelleerde. Ik zat in mijn slaapzak op de rand van een picknicktafel, warmer dan ik het de hele nacht had gehad, en voelde de verandering van jaargetijde. Aan de overkant van de camping fietste een man met blonde dreadlocks in een knot op zijn hoofd en lagen verwassen, verbleekte katoenen kleren aan. Hij reed van tent naar tent om de bonnetjes aan de scheerlijnen te controleren. Hij kwam steeds dichterbij. We konden geen kant op.

'Waar is jullie bonnetje?'

'Dat hebben we niet; we zijn midden in de nacht aangekomen. We gaan binnen een uur weer weg.'

'Je mag geen tent opzetten zonder eerst te betalen – het staat op de borden, kunnen jullie niet lezen?'

'Ik had ze niet gezien en het was al laat...'

'Kamperen zonder te betalen, dat is ruimtediefstal. Ga dan nu maar betalen, vijftien pond...'

Ruimtediefstal? Wat de...?

'We zijn aan het inpakken, we betalen wel als we weggaan.'

'Ik hou jullie in de gaten.' Hij fietste weg, vanbuiten op en top een coole en nonchalante hippie, maar vanbinnen een gefrustreerde dienstklopper.

Het was een geweldige camping; in een ander leven zouden we hier met alle liefde een bungalowtent hebben opgezet om er een maand te blijven. Maar in dit leven slopen we zonder te betalen weg en haastten ons terug naar de kliffen.

Kliffen maakten plaats voor losse stenen, boomwortels en oerwoudbegroeiing. Zweterige bossen vol vliegen waren toch beter dan de openlucht waar het steeds warmer werd. Niet zo warm als op die verschroeiende dagen aan de noordkust, maar er was nu geen wind en daardoor was de lucht verstikkend. We zweetten, dronken al ons water op, haalden meer uit beekjes, zweetten nog wat. Herhaal. Het gloeiendhete gerammel van kiezels liep omlaag naar zeeniveau en weer omhoog, om toch weer omlaag te gaan. Zolang we het konden uithouden, bleven we in de schaduw van de bomen, maar de vliegen werden ondraaglijk. Net toen we weer de hitte in wilden gaan, zagen we een vrouw op de grond tegen een gevallen tak geleund zitten. Ze zag bleek en verhit en was er veel erger aan toe dan wij.

'Hallo? Gaat het?'

'Het gaat prima, ik zit alleen even uit te rusten.' Het was een grote vrouw, waarschijnlijk in de zeventig, met een zwaar Amerikaans accent. 'Ik was op zoek naar het huis van mijn oude vriend John le Carré. Toen ik jonger was, kwam ik wel eens bij hem logeren. We hebben hier hele zomers doorgebracht, waarin we alleen maar schreven en zwommen. Heerlijke dagen. Ik kom elk jaar hierheen om jullie pad te wandelen, en telkens zoek ik naar hem, maar ik kan me maar niet herinneren waar het huis precies was.'

'Maar jullie hebben in Amerika toch ook prachtige wandelroutes? Veel mooier dan hier, echte wildernis, de Appalachian Trail, de Pacific Coast Trail.'

'Ja, maar daar loop je altijd tussen de bomen. Wandelen gaat bij ons altijd door bossen.'

'Hier dromen mensen ervan om de grote Amerikaanse routes te wandelen.'

'Dat komt doordat we nooit waarderen wat we hebben, aan welke kant van het water we ook geboren zijn. Daarin zijn we hetzelfde. Ik ga dit pad de heuvel op volgen, misschien is David daar.'

'David? Ik dacht dat u zei dat u op zoek was naar John.'

'Dat is zijn pseudoniem, slome. Iedereen weet dat hij eigenlijk David heet.'

De vrouw liep weg, op zoek naar lang voorbije zomers, altijd om de volgende hoek. Misschien waren we in wezen wel allemaal hetzelfde op het pad; misschien waren we allemaal ergens naar op zoek. Op zoek naar het verleden of naar de toekomst, of gewoon naar iets wat ontbrak. Aangetrokken door de rand, een strook wildernis waarin we vrij konden zijn om de antwoorden te laten komen, of niet, op zoek naar een manier om het leven, ons leven, wat dat ook was, te accepteren. Zochten wij op deze smalle rand tussen het land en de zee een andere manier van bestaan, werden we gaandeweg randbewoners? Levend tussen de ene wereld en de volgende. Lopend over een dunne lijn tussen getemd en wild, verloren en gevonden, tussen leven en dood. Aan de rand van het bestaan.

'Beheers je, Ray, je wordt zelf nog zo'n Cornishe wijze.'

'Misschien is dat het antwoord.'

'Ik dacht dat we gewoon liepen omdat we niks beters te doen hadden.'

Sinds Porthcurno had de kust een andere atmosfeer, of dat nu kwam door de hitte op het natte struikgewas, of alleen door het gebrek aan wind. Het was moeilijk te zeggen, maar de lucht was zwaar van een kalme melancholie. Vanwaar we zaten, tussen een paar kale stukken rots bij Carn Du, was ook onze eerste Kanaalzonsondergang anders. Geen gouden bol die de zee in dook, alleen licht dat in verschillende tinten over het water streek. We sloegen ons kamp op in een weiland en zagen schepen over de horizon bewegen. De nachten werden kouder, veel kouder. Moths rug en schouders werden weer pijnlijk stijf, en kregen alleen weer wat soepelheid in de warmte van de zon.

Het begon zacht te regenen toen we aankwamen in Mousehole, uitgesproken als Mousel volgens de vrouw bij het postkantoor. Het bleek een klein, rustig dorp, dat op het punt stond dicht te gaan, nu de zomer voorbij was. We keken op de bankrekening en namen de dertig pond die we mochten opnemen, maar klampten ons vast aan de hoop dat voedingsmiddelen in Penzance goedkoper zouden zijn. Een oud huisje van granietblokken keek uit over zee, met een bord 'te huur' aan de voorgevel. Een oude dame met een boodschappentas kwam voorbij en zag ons kijken.

'Ze vragen er duizend pond per maand voor. Belachelijk – het staat al het hele jaar leeg. Maar ze willen niet zakken met die prijs, als ze dat niet krijgen, gaan ze het gewoon als vakantiehuis verhuren, zeggen ze. Net als al die anderen, neem ik aan. Sinds de reddingsboot is het hier nooit meer zo geworden als vroeger. Met al die pers hier, te veel buitenstaanders wilden ook hierheen komen, toen ze het dorp zagen.'

Vlak voor Kerstmis 1981 was het vrachtschip Union Star bezig aan zijn eerste reis, toen in de buurt van de kust de motoren uitvielen. Er stond een orkaan van windkracht twaalf, en de golven waren wel twintig meter hoog. De houten reddingsboot Solomon Browne uit Mousehole werd opgeroepen. De redders lieten via de radio weten dat ze vier mensen van het vrachtschip hadden gehaald, maar daarna is er nooit meer iets van de bemanning van de reddingsboot, of van de Union Star vernomen. Na een oproep aan de bevolking kwamen er grote donaties binnen, en er ontstond een debat dat bleef voortwoeden, toen de regering belasting wilde heffen op het fonds, terwijl er nog steeds lichamen en wrakhout gevonden werden langs de kust. Wekenlang was het dorpje wereldnieuws, en de dorpelingen rouwden om de dood van zestien mensen, acht bemanningsleden van de reddingsboot en acht van de Union Star, onder wie het gezin van de kapitein. Elk jaar wordt op de dag van de ramp de kerstverlichting uitgeschakeld om hen te gedenken, maar in het dorp krijg je sterk het gevoel dat de plaatselijke bewoners het liefst hun deuren zouden sluiten voor nog meer indringers van buiten.

In Newlyn gonsde het van de havenbedrijvigheid. De schepen van een van de grootste visserijvloten van het land lagen in de zanderige modder te wachten tot de vloed opkwam. Vrachtwagens stonden op straat te wachten tot ze werden volgeladen met vis in plastic kratten. Plastic kratten stonden op het pad te wachten tot ze werden gevuld met vis. Vluchten meeuwen cirkelden door straten die gehuld waren in de sterke lucht van rauwe vis. Wij liepen door, tot Newlyn overging in Penzance.

Met onze rugzakken vol etenswaren zochten we de outdoorwinkels af voor een flesje gas. Nergens hadden ze het juiste type, dus kochten we twee isolerende slaapmatten voor vier pond, zochten vervolgens in de rest van de stad verder naar gas, en vonden uiteindelijk, net voor sluitingstijd, één eenzame fles in een donker hoekje bij een ijzerhandel. Bij de oudste pastybakkerij die er bestond, volgens henzelf, kochten we een pasty en daarna liepen we terug naar de kust door de Bolitho Gardens, een lapje groen tussen het beton. Het was vroeg in de avond en het dichtstbijzijnde groen hierna lag voorbij Marazion, nog kilometers lopen over een betonnen pad. Het was moeilijk te zeggen waar de vloedlijn lag: na de stormen lag het vloedbezinksel overal, op het zand en achter de zeemuur en helemaal tot aan de weg daarboven, dus het was te riskant om op het strand te kamperen. Op een bankje in het park gingen we zitten wachten tot het donker werd. Een man met grijs piekhaar en een volle rugzak kwam op de bank naast de onze zitten.

'Backpackers zeker?'

'Ja, u ook?'

'Nee, ik woon op het pad.'

'Op het kustpad?' Hij had wel een grote rugzak, maar niet overmatig groot. 'O ja? Ook in de winter? Hoe zorgt u dan dat u warm blijft?'

'Voor de zomer is het nu afgelopen, vannacht blijf ik in dit park en dan morgen weg met de trein.'

'Waar wilt u naartoe?'

'Naar Thailand.'

'Thailand?'

'Ja. Altijd warm, prachtige stranden en de meisjes zijn fantastisch.'

'Echt?'

We lieten de oude man achter in het park en volgden het voetpad, tot we het uiteindelijk opgaven en de tent zonder haringen op het beton neerzetten. De nieuwe extra laag van de isolatiematjes onder de zichzelf opblazende matrasjes was verrassend comfortabel – geen hobbels en lang niet zo koud. Beton was duidelijk warmer dan zand. Misschien blijven straatslapers daarom in de stad. Misschien was een kartonnen doos achter de vuilnisbakken zo gek nog niet voor de winter. Of misschien moesten we naar Thailand. We hadden hem moeten vragen hoe hij het vliegticket kon betalen.

Toen het licht werd, kroop Moth de tent uit, minder stijf na een warmere nacht. We zouden 'krijg het niet koud' moeten toevoegen aan de al lange lijst van dingen die we tegen CBD konden doen. Wat had de arts nog maar drie maanden geleden gezegd? 'Vermoei jezelf niet, ga niet te ver wandelen, en wees voorzichtig met traplopen. Geen zware gewichten dragen en niet te ver vooruitdenken.' Maar hoe kon ik niet te ver vooruitdenken, als hij mijn hele 'vooruit' was? Ik kon het niet aanvaarden; we zouden de ziekte overwinnen, of als we hem niet overwonnen, dan hielden we hem tenminste op afstand. Nee, de dokter had moeten zeggen: ga elke dag een eind wandelen, doe zware til-oefeningen, vecht ertegen, houd je geest actief, kijk vooruit, vecht ertegen. En wanneer de ziekte je dan verslaat, als ze je verslaat, dan weet je dat je er alles aan hebt gedaan, dat je niet voor de aanstormende trein bent gaan liggen. Moth nam een ibuprofen en we liepen verder, terwijl de zon met middeleeuws spektakel opkwam achter de oude St Michael's Mount met zijn kasteel erop. Het hoogwater ebde stilletjes weg en bevrijdde de berg van zijn bestaan als door zee omsloten eiland, verbond hem weer met het land via de door mensen gebouwde dam.

De dag ging voorbij met zitten aan de haven van de berg, over de dam terugrennen om de vloed voor te zijn, dan Marazion uit en weg van de bebouwing, naar Stackhouse Cove en uiteindelijk naar een met gras begroeid uitsteeksel boven de zee. Scholeksters op de rotsen krijsten de hele nacht door, maar dat gaf niet; ik wilde de nachten voelen, en de dagen en elke seconde ertussenin, om alle momenten op te zuigen die we nog kregen voordat de realiteit van de winter ons inhaalde.

Voorbij Cudden Point was Land's End alleen nog een herinnering, verborgen in donkerder wordende wolken. De boog van de Lizard liep weg naar het zuidoosten, wij liepen omlaag door Prussia Cove, ooit het domein van smokkelaars en kustwachters, met ansichtkaart-cottages tegen de helling. Het waren nu vakantiehuisjes en ze stonden voor de helft leeg. Ik had er best willen wonen, in ieder geval deze winter. Het begon te regenen, eerst een licht laagje miezerregen, daarna verticale, zwaar neerkomende traproeden. Regen waartegen onze regenkleding niet bestand was, die zo hard viel dat het geluid oorverdovend was, die pijnlijk op ons hoofd hamerde, ons doorweekte tot op de huid. Eindelijk verscheen Porthleven, nadat we voor ons gevoel twee uur in een powerdouche hadden doorgebracht; door de straten stroomde een enkeldiepe laag water, onze voeten waren niet meer gewoon nat, maar stonden echt onder. Het plaatsje was uitgestorven. In advertenties wordt Porthleven beschreven als de nieuwe foodiehemel en volgens geruchten zijn er al beroemde chefs op komst. We kochten een pasty en bleven staan schuilen in de portiek van de winkel. Nu begon het echt te regenen. De havenmuur verdween, daarna de haven, daarna de overkant van de straat. Toen het eindelijk wat minder werd en we onze voeten weer konden zien, gingen we verder, en vonden ten slotte enige beschutting aan de voet van het klif op het kiezelstrand van Loe Bar.

De ochtend bracht een koude nevel, maar de regen was weggetrokken en had de mist op de landtong achtergelaten. We hoorden gezoem, als natte lucht rond een hoogspanningskabel, en liepen de nevel in, waar we een transformator verwachtten. Maar wat opdoemde, waren mannen gewapend met bosmaaiers die de natte struiken neermaaiden. Ze hielden even op om ons voorbij te laten.

'Goed werk, mannen.'

'Geen probleem.'

De eerste zette zijn helm af en schudde zijn zongebleekte, schouderlange haar los, daarna deed degene met het Australische accent hetzelfde. Ze konden zo uit een shampooreclame zijn weggelopen – je hoefde alleen maar de zeemeeuwen te vervangen door papegaaien en een waterval. Bepaald de moeite waard.

'Hoe komt het dat jullie dit hier doen?'

'Thuis is het winter; we krijgen hier een contract voor jullie zomer, maaien onze meters, surfen op de branding, dan weer naar huis voor onze zomer bij de surfschool.'

'Dat is een mooi leven.'

'Een prachtig leven. Geen verplichtingen, geen problemen.'

De maaiende surfers startten de machines weer en wij liepen verder door de mist en de *coves* (inhammen): Gunwalloe Cove, Church Cove, Poldhu Cove, Polurrian Cove, Mullion Cove. De mist trok niet op; grijze landtongen, grijze zee. In Mullion Cove gingen we bij een druk café zitten en bestelden thee voor één persoon met twee kopjes. We waren zo uitgeput en nat dat we de aantrekkingskracht van een stoel in een droog café niet konden weerstaan. Een man van in de twintig bediende, ruimde tafels af, ging beleefd om met mopperige klanten, sneed taart, veegde de vloer, hielp oude dames naar hun plek, rekende af. We deden zo lang mogelijk over onze thee, want we zaten te lekker om weg te gaan. De eigenaar kwam binnen.

'Wat denk jij verdomme dat je aan het doen bent? Die twee tafels zijn niet afgeruimd. Waar betaal ik je eigenlijk voor? Luie donder.' Zonder klagen ruimde de man de tafels af. De eigenaar ging weer weg, gevolgd door het grootste deel van de klanten. Een paar minuten voor sluitingstijd kwam de man de keuken uit met twee panini's en zette die op onze tafel neer.

'Het spijt me, vriend, maar die hebben we niet besteld.'

'Dat weet ik, maar jullie zien eruit alsof je ze wel kunt gebruiken. Je moet ze alleen wel buiten opeten, ik ga sluiten.'

'Sorry, maar we hebben er geen geld voor, dus we kunnen ze niet aannemen.'

'Jawel, jullie hoeven ze niet te betalen.'

'Dat kun je niet doen.'

'Jawel, want ik ga toch weg. Hij kan het heen-en-weer krijgen met zijn baan.'

We gingen buiten zitten. Hij kwam achter ons aan, deed de deur op slot en gooide de sleutel door de brievenbus.

'Wat ga je nu doen?'

'Dat weet ik nog niet, maar er moet meer zijn dan dit. Ik ken een paar jongens die het pad maaien, dus misschien ga ik wel met ze mee naar Australië.'

'Veel succes.'

In het gemak waarmee hij zijn baan achter zich liet, zat de zekerheid van de jeugd. De overtuiging dat je vandaag nog alles kunt laten vallen, in het vaste vertrouwen dat er morgen wel weer iets anders voorbijkomt. Verdwijnt die zekerheid met het ouder worden, als je aan de horizon ziet dat de tijd opraakt? Hij en de maaiende surfers deden me aan Tom denken. Die zou ook de golf moeten volgen, op zoek naar de beste branding, maar hij had zich juist gericht op het zoeken naar werk en een flat. Lagen zijn dromen aan diggelen doordat hij de zekerheid van een thuis had verloren? Nog een laagje schuldgevoel erbij.

De ondergaande zon achter Land's End ving de zee in rijke, vroege herfstkleuren, en wij sliepen tien uur aan één stuk, eindelijk droog, op Predannack Head.

Het Lizard National Nature Reserve werd in de jaren zeventig ingesteld en daardoor is een groot deel van het schiereiland nu beschermd gebied. We liepen over het vlakke pad hoog op de kliffen, over stukjes zeldzame Cornwall-hei, vol planten waarover Moth in extase raakte. Andere mensen die het South West Coast Path wandelen, hebben het over kilometers per dag, verbroken records, gehaalde doelen. Ons pad werd langzamer en langzamer. Misschien kwam het door het uur dat we besteedden aan het bekijken van de zeldzame herfstschroeforchis, of doordat we de hele middag probeerden één vlinder te fotograferen, of doordat we 's avonds een hele tijd over de rand van Kynance Cliffs hingen om naar de zeehonden beneden te kijken, maar toen het donker werd, beseften we dat we waarschijnlijk nog geen vijf kilometer hadden afgelegd, dus zetten we de tent op om de hoek bij waar we hem hadden afgebroken.

Bij het aanbreken van de dag doken en zweefden alpenkraaien tussen de kliffen en het eiland Bellows door, met hun rode snavels en poten die helder afstaken tegen de zwarte steen. Leeuweriken klommen op tot hoog boven ons hoofd, en bleven daar hangen, net uit het zicht, eindeloos zingend, tot ze terugdoken naar de aarde om diep adem te halen. Een handvol drieteenmeeuwen stond te kibbelen op de richels. Hadden die niet al vertrokken moeten zijn, op weg naar de Atlantische Oceaan? Konden ze in de war zijn door het warme weer? Wisten ze wel dat de zomer voorbij was?

Met tegenzin daalden we af naar Kynance Cove en gingen op de rotsen zitten om water te koken. Hier waren de rotsen niet langer grijze blokken graniet, maar serpentijn met donkergroene en rode tinten, een volmaakte inham van slangensteen, kalm, turquoise water en wit zand. Tenminste tot halverwege de ochtend. Toen kwamen ze. Ze stroomden over de hellingen omlaag, langs elk pad, elke geul. Oude mensen, jonge mensen, peuters, kinderen die op school hoorden te zitten, emmers, ligstoelen, karretjes vol attributen, ze eisten allemaal hun ruimte bij de rotsen op, vervolgens elk plekje langs de vloedlijn, mensen die net zo in de war waren door het weer als de drieteenmeeuwen. Een Bijbelse invasie, maar wat zochten ze hier? Gewoon de laatste zonnestralen van de zomer, denk ik; voor iets spiritueels waren ze te laat, dat was er niet meer na halfelf. We pakten de brander in en liepen tegen de menselijke vloed in. Verder weer, over open heide naar Lizard Point en de zuidelijkste rotsen van het vasteland.

Dit was de bodem, de onderkant: wie hier verder naar het zuiden wilde, zou moeten zwemmen. Waar we vanaf hier ook naartoe liepen, het zou naar het noorden gaan. Het land op. Een plek voor keuzes, om richtingen in te slaan, foto's te maken en beslissingen te nemen. Phoebe Smith vertelt in haar boek *Extreme Sleeps* (Extreem slapen) over wildkamperen op de uiterste punten van Groot-Brittannië, op de noordelijkste, zuidelijkste, oostelijkste en westelijkste plek. Op het zuidelijkste punt wachtte ze tot het donker was, rolde haar bivakzak uit en had, zoals te verwachten was, een zware nacht op een richel boven de golven. Daarna stond ze op met de leeuweriken, of waarschijnlijk met de meeuwen, maakte een snelle wandeling langs de kust, en stapte weer in de auto, op naar de volgende uiterste rotspunt. Ik wilde dat ik eens lekker kon eten, om dan zonder zorgen mijn bivakzak uit te rollen omdat ik wist dat, hoe nat of koud het ook werd, het niet zo zou blijven. Maar dat was niet ons pad, dat was het hare. Dat van ons zou noordwaarts afslaan en hield in dat we een besluit moesten nemen over de winter.

We zouden nooit teruggaan, dat wist ik. Nooit de deur door gaan, onze bagage op de leistenen vloer laten vallen, de katten te eten geven, het gras maaien, door de tuin lopen onder de sterrenhemel en zien hoe de Grote Beer boven de bergen in het noorden stond. Hij stond nu nooit boven de bergen. Hij stond nog steeds in het noorden, maar mijn gezichtspunt was veranderd. Ik was mijn vaste standplaats kwijt. Het land torende boven me uit, een blanco lege ruimte die niets voor ons in petto had. Maar één ding was werkelijk, voor mij nu werkelijker dan het verleden dat we waren kwijtgeraakt of de toekomst die we niet hadden: als ik mijn ene voet voor de andere zette, zou het pad me vooruitbrengen; een strook modder, vaak niet meer dan dertig centimeter breed, was mijn huis geworden. Het was niet alleen de kilte in de lucht, de lager wordende boog van de zon, de zwaarte van de dauw of het gebrek aan urgentie in de roep van de vogels, het was ook iets in mij dat van jaargetijde veranderde. Ik spande me niet langer in, vocht niet meer om het onveranderbare te veranderen, klampte me niet angstig vast aan het leven dat we niet hadden kunnen behouden, was niet meer boos op een autoritair systeem dat te bureaucratisch was om de waarheid te zien. Een nieuw jaargetijde was in me gekropen, een zachter jaargetijde van aanvaarding. In me gebrand door de zon, in me geblazen door de stormen. Ik kon de lucht, de aarde, het water voelen en blij zijn dat ik onderdeel was van de elementen, zonder dat zich een afgrond van pijn opende bij de gedachte aan het verlies van onze plek daarbinnen. Ik was deel van het geheel. Daarvoor hoefde ik geen stukje land te bezitten. Ik kon in de wind staan en ik wás de wind, de regen, de zee; het was allemaal ik, en ik was niets in dat alles. Mijn wezen was niet verloren. Het was doorschijnend, ongrijpbaar, maar aanwezig en werd sterker met elke landtong.

De vuurtoren, de zuidelijkste landingsplek op het vasteland kwetterde, dook omlaag en steeg op met honderden – of duizenden – zwaluwen. Alsof de zwaartekracht ze omlaag had gedwongen naar dit punt, hun laatste moment van aarzeling voordat ze de lucht in moesten gaan om een reis naar het zuiden te beginnen. Waren de zwaluwen van onze boerderij erbij? Hadden ze hun zomer doorgebracht in het varkenshok en zaten ze nu met hun nieuwe gezin hier te wachten op dat moment dat een onweerstaanbare kracht hun vleugels zou optillen en ze naar de warmte zou brengen?

Moth stond stram op terwijl ik zijn rugzak ophield, zodat hij zijn armen door de banden kon steken. Onze ogen gingen terug naar het pad en we volgden de trekkracht ervan naar het noorden.

17

Koud

Wanneer accepteer je dat iemand van wie je houdt ziek is? Wanneer een dokter het je vertelt, of wanneer je het met eigen ogen ziet? En als je het dan eindelijk accepteert, wat doe je dan? De meeste normale mensen zullen instinctief voor die ander zorgen, de pijn verzachten, het lijden verlichten. Ik kon het geen van alle doen. Hij had in een opvanghuis kunnen zijn: droog, veilig. In plaats daarvan lagen we in een tent op de landtong van Carrick Luz, weer een fort uit de ijzertijd, terwijl de wind door het Kanaal gierde, en keken we naar mensen met metaaldetectoren die rondscharrelden in het donker, terwijl de vuurtoren van Lizard Point met de regelmaat van een klok om de paar seconden de zee verlichtte. We hadden in de tuin van een vriend kunnen kamperen, dicht bij een ziekenhuis, en binnen bereik van een badkamer. Maar wij plasten in het donker, tussen de stekelige gaspeldoorns, nat van de druppeltjes die de wind meevoerde en deden net of hij nooit een dokter nodig zou hebben. We hadden het warm kunnen hebben. In plaats daarvan lagen we in ragdunne slaapzakken in een tent op een landtong en was het bijna oktober.

In het vroege ochtendlicht joegen flarden witte stapelwolken naar de kust en zagen we een stel inheemse dolfijnen op zoek naar voedsel, terwijl we de rugzakken op onze rug hesen en verder liepen.

We zochten beschutting in de uitkijkpost van de kustwacht op Black Head, en lazen daar een bord over geologie, over het verbijsterende scala aan verschillende steenlagen die het schiereiland Lizard vormen. Blijkbaar hadden we de nacht doorgebracht op geserpentineerd peridodiet, gneiss, troctoliet, basalt, schisten van de Old Lizard Head Series die de Meneage-mix doorsnijden; het was een vreemde taal, of geologieporno, afhankelijk van waar je voorkeur naar uitgaat. Onder het lopen zongen we een tijdje de namen van de rotsformaties, tot ze allemaal door elkaar gehaspeld raakten en het pad omlaag liep naar Coverack. Met 25 pond in onze zak, een voorraad rijst, tonijn en mini-karamelrepen, en een maag vol friet van het café, liepen we verder. Basalt, troctoliet, gneiss, tot we ergens een lange omleiding landinwaarts moesten volgen om iets te ontwijken, een versperring of een landverschuiving of een chagrijnige boer, dat was niet duidelijk. Periodiet, gabbro, het pad liet de weilanden achter zich en slingerde door een bos.

Landinwaarts, een klein eindje landinwaarts maar, en dit was al niet meer het Cornwall dat we kenden. Weelderig, warm, beschut, gastvrij. We konden het ons niet veroorloven bij het Fat Apples Café te gaan zitten, maar de naam kreeg ons in zijn greep en een pijl naar een wildkampeerplek in het bos moest gevolgd worden. We zetten de tent neer op een open stukje gras in het bos. Beschut tegen de wind, de bomen waren hoog, door de takken fladderden bosvogels en in de grond eronder krabbelden fazanten, de bladeren vertoonden al de eerste tinten roest en geel. Na de kliffen was dit een onbekend land; even rust in een bladerrijke biotoop, en dat voor maar vijf pond. Het was niet onze bedoeling geweest in het café te gaan eten, maar de verleiding was te groot en we bezweken voor twee vorken en een groot bord vegetarische heerlijkheid.

'Volgens de eigenaar zijn jullie wandelaars. Waar zijn jullie naar op weg?' Twee Australiërs kwamen bij ons aan tafel zitten, gevolgd door twee enorme porties 'de hele dag ontbijt'. Ieder één. Ik probeerde niet al te diep in te ademen, wat rook dat heerlijk.

'Dat weten we nu niet precies meer, het weer achterna. En jullie?'

'We hebben tot nu toe gekampeerd en in hotels gegeten. Maar het wordt kouder, dus voor ons verder alleen nog B&B's. Hierna komt Falmouth, daar laten we de tent achter bij de tweedehandswinkel en dan ga ik naar de kapper, ik moet echt de wortels laten bijwerken.'

'Tjee, wat een luxe. Ik heb mijn haar al in geen dagen gezien.'

'Weet je wat, meid, kijk dan maar niet. Ha, wauw, moet je al dat eten zien. Als ik thuis zoveel at, zou ik een vet varken zijn. Op dit pad wil ik alleen maar eten, eten, eten. Dat moet wel afgelopen zijn als ik weer thuis ben.'

Was ik jaloers op de hoeveelheden eten die ze naar binnen werkten en op het vooruitzicht van elke avond een bed en een bad? Op het eten zeker, die voortdurende honger op de achtergrond had ik graag willen inruilen voor een geregeld maal, maar we konden het wel zonder bad en bed stellen. Al zou ik geen nee hebben gezegd tegen een betere slaapzak. Het was moeilijk de veilige haven van de Fat Apples te verlaten; ik had de hele winter wel willen doorbrengen in hun bos, met gebruik van de koudwaterkraan in hun buitentoilet, maar we zouden waarschijnlijk niet goed zijn geweest voor de klandizie.

Onder aan de heuvel aan het strand in Porthallow staat een groot stenen blok met inscripties dat het halverwegepunt van het South West Coast Path markeert: 507 kilometer gelopen, nog 507 kilometer te gaan. *Niet te ver wandelen en wees voorzichtig met traplopen.* Had Moth echt 507 kilometer afgelegd? En ik? Powerwalkende superheld Paddy Dillon passeert dit punt op dag 24. Wij waren op de vierentwintigste dag uit Tintagel vertrokken, een heel leven geleden, een andere wereld. Dit was onze achtenveertigste dag. Op dag 48 is Paddy in Poole aangekomen, heeft hij de stoptrein naar huis genomen, zijn schoenen opgehangen, een biertje gedronken in de pub, iedereen verveeld met zijn wandelverhalen, het gras gemaaid en zit hij alweer de volgende tocht te plannen. In dit tempo zouden wij in Poole aankomen nadat ze daar de kerstverlichting hadden aangedaan, als we al niet voor die tijd waren weggekwijnd of bezweken aan nachtelijke onderkoeling.

Het was vloed, dus namen we de veerboot over Gillan Creek.

Het was nauwelijks een veerboot te noemen, eerder een houten roeiboot uit een andere tijd. De nazomerwarmte hing nog boven het water; kinderen met visnetten pootjebadend in hun ondergoed; hutten van herders op de rivieroever; de hond van de veerman aan het roer. Een soort paradijs. Moth was moe, dus gingen we op een bank zitten stoven in de middagzon. Er zouden nog drie veerboten komen in de volgende paar dagen. We hadden niet bij The Fat Apples moeten gaan zitten; noedels leken onvermijdelijk. We kampeerden aan de rand van een knollenveld boven de rivier de Helford. De woeste, door de elementen geteisterde landschappen van het noorden lagen nu zo ver achter ons, bijna vergeten in de zuidelijke atmosfeer van getemde landelijkheid.

De ochtend was zonnig, met de zachte, vochtige lucht van de vroege herfst, vol dauw en spinnenwebben, een lichte mist trok op toen we ons door een bosje borstelige struiken naar een uitzichtpunt over de Helford drongen, en daar theezetten. Jachten voeren uit naar zee over het gladde, stroperige lint van donkerblauw, op weg naar Falmouth door de stille, breekbare rust. De stilte werd verbroken door hevig geritsel in de struiken, gevolgd door een dalmatiër die ineens vol in de remmen moest aan de rand van het klif.

'Verdomme, Buster, ZIT!' De hond stapte achteruit terug van de rand, en zag er zo geschrokken uit als een gestippelde hond maar kan.

'O, goedemorgen! Storen we jullie?' De eigenaar van de hond kwam duidelijk uit Liverpool. 'We gaan altijd naar deze plek, het uitzicht is hier zo prachtig. Elk jaar weer, maar die stomme hond vergeet het telkens. Wat zijn jullie aan het doen?'

'We drinken een kop thee.'

'Verdomd goed idee.'

'Wilt u ook een kop?'

'Nou, graag, twee dan maar, met elk twee klontjes suiker.' De grote man en zijn vrouw vulden de smalle richel.

'We hebben geen melk.'

'O, nou ja, dan moeten we het zonder doen. Jullie hadden in zo'n herdershut op de oever moeten gaan kamperen, dat zouden ze prima hebben gevonden.'

'O, kennen jullie ze dan?'

'Nee.'

Drie keffende jack russells sleurden nog een echtpaar naar het uitzichtpunt.

'Wat is hier aan de hand, een vergadering?'

'We zitten een kop thee te drinken. Willen jullie ook? Dan moet je wel wachten tot wij klaar zijn met de kopjes. Dit stel loopt het kustpad.'

'Vanaf waar, Falmouth?'

'Nee, Minehead.'

'Waar ligt dat?'

'Somerset.'

'Nee, dat kan niet. Dat is te ver.'

Ik gaf hun elk een beker thee; ze dronken hem leeg.

'Jawel.'

'Nee, dat kan niet.'

'Echt.'

'Hoe komt het dat jullie daar de tijd voor hebben dan?'

Ik hoorde Moth zuchten en zijn wenkbrauwen optrekken.

'Doordat we geen werk hebben en dakloos zijn.'

Er werd met voeten geschuifeld; de honden deinsden terug; de vrouwen deden een stap achteruit.

'Nou, we moeten ervandoor, bedankt voor de thee.'

'Ja, wij ook, bedankt.'

Binnen een paar seconden waren ze allemaal weg, en Moth leunde achterover op de bank.

'Nog wat thee?'

'Kan niet, er is geen water meer.'

We pakten de brander in en namen de veerboot over de Helford.

We hadden onze aankomst in Falmouth volkomen verkeerd getimed; het was al donker toen we haastig de tent opzetten bij Pendennis Castle, te moe om ons druk te maken om de groep tieners die op de rotsen cider zaten te drinken. Zij bleven zitten lachen en drinken, te zeer verdiept in hun eigen hormoon-gedreven wereld om zich iets van ons aan te trekken.

'Denk je dat Tom en Row dat ook doen?'

'Natuurlijk, het zijn studenten. Nou ja, dat waren ze.'

'Hebben we ze in de steek gelaten? We hebben wel gepraat over het verlies van het huis, maar niet echt over dat jij ziek bent en wat dat misschien betekent. Ik heb over alles met ze gepraat, altijd. Over elke bult en schram, elk verdrietigheidje in hun leven. Maar niet hierover, niet over het belangrijkste, niet over het effect dat het op ons allemaal kan hebben. Het lijkt wel of het te pijnlijk is om zelfs maar over te beginnen; de olifant in de kamer. We kunnen het geen van allen uitspreken?' Ik draaide me om en keek Moth aan in het donker van de tent. 'Denk je dat ze er wat aan overhouden wat er met ons gebeurt, met ons gezin? Ik kan het idee dat zij er blijvende littekens aan overhouden, gewoon niet verdragen.'

'Ze praten er niet met jou over, omdat jij degene bent die met het probleem zit, niet zij. Met mij praten ze wel. We hebben er heel open over gepraat. Het zal zwaar worden, het is zwaar, maar ze zijn sterk. Het verandert ons allemaal, en als je maar probeert het onder ogen te zien, kunnen we het misschien allemaal aan. Er is geen olifant. Dat kan ook niet, we hebben geen kamer.'

'Giraf in de tent dan.'

'Ray, ga nou maar slapen.'

De studenten waren teruggekeerd naar Falmouth University voor het nieuwe studiejaar. Overal in de stad zag je stralende jonge mensen, die bestudeerd bohemienachtig door de straten slenterden en met zorgvuldig overdreven nonchalance de kunstacademie weer binnengingen. Zelfs vergeleken bij de studenten zagen wij eruit alsof we al heel lang aan het wandelen waren. Moths camouflagebroek hing in grote plooien om hem heen, opgehouden door de riem op het laatste gaatje. Zijn zwarte T-shirt had op de rug een bruine vlek in de vorm van de rugzak, zijn zilvergrijze haar was verbleekt tot fel wit en de stoppels waren een baard geworden. Ik droeg al sinds St Ives hetzelfde paar sokken en had mijn korte legging aan over de lange, de trui van de kringloopwinkel werd met de dag wijder en ik had een vogelnest op mijn hoofd. Ik dacht aan onze Australische vrienden die ergens in Falmouth hun haar lieten bijverven en enorme maaltijden naar binnen werkten en ik besefte dat ik hen helemaal niet benijdde. We liepen door de drukke straten en ik werd er niet door geraakt, ik was zo sterk en onafhankelijk als ik me nog maar twee maanden geleden niet had kunnen voorstellen; ons pad liep door een heel ander land dan het hunne.

'Zes pond per persoon? Maar we zijn voetgangers.'

'Tja, dat is de prijs, dus graag of niet.'

We liepen van de veerboot weg en bleven rond de haven hangen om te zien of er een particuliere boot naar St Mawes ging, maar die was nergens te vinden, dus gingen we de stad weer in en kochten voor vier dagen noedels, waarbij we het dagelijkse voedselrantsoen halveerden, zodat we de veerboot konden betalen. We hadden niet naar The Fat Apples moeten gaan.

St Mawes krioelde van de *cream teas* en de wespen en er leek geen eind te komen aan het wachten op de aansluitende veerboot naar Place Creek. Eenmaal aan de andere kant verdwenen we tussen de bomen, als konijnen in de braambosjes – we voelden ons nu meer thuis in het struikgewas dan op straat.

Het land zakte geleidelijk af naar Green Point, vlak, kort gras net onder de top, uit het zicht van het hoger gelegen grote huis. De maan rees in een heldere lucht, net niet meer vol, en poetste het landschap in grijze en zilveren tinten. Donker, rijk glad water kabbelde zacht tegen de natte rots. We trokken onze smerige kleren uit en gleden de koude zee in. Als we ons afduwden van de richel duwde de zee ons terug en we moesten wegzwemmen om even stil te blijven liggen. Moth zwom verder naar buiten, dook onder water en kwam weer boven.

'Je moet echt hierheen komen, dit moet je zien.'

'Dat kan ik niet, het is te diep.'

'Nee, je moet echt.'

Verder weg van de rots, in het maanverlichte water, greep de kou me krachtig beet.

'Duik onder en doe je ogen open.'

'Dat kan ik niet, het zout...'

'Je kunt het wel.'

Ik haalde diep adem. En deed, onder water, vechtend tegen al mijn instincten, mijn ogen open. Geen sombere duisternis, maar fonteinen van wit en zilver die door het water dansten en allemaal fonkelden met versplinterde, regenboogkleurige kristallen van licht. De maan, de bron van dit alles, bewoog, deinde, viel gebroken door het water naar het zand en steen van de zeebodem. Ik kwam weer boven om adem te halen en op oogniveau bruiste het water met hetzelfde licht. Moth pakte mijn hand en leidde me nog verder van de kust. Toen weer omlaag. Het zand lag nu dieper onder ons, maar was nog steeds te zien en hij liet me los, met zijn armen wijd uitgestrekt. Schelpdieren hingen bijna zonder te bewegen in het water, weerkaatsten licht dat op hun huid glinsterde, alsof ze het maanverlichte water zelf waren. Ik stak mijn hand naar zo'n diertje uit; zijn gladde koelheid kromde zich zacht weg en hernam toen zijn plek in de kleine groep. Ze bleven bewegingloos drijven, tot hun gezamenlijke gevoel hun vertelde dat ze te dicht bij de oever kwamen en dan gingen ze als één lichaam terug naar dieper water, waarbij ze het versplinterde licht roerden tot fonkelend schuim.

We gingen het water uit, rillend maar stil, bevangen door een ondefinieerbaar gevoel van thuishoren, en gingen slapen tussen de zee en de lucht, droog maar gezouten.

In Portscatho, waar het druk was met vroege herfstvakantiegangers – jonge stellen met kleine kinderen, emmers, laarzen en parka's – liepen we onbewogen voort, op een of andere manier buiten alle drukte, alsof we naar de vakantiefilm van iemand anders keken, en weer de tunnels van gaspeldoorn en brem in. Op Pendower Beach overwogen we zeewier te eten, maar het zou te veel gas hebben gekost om het te koken. Het weer veranderde, er stak een vochtige wind op en de lucht in het zuiden en westen werd donkerder. We liepen in trui en fleecevest, de wind bracht een nieuwe kilte mee, die door gaten in kleding drong, in ons gezicht beet, tegen onze rugzakken sloeg en ons vooruit stuwde. Doorlopen, doorlopen. Het was nog vroeg, maar we keken al uit naar een plek om te kamperen, onmogelijk, want het pad liep langs een helling, ingesloten tussen stekelige struiken. Uiteindelijk gingen we maar het pad af om te zoeken, en klauterden door gaspeldoorn en braamstruiken naar een weiland bij verlaten boerderijgebouwen. Een lichte motregen viel op de tent, terwijl we noedels kookten, maar de echte regen waren we voor.

Die kwam 's nachts, kletterend op het tentdoek, rukkend aan de scheerlijnen. Zware, ranselende regen, een tromgeroffel zonder finale klap. Met al onze kleren aan in de slaapzak en de deken over ons allebei heen getrokken hadden we het nog steeds koud. De temperatuur daalde sterk 's nachts, nog extra door de warmte overdag. Om vier uur in de ochtend lagen we midden in de tent opgerold als zevenslapers. Moth sliep onrustig en kreunde in zijn slaap. De kou bracht ons achterop, omlaag de diepte in na het hoogtepunt van Portheras Cove; hij had het weer moeilijk. De fysieke inspanning deed hem duidelijk goed, maar de kou deed hem veel kwaad. Ik trok de deken over hem heen, legde daarop de regenkleren en hij zakte weg in een vaste slaap. We hadden niet zulke waardeloze slaapzakken moeten nemen. Gewicht boven comfort: het had andersom moeten zijn. Maar we waren gericht geweest op zo weinig mogelijk gewicht, en ze waren zo goedkoop. Nu konden we geen andere meer kopen; er was alleen maar geld voor eten. Ik lag wakker terwijl de wind tegen het tentdoek loeide, keek toe hoe de stokken onder de sterke druk doorbogen, dankbaar toen een dun grauw licht verscheen en de vlagen minder heftig werden.

De ergste regen waaide over en we liepen in zware miezerregen, met vlagen horizontale regen die op windstoten uit het zuidwesten voorbijkwamen, lappen grijs vielen van wolk naar zee, een zichtbare watercyclus. Landtongen werden wazig en verdwenen. Met onze ogen op het pad gericht, geconcentreerd op die stenige, modderige dertig centimeter brede strook, misten we de omleiding landinwaarts tussen West en East Portholland en kwamen zo terecht op een zeemuur die deze twee met elkaar verbindt. Bestookt door de wind, gevangen tegen de rand van het land terwijl de zee tegen de keien onder ons beukte, liepen we over een lint van steen en beton tussen de elementen door. Eindelijk bereikten we het asfalt bij een rij huisjes, en een vrouw kwam een deur uit.

'Kom snel binnen. Ik wil hier niet met de deur open blijven staan.'

'We zijn veel te nat.'

'Gooi jullie spullen maar op de tegels. Ik zag jullie over de muur komen. Waarom hebben jullie niet de omleiding genomen? Je had er wel weggespoeld kunnen worden.'

Het was bloedheet in het huis, met de stapel druipend plastic werd de kamer al snel een sauna. Het was geen woonhuis, maar een kleine winkel. Ze ging ons voor naar wat de zitkamer zou zijn geweest, maar nu een piepkleine theesalon was. Hoe kregen we het toch voor elkaar om telkens in een tearoom terecht te komen, alsof er achter elke deur iemand klaarstond met een theepot en een kassa, en elk vriendelijk gebaar zeker 4,20 pond kostte? De regen sloeg tegen het raam; zelfs de meeuwen hadden een rotsblok gevonden om zich achter te verschuilen, dus namen we de thee aan. Moth legde zijn hoofd op een kussen bij het raam en viel onmiddellijk in slaap, terwijl zijn arm ritmische schokbewegingen maakte en zijn gezicht af en toe in een grimas vertrok. Door de kou en het vocht had hij veel meer pijn dan hij wilde toegeven, maar als hij sliep, viel het niet te verbergen. Zonder de pregabaline voelde hij elke pijnscheut in zijn schouder en hoofd, een verlammende pijn in zijn been en een vreemd brandnetelachtig gevoel over zijn huid. Het was niet alles wat CBD te bieden had, nog niet, maar genoeg om zijn slaap te verstoren en zijn dagen te overschaduwen.

Uren gingen voorbij in de warmte van die kamer, tot de regen overging in mist en we vroeg in de avond het glibberige pad op klommen naar de brede hoge landtong van Dodman Point. We gingen aan de voet van een groot granieten kruis zitten, en de mist brak uiteen in voorbij zwevende vingers natte lucht, zodat we af en toe zicht kregen op het schiereiland Lizard in het zuiden en verder naar het oosten, tot de mist snel weer aan het zicht onttrok. Beschut tegen de wind tussen de brem en kromgegroeide bomen dook uit de mist een oude uitkijkhut op: een stenen gebouwtje op een terrein waar ooit tijdens de napoleontische oorlogen een toren was gebouwd om het Kanaal af te speuren naar Franse schepen. Een brokkelige muur rond het gebouw beschermde de tent, terwijl wij in de stenen hut noedels zaten te koken. We speelden dat dit ons huis was, dat we zwervers waren, of allebei. De duisternis viel vroeg in, even na zeven uur was elk sprankje licht verdwenen.

'Het zal nu wel eind september zijn.'

'Denk je?'

Moth telde de dagen in de wandelgids vanaf de dag dat we voor het laatst hadden geweten welke datum het was.

'Het is bijna oktober. Nog een paar weken en de klok gaat terug.'

'Wat doen we als het straks al om vijf uur donker is?'

Terug bij het kruis zagen we lichten langzaam langs de horizon bewegen; de wind was gaan liggen, zodat de geluiden van de nacht opklonken. Meeuwen zweefden omlaag naar de kliffen; ergens op de rotsen beneden kwetterde een groep scholeksters. De zee brak tegen het klif met een diep gebulder op de achtergrond. Geluidloos, bijna alsof hij zweefde, kwam een kleine ree voorbij, grijs in het zwakke schijnsel van de maan, en verdween weer in het struikgewas, zonder dat er een blad bewoog. We volgden zijn voorbeeld en gingen slapen, omhuld door de donkergroene nacht.

We lagen op het beton bij de banken op de kade van Gorran Haven en probeerden de warmte die daar nog in zat te absorberen, terwijl we naar de meeuwen keken die zich boven ons hoofd verzamelden.

'Zo gaat het hier niet in Gorran Haven hoor, hier liggen geen dronken mensen op straat. Straks komt de politie achter jullie aan.'

Ik ging overeind zitten, in de verwachting dat de zware stem toebehoorde aan een zware man met een ankertatoeage, maar ik zag een bejaard echtpaar in regenjack dat friet zat te eten op een bank. De man met de zware stem gooide een frietje naar een meeuw en meteen zaten er drie vogels tegelijk ruzie om te maken.

'We zijn niet dronken, we proberen alleen wat warmte op te nemen.'

'Fatsoenlijke mensen liggen niet zomaar op straat. Zijn jullie zwervers of zo?'

Zwervers? Waren we dat nu? En we lagen niet op straat.

'Dit is de straat niet, het is een plek om te zitten en van het uitzicht te genieten. Dat zijn wij aan het doen. En u?'

'Wij zitten friet te eten.' Zijn vrouw gooide nog een patatje naar de meeuwen.

'Nee, niet waar. U bent de meeuwen aan het voeren. Hebt u dat bord niet gezien: "Verboden de vogels te voeren"? U mag wel oppassen, je weet nooit wie er toekijkt.'

We pakten onze rugzakken op en liepen door terwijl hij ons nariep:

'Zwerver!'

Moth draaide zich om en zwaaide.

'Meeuwenvoerder!'

We liepen door het mooie dorp verder in de richting van Mevagissey, en de grote groepen zilvermeeuwen voor ons verraadden dat we er waren. Ze hadden dezelfde sluwe blik van samen jagende dieren als de vogels in St Ives, terwijl ze bij elkaar kliekten op vissersboten en schoorstenen, in groepen rond de vuilnisbakken scharrelden, rondhingen bij de banken. We kochten een onverantwoorde puntzak friet van een pond voor ons samen en hielden die dicht tegen ons aan: als de één een hap nam, zat de ander op de uitkijk. Een groepje oude dames ging op de bank naast de onze zitten, elk met een hele portie fish-and-chips. We luisterden mee met hun gesprek.

'Ik zeg je, ik heb overal aan de kust gewoond en ik ga echt niet meer terug naar St Ives. Weymouth, daar zou ik wel weer naartoe gaan, ik zou best weer in Mevagissey willen wonen, maar nooit meer in St Ives.'

'Maar je woont nog in Mevagissey,' zei een tweede dame.

Een meeuw met staalharde ogen stapte zijwaarts in de richting van hun bank, terwijl hij nonchalant de andere kant op keek.

'Nou ja, als ik weg ben gegaan, wil ik wel terugkomen, maar niet naar St Ives.'

'Waarom ga je weg, als je toch terugkomt?'

De meeuw keerde hun zijn rug toe, keek met een verlangende blik naar de zee en ging toen door met zijn zijdelingse dans.

'In theorie, Sheila. Áls ik zou verhuizen, dan zou ik terugkomen.'

'Maar, Doris, als je terug wilt komen, in theorie, waarom zou je dan weg willen gaan?'

De meeuw koos zijn moment, een tumult van rondvliegende frieten en weg was hij, met de gefrituurde vis in zijn klauwen.

'Die ellendige meeuwen! Daarom ga ik uit Mevagissey weg. Het is hier al net zo erg als in St Ives.'

'O, Doris, wat een troep, maar als het hier net zo erg is als in St Ives, waarom wil je dan terugkomen?'

'Sheila...'

We zetten de tent neer op Black Head, bij het monument voor de dichter A.L. Rowse met de inscriptie: 'Dit was het land waar ik tevreden was.' Geestelijk tevreden, zij het niet lichamelijk, aten we noedels terwijl dikke meeuwen volgevreten met friet op de richels langs de rotsen gingen zitten.

'Vreemd, voor noedels hebben ze nooit belangstelling getoond.'

'Zo dom zijn ze niet.'

Het gebied ten noorden van St Austell is het land van de groeves voor porseleinklei. De winning van deze zeer fijne klei, kaolien, begon hier halverwege de achttiende eeuw, toen William Cookworthy een proces ontwikkelde waarmee onzuiverheden uit de klei konden worden gehaald. Deze tak van mijnbouw floreerde vooral rond de productie van fijn porseleinen serviesgoed, maar er werd ook over de hele wereld klei geëxporteerd voor gebruik in allerlei artikelen, van theekopjes tot tandpasta. Toen de koper- en tinmijnen uitgeput raakten en gesloten werden, bleef de kleiwinning groeien. Helaas levert elke ton gewonnen klei ook vijf ton afval op. Hierdoor zijn langs deze centrale gordel in Cornwall verhogingen ontstaan die door de plaatselijke bewoners liefkozend de 'Cornish Alps' worden genoemd, maar voor leken toch gewoon afvalbergen zijn. Kennelijk zijn er veel mogelijkheden als je met een groot wit gat in de grond komt te zitten. Je kunt er een natuurgebied van maken: laat het vollopen met groen modderwater en zet er wat struikgewas omheen en noem het een erfgoedroute. Of je kunt er een tweede Hof van Eden van maken met planten uit de hele wereld, plastic biotopen en miljoenen bezoekers voor 25 pond de man. Je kunt natuurlijk ook al dat afval in het gat teruggooien en het terrein weer in zijn natuurlijke staat terugbrengen, maar dat zou wel erg voor de hand liggen en geen toerist gaat betalen voor een wandeling over een stuk grond met een folder waarin staat: 'U zou het niet zeggen, maar dit was vroeger een mijn.'

Charlestown, voorheen West Polmear, blijft een schilderachtige haven, aangelegd door Charles Rashleigh, die heus niet ijdel was, hoor. Dankzij hem veranderde de bevolking van negen kreeftenvallen wevende, pijp rokende vissers in drieduizend dokwerkers die vrachtschepen vol laadden met klei, sneller dan je 'wie wil er een kaolienmaskertje?' kunt zeggen. Maar de tienduizenden tonnen klei die in de negentiende eeuw vanuit de plaatselijke havens werden verscheept, waren niets vergeleken bij de miljoenen tonnen in de twintigste eeuw. Nu is Charlestown een schilderachtige haven die goede zaken doet met zijn erfgoed, en een geliefde schuilplaats voor kapitein Ross Poldark.

In de buurt van Par werd de wereld wit, een laagje fijn stof bedekte het land als talkpoeder. Het pad liep tussen de hoge prikkeldraadomheining van een kleiverwerkende fabriek en de spoorlijn door naar een dorp en vervolgens naar een plaatselijk strand dat aan één kant werd begrensd door de pakhuizen en schoorstenen van de kleimijn, en aan de andere kant door een enorm caravanpark, en overal was het wit. Witte bomen, een wit pad, een wit strand, witte hondenuitlaters. We passeerden de verzameling pubs en cafés in Polkerris, negeerden de geur van eten en liepen omhoog in de herfstgloed van de grote bomen op de helling, blij dat we terug waren in een wereld met kleur.

We lagen in de tent met de flap open op het korte gras van Gribbin Head en keken naar de schepen en sterren die voorbijkwamen. Dit was het land van de Rashleighs, de rijke familie die sinds de sluiting van de kloosters eigenaar is van het landgoed Menabilly. Waar Daphne du Maurier woonde en droomde van Manderley, lagen wij dakloos en platzak onder de sterren. We hadden alles verloren behalve onze kinderen en elkaar, maar we hadden het natte gras en het ritme van de zee tegen de rotsen. Konden we daarop leven? We wisten het antwoord, maar dit opgeven en naar de wereld terugkeren leek evenmin het antwoord.

Over het pad van vriendelijke heuvels, geel met oranje bossen, stenige oevers en meeuwen, altijd weer meeuwen, kwamen we bij Fowey. Het dorp is ontstaan langs een natuurlijke haven in een diepe zeearm, en de smalle straatjes en veelkleurige huizen lagen hoog tegen een steile helling. Het schijnt dat hier enkele van de duurste huizen van het hele zuidwesten staan, en aan de jachten te zien die hier in de vroege herfst nog aan de steigers lagen, was het geld duidelijk over zee gekomen. Weer een theesalon, weer een pot heet water en een kans om de telefoon op te laden; we waren vergeten dat we die bezaten en hadden er al dagen niet naar omgekeken.

‘Row zal me wel op mijn kop geven omdat ik de telefoon niet heb opgeladen.’ Maar toen het apparaat weer tot leven kwam, was er tussen de vele sms’jes van de kinderen ook een gemiste oproep van een oude schoolvriendin, Polly. De laatste keer dat we elkaar hadden gesproken, was vlak nadat we ons huis uit hadden gemoeten; het idee om haar te bellen en bij te kletsen, vond ik nu te pijnlijk. ‘O ja, nog steeds dakloos, nog steeds stervend, en met jou?’

We haalden het geld van de bank, kochten een brood en een blik soep en namen de veerboot over de rivier naar Polruan, een kleinere, minder chique afspiegeling van Fowey. We zaten op de kade en keken naar de opvliegende vonken van een lasser die op de werf achter een scheepshelling bezig was met de reparatie van een boot. Ons pad werd vlakker, minder steil, minder heen en weer geslingerd door de stormen, meer een golf langzaam stromend water over de vloedribbels in het zand. Wij waren met het pad mee veranderd, sterker geworden, rustiger, we trokken kalmer voort. Een aalscholver vloog voorbij, laag boven het water, op weg naar zee. De hemel was grijs, niet omdat er regen dreigde, gewoon grijze lucht die overging in grijze zee. De vonken vlogen nog steeds op vanachter de boot. Ik stelde me voor dat de lasser *Flashdance* op zijn koptelefoon had, maar het zal wel Pirate FM zijn geweest.

We liepen over het steile pad omhoog het dorp uit, boven Lantic Bay naar Pencarrow Head, waar we de tent in de beschutting van wat bremstruiken zetten en naar de lichten keken van de schepen uit Plymouth in de verte.

De ochtend kwam terug als een plakje heel licht geel tussen twee lagen grijs. Een vogel vloog op vanachter de rand van de klif en vormde met zijn brede spanwijdte een donker silhouet tegen de oplichtende lucht. Drijvend op de wind draaide de vogel zijn grijze rug weg en toonde een lichte, gestreepte onderkant, voor hij met zo'n snelheid omlaag dook dat hij in een oogwenk verdwenen was. De konijnen hadden zich verspreid en kleine vogels werden stil.

Een oude man kwam langzaam over de landtong op ons toe gelopen. Een beetje verlopen, met vuile kleren en in zijn ene hand een wandelstok en in de andere een afgebroken hazelaartak, kwam hij langzaam dichterbij, tot hij bleef staan. En toen hij zijn mond opendeed, rolden de woorden eruit als ronde, gladgeslepen kiezelstenen.

'Hebben jullie haar gezien, die slechtvalk? Ze is hier al een paar weken. Mooi, hè? Nooit eerder hier geweest, nee, ze is nieuw. Hebben jullie haar wel al eerder gezien?'

'We zijn hier pas gisteravond aangekomen, dus we zagen haar nu voor het eerst. Schitterend.'

'Op doorreis dus? Ik woon hier al mijn hele leven. Ik heb een schuurtje in het bos, houd wat kippen, hak wat hout. Mooi is ze, hè.'

'Ja, prachtig.'

'Jullie gaan zeker naar het oosten? Ze gaan allemaal die kant op. Dan kom je langs Rame Head en Bigbury en Bolt Tail. Ze zeggen dat ik misschien glau, glau, iets met mijn ogen heb, dat ik misschien blind word, dat ik te veel koekjes heb gegeten.'

'Glaucoom.'

'Ja, is het dat? Ik kom hier elke dag als het kan, ik moet het onthouden, snap je, voor als ik het niet meer kan zien.'

'Een geweldig beeld om te onthouden.'

'Ik ben blij dat ze gekomen is, het is echt iets bijzonders. Mooi, hè?'

'Prachtig.'

Het licht werd sterker en duwde de zee en de lucht van elkaar. Had ik genoeg dingen gezien? Stel dat ik ze niet meer kon zien, zou ik ze me dan herinneren en zou de herinnering genoeg zijn om de leegte te vullen en mij te helen? Hij liep langzaam terug in de richting vanwaar hij was gekomen. Kon iemand genoeg herinneringen hebben?

De telefoon ging, doordringend, hardnekkig, verstorend.

'Waar zijn jullie?'

'Nog aan de zuidkust. Hoezo, wat is er aan de hand, Polly?'

'Luister, jullie kunnen daar niet blijven in de winter. Ik heb een loods – vroeger werd er het vlees gesneden. Er zit al een toiletruimte in, maar er hangt nog steeds overal plastic. Als je wilt, mogen jullie hem gebruiken, voor een klein bedrag. Je zou alleen wel de verbouwing moeten afmaken.'

'Ik weet het niet...'

'Je moet het zelf weten, graag of niet.'

De tent stond met zijn rug naar de bremstruiken en de voorkant naar het oosten, naar het pad dat we nog moesten volgen. Nog onontdekte inhammen, landtong na landtong die we nog moesten oversteken, zonsopkomsten om naartoe te lopen, zonsondergangen om onder in slaap te vallen, weer om met verwondering naar te kijken, kou die nog verdragen moest worden. Maar de kou die we nu voelden, zou niets zijn vergeleken bij de winter die eraan kwam, wanneer stormen deze kust zouden geselen, wat betekende dat we landinwaarts zouden moeten trekken. Maar waarheen? Polly woonde midden in het land, in een streek die we nauwelijks kenden. Wat moesten we daar doen, wat voor toekomst kon daar voor ons liggen? Het leek een onmogelijke beslissing.

We lieten de tent staan en verkenden het stuk kust tot Lantivet Bay. Liepen naar de witgeschilderde granieten obelisk en het gebouwtje van de uitkijkpost dat in de rotswand genesteld zat. We aten rijst en tonijn en klauterden steil omlaag naar Lantic Bay, waar we als strandjutters de vloedlijn afvlooiden. Nog drie ochtenden spreidde de slechtvalk haar vleugels om rond Pencarrow te zweven. We hadden onderdak nodig, we hadden warmte nodig, we hadden geld nodig. We konden proberen een nieuw leven te beginnen in de normale wereld, of we konden de winter tegemoet treden op het pad. Moth had warmte nodig.

Sommige verkeerde beslissingen zijn gemakkelijk te zien en gemakkelijk te herstellen: je stapt in de verkeerde trein; bij de volgende halte stap je weer uit. Van andere weet je pas dat ze verkeerd waren als het te laat is om erop terug te komen.

'Hoi, Row, kun je ons veertig pond lenen voor de trein?'

'Ik heb geen veertig pond, maar ik kan wel twintig sturen.'

'Tom, kun je ons twintig pond lenen voor de trein?'

'Ja hoor, best, maar volgens mij is het een vergissing. Mijn gevoel zegt me dat het een vergissing is.'

DEEL VIJF

Keuzes

'Iedereen heeft zowel schoonheid als brood nodig.'

John Muir, *The Yosemite*

18

Schapen

Ontheemd, losgerukt, ontworteld. Zo ver van de kust als we maar konden zijn. Terwijl de regen op het golfplaten dak van de vroegere vleesverpakkingsloods ratelde, zetten wij midden op de vloer de tent op en kropen in dat vertrouwde huis tegen elkaar aan. We waren verdwaald; het beetje innerlijke rust dat we hadden gevonden, nam snel af.

Onze rugzakken stonden verloren in de hoek, tegen een stuk loslatende plastic muurbedekking. Er had al iemand tijdelijk in de loods gewoond, maar toch hing er nog steeds de sfeer van een werkruimte. Er was een houtkachel neergezet, te dicht bij het plastic waardoor dat was gaan smelten en omkrullen; isolatiemateriaal hing van de kale dakspanten omlaag; een industriële tl-balk flikkerde aan het gevlekte plafond. Maar het had een dak en daar waren we dankbaar voor.

Polly was zo blij dat we daar waren, zo blij dat ze kon helpen. Nee, ze hoefde geen huur, maar als we konden helpen met de verbouwing en op de boerderij, dan zou het prima gaan. Misschien kon Moth vast beginnen met het aanbrengen van gipsplaten en het stuken van de ruimte? We hadden elkaar als vriendinnen door tienercrises en volwassen zorgen gesleept. Het zou kunnen werken; we zouden elkaar helpen.

Ik liep langs de heg naar het bos op de top van de heuvel, verdwaald in het onbekende landschap van Midden-Engeland. Boven mijn hoofd cirkelden kraaien, omhoog in de koude oktoberlucht. Een buizerd zweefde voorbij, hij volgde de luchtstromen die van de heuvel omlaag kwamen en zijn klaaglijke roep klonk door het dal. De grond was bezaaid met de grote dennenappels van een omgevallen lariks, tussen de dode takken groeiden gras en brandnetels; een fazant vloog op uit de bosjes, gestoord in zijn veilige schuilplaats, klappende vleugels flapperden weg met een verschrikte schreeuw. Ik ging nu telkens naar deze plek toe als ik even van Polly's boerderij weg kon. Hoe intens dankbaar ik ook was voor een dak boven ons hoofd, vanbinnen was ik hol; een leegte had bezit van me genomen. Mijn dagen hadden geen betekenis, waren alleen maar repeterend gezwoeg dat voor ons geen doel had, behalve om warm en droog te blijven. Ik was alleen tussen vrienden. Dit had dakloos-zijn me geleerd: ook al denken mensen oprecht dat ze je willen helpen, als je eenmaal hun huis binnen bent, word je een koekoeksjong in hun nest, een gast die te lang blijft om nog welkom te zijn. Of om nog nut te hebben. Maar hier konden we ons nuttig maken, voor een tijdje tenminste.

Toen Moth de rugzak afdeed en ophield met wandelen, kwam de stijfheid terug en werd de zenuwpijn erger; hij sliep twaalf uur per nacht en kon zich 's morgens nauwelijks bewegen. We gingen terug naar de arts en vertelden hoeveel beter Moth zich had gevoeld toen hij het pad liep, hoe zijn symptomen bijna waren verdwenen, tot hij het koud kreeg.

'Tja, u hebt het alleen maar erger gemaakt en uw eigen achteruitgang versneld; u moet rusten en af en toe een lichte wandeling maken, niet te ver, en voorzichtig met traplopen.'

'Maar kan het niet zijn dat de voortdurende zware, repeterende beweging juist helpt? Misschien kan de extra zuurstof die door het lichaam wordt gedwongen op een of andere manier het proces stoppen, de ophoping van tau-eiwitten vertragen? Of misschien veroorzaakt het iets anders, een andere gunstige reactie?'

'Zeker niet. U bent alleen maar bezig met ontkennen; dat is natuurlijk – de meeste mensen maken zo'n fase door.'

We wandelden zo vaak we konden, maar het had niet hetzelfde

effect als urenlang ritmische bewegen met een gewicht op zijn rug. We gingen naar de sportschool, maar daarna had hij nog dagenlang hevige pijn. Hij fietste op een hometrainer; de gestage ritmische beweging hielp een beetje, maar niet genoeg en er kwam een verkrampte traagheid over hem, af en toe onderbroken door een zenuwtrilling in zijn arm.

Rust was geen optie; we verdienden het dak boven ons hoofd met lichamelijke arbeid. Langzaam, heel zorgvuldig, betimmerde Moth de muren van de loods met gipsplaten, waarbij hij zijn schouders moest bewegen op een manier die hem voortdurende pijn bezorgde. Hij legde een tegelvloer. Hij bouwde een muur van betonblokken, huiverend in de vrieskou. Vier uur per dag werken, langer hield hij het niet vol, elke beweging werd zwaarder en zwaarder.

De winter sloeg hard toe, het was bijtend koud, met temperaturen onder het vriespunt, een grond die zo hard was als steen en vijftien centimeter sneeuw. Op dat soort momenten was ik dankbaar dat we niet buiten in een tent lagen. We hadden een dak en een kachel die ons warmte gaf, ook al moesten we houthakken om haar te laten branden.

Kerstmis vierden we bij Moths broer. Op de vloer slapen, comfort, warmte, blije gezinnen: we probeerden te doen alsof er niets was gebeurd en het leven nog net zo was als het altijd was geweest. Eind december waren we terug in de bossen bij Polly, waar we omgevallen bomen in stukken zaagden, zodat ze tot houtblokken gekloofd konden worden. Dagen van bosjes en jonge boompjes weghakken, hoge stapels hout maken en dan, als het donker werd, terug naar de loods, waar Moth krom van de pijn op de vloer lag. Ik repareerde een fornuis voor in de loods, brak een scheidingswand af, betimmerde de entree, maakte vakantiehuisjes schoon en werkte in de wasserij. We betaalden geen huur, alleen elektriciteit, maar we hadden geen geld. Ik moest werk vinden, maar ik moest ook bij Moth zijn; hij was uitgeput en werd zwakker. Hoe blij we ook waren met het dak boven ons hoofd dat Polly ons had geboden, de lichamelijke prijs die Moth voor die luxe betaalde was hoog.

'Zo kun je niet doorgaan, het wordt je dood.'

'Maar we hebben een dak boven ons hoofd en daar ben ik dankbaar voor.'

Het werd voorjaar en de grond in het bos barstte uit in leven, een tapijt van boshyacinten die pas nog verborgen waren, verlichtte de top van de heuvel als een blauwe kroon. Een damhert kwam over de omgevallen lariks gesprongen, met poten die breekbaar oogden, maar haar krachtig over de stronk heen droegen, het bos uit, om in de avondschemering in het weiland te gaan grazen. We bekeken haar, maar vertelden er niemand iets over, uit angst dat ze haar dagen in de vriezer zou eindigen. Ze was alleen, prachtig, vrij en ons geheim.

Met het voorjaar kwam het lammeren. Bij de honderden ooien in grote roestige stallen speurden we naar tekenen van een beginnende bevalling: ongeruste ogen op zoek naar een plekje alleen, hoeven die over de grond schraapten, met gestrekte nek en geheven kop op hun zij liggen. Dan nat, wriemelend, onmiddellijk leven. Een tijd van opwinding, hoop en nieuw begin. Maar ik voelde me buitengesloten, een lege huls, die deed wat gedaan moest worden. De navels van de lammeren met jodium bespuiten tegen infecties. De hokken van de ooien schoonmaken en voorzien van schoon stro. Handelingen die ik kende uit een leven dat ik kende, maar dat niet langer het mijne was. Ik leefde niet mijn eigen leven; ik bestond alleen maar in het leven van iemand anders.

Alles waarvoor of waarheen we in onze lange jaren samen hadden gewerkt, was weg. Ons eerste huis, een victoriaans rijtjeshuis tegenover een bos, waar we elke avond na ons werk thuiskwamen en dan weer verdergingen met verbouwen. Waar we op zondagmiddagen gestreept behang op de muur plakten, om twee uur 's nachts een schoorsteen op het dak zetten, en droomden van het huis dat we ooit zouden kopen, met een lapje grond, zodat we eindelijk verlost zouden zijn van de baan van negen tot vijf. Het huis dat we verkochten om al het geld in die droom te stoppen. Zelfs dat was kwijt, de herinneringen waren nu verbleekt, waardeloos, omdat het allemaal weg was. Ik was dankbaar dat we dat leven hadden gehad en dat huis waar sommige mensen hun hele leven alleen maar naar kunnen verlangen. Maar we hadden zo hard gewerkt om het te bereiken, om het allemaal voor elkaar te krijgen; al onze tijd, energie en ambitie waren erin gaan zitten. Het was alles. Wanneer onze vrienden op vakantie in het buitenland waren, gaven wij de boerderij een nieuw dak. De kinderen gingen met andere gezinnen mee naar het strand omdat wij geulen groeven voor afvoerpijpen. Het huis had alles in beslag genomen, en nu waren al die dertig jaar weg. Wat nu? Wat nu, verdomme?

Ik miste mijn huis om de herinneringen aan het gezinsleven, om het besloten, veilige gevoel van zekerheid, om het weten waar ik zou slapen de volgende week, het volgende jaar, de tientallen jaren die het vertegenwoordigde. Maar nu was er nog iets anders wat ik even erg miste. 's Nachts wakker worden met de warme stoflucht van het geschroeide pad of de citroengeur van een zoute stortbui op gesmolten aarde. Vol leven in de verwachting een buizerd te kunnen volgen die door het gevlekte licht van het stille bos naar heldere, open landtongen scheerde, vol hoop op een toekomst voorbij het volgende dal. Wakker worden in een nacht met de roep van meeuwen in de wind, hoog tegen de jagende luchten, en met het uitzicht op een oneindige horizon die me optilde en eindeloze mogelijkheden beloofde. Maar dan tekende de kamer zich af in het donker en drong de holle waarheid tot me door. Ik leefde het leven van iemand anders, terwijl Moth langzaam doodging. De tijd liep achteruit, het verleden werd de toekomst, dingen die geweest waren, werden gebeurtenissen voor later, herinneringen werden een stromend beekje, dat later een rivier zou worden. In het donker begon ik de artsen te geloven en te aanvaarden dat ik in ontkenning had geleefd, in te zien dat het waar kon zijn wat ze zeiden. Hoe hard ik er ook tegen vocht, hij zou sterven en ik zou op een of andere manier zonder hem moeten leven. Ik verkeerde in een neerwaartse spiraal. Het was geen troost dat dit volgens de boeken normaal was: een toestand van rouw vóór het verlies. Ik werd achtervolgd door geesten van Moth die rondwaarden terwijl hij nog leefde. Neerwaartse spiraal.

We zochten de omgeving af om te kijken of we een huis konden huren, maar er was niets veranderd; we sleepten overal onze kredietgeschiedenis met ons mee. Ik probeerde werk te vinden, maar in zo'n landelijk gebied was er niets te vinden dat genoeg opleverde om de brandstof te betalen die nodig was om naar het werk te komen. En wie wil er een vijftigjarige vrouw die de afgelopen twintig jaar voor zichzelf heeft gewerkt? Het deed er niet toe dat ik boerin was geweest, loodgieter, bouwvakker, elektricien, tuinman, huisschilder, ontwerper, boekhouder, boomchirurg en een vakantieverblijf had gerund. Ik had geen stuk papier of ex-werkgever om het te bewijzen. Ik zou me moeten omscholen. Maar zelfs dan, wie zou een pas gediplomeerde vrouw van in de vijftig aannemen terwijl ze ook een 23-jarige konden krijgen? Zonder baan en inkomen zouden we nooit zelfstandig een huis kunnen vinden. Neerwaarts, neerwaartse spiraal.

Moth was gediplomeerd stukadoor; gipsplaten stuken was voor zijn lichaam geen nieuwe handeling, maar iets wat hij telkens opnieuw had gedaan in zijn leven, een spierherinnering. Maar zijn lichaam kermde het uit alsof hij nooit eerder een troffel had vastgehouden. Ik kon hem niet helpen; de vaardigheid om een muur perfect glad af te werken, doe je niet in een paar lessen op. De ochtenden werden zwaarder; ik tilde hem overeind op het bed, hielp hem om onwillige ledematen te bewegen tot hij tegen lunchtijd langzaam klaar was om te beginnen. Heel, heel langzaam deed hij het werk en maakte hij van de vleesverpakkingsloods een comfortabele, bewoonbare ruimte. Nu hoefden alleen nog leidingen worden omgelegd voor het gerepareerde Rayburn-fornuis, en er moest nog geschilderd worden en dan zou het af zijn. We snakten naar de zekerheid die we kregen als we in de loods bleven wonen, en tegelijkertijd hadden we nog iets anders nodig: een toekomst die we enigszins zelf in de hand hadden.

'Ray, soms weet ik als ik wakker word niet meer wat ik geacht word te doen. Alsof mijn lichaam vergeten is hoe het moet functioneren. Ik moet dan tegen mezelf zeggen dat ik moet eten of drinken of naar de wc gaan, omdat het moet, niet omdat ik het wil. Is dit het? Ben ik nu aan het doodgaan?'

Het was eind april, de zwaluwen kwamen terug, de lammeren werden sterk op de heuvel. In het dichte bos achter de gevallen lariks ving ik een glimp op van het damhert, niet meer alleen nu, maar met vier frêle pootjes naast de hare. Ze bleef het liefst in de beschutting van de bomen en glipte terug het donker in. Schorre zeemeeuwen zwermden over een laat geploegde akker, ze klitten hier dichter bij elkaar dan aan de kust. Mijn gedachten dreven af naar het zuiden, zoals altijd als ik even tijd voor mezelf had. De meeuwen zouden het nu wel druk hebben. Druk met het grootbrengen van hun jongen op kliffen en daken en met rondhangen in de havens, wachtend op pasty's.

Vroeg op een ochtend in mei kwam Polly gehaast de loods binnen.

'Ik heb een baantje voor je gevonden, als je het wilt.' Natuurlijk wilde ik het. 'De scheerdersploeg heeft een oproller nodig; denk je dat je dat aankunt?'

'Natuurlijk.' Ik had geen idee of ik dat aankon. Het oprollen van de paar vachten na het schapenscheren thuis was één ding. Oprollen voor een ploeg met drie scheerders van wedstrijdklasse, die allemaal binnen vier minuten een schaap konden scheren, was iets heel anders.

Om zes uur 's morgens stopte de pick-uptruck bij onze loods, met een rammelende aanhanger die bestond uit een onduidelijke berg hout en metaal. Ik ging op de achterbank zitten tussen een wirwar aan gereedschappen, met vet overdekte kleren, lunchboxen en een zwarte, warme, hijgende hond. We haalden nog wat scheerders op onderweg naar de boerderij waar de ploeg was ingehuurd om meer dan achthonderd ooien van hun vacht te ontdoen.

'Daar doen we twee dagen over, als alles goed gaat.'

In het gammele boerenhuis zat een ouder echtpaar met gescheurde kleren, zij in een katoenen schort en hij in een broek die allebei met touwtjes werden opgehouden. De kromme oude man, stram van de artritis, ging ons voor over het erf naar een holte die was uitgegraven in de helling van de heuvel. Daarbinnen stond een enorme golfplaten overkapping, een hypermoderne schuur, afgeladen met quads, tractoren, landbouwmachines en schapen. Ik had nog nooit oog in oog gestaan met achthonderd schapen in een afgesloten ruimte. Er kwam geen einde aan, ze vulden meer dan de helft van de schuur, het hele verzamelveld erachter en daarna nog verder het land in. Gordon, de leider van de ploeg, reed de aanhanger achteruit de schuur in en begon de berg hout en metaal te ontvouwen. Het werd een oprit waarover de schapen de aanhanger in moesten lopen naar een doodlopende gang van een halve meter breed en zo lang als de aanhanger, die de 'race' werd genoemd. Vanuit de race kwamen drie deuren uit op een platform waar de scheerders stonden, en zij hingen dan ook elk hun eigen set scheerdersgereedschap boven hun deur. Er liepen stroomkabels naar kleine motoren die de scheerkoppen aandreven. Iedereen had zijn laarzen uitgedaan en dikke leren mocassins aangetrokken, dik ingesmeerd met lanoline. Ik stond beneden het platform, dat tot mijn middel kwam, met achter me een metalen rek waaraan een twee meter lange zak van versterkt plastic werd opgehangen: daar moesten de vachten in. Om acht uur waren we klaar om van start te gaan.

Elke scheerder deed zijn deur open, greep een ooi bij haar vacht, trok haar het platform op, en schopte de deur weer achter haar dicht. Met een ruk aan het trekkoord kreeg de scheerkop stroom, en het scheren begon. De ooi zat op haar achterste terwijl de wol eerst over de buik werd losgemaakt en dan rond de kop en de nek. Dan op haar zij, vastgeklemd tussen de benen, gladde, lange halen langs de flank en terug; dan de andere kant. Weer een ruk aan het stroomkoord en de ooi werd losgelaten en draaide zich om en sprong van de aanhanger in een kooi die bestemd was voor de geschoren schapen – dun, wit, vachtloos, een enorme kop op een naakt lijf.

Op het moment dat de eerste vacht op het platform viel, begon mijn dag. Mijn taak was de vacht op te rollen, hem in een strakke bundel te knopen en in de zak te doen. De vacht op zijn schone kant leggen, met de kopkant naar me toe, het deel van de poten in de rug vouwen, strak oprollen, tot een rol van ongeveer dertig centimeter breed, dan het laatste stuk van de rompkant pakken en die in de eerste knoop trekken, zodat een stevige rol ontstond. Die in de zak stoppen. Losse stukken van het platform vegen met een platte kant van een stok. Op het moment dat de vacht was gevallen, had de scheerder zich al omgedraaid om de volgende ooi uit de race te trekken, dus moest het oprollen gebeuren op een smalle strook ruimte naast de volgende ooi. Te dichtbij en het platform was een warrige massa wol, gewikkeld rond de poten van de schoppende ooi. Dat keer drie.

De eerste vachten van de dag waren moeilijk, omdat de scheerders ongeveer hetzelfde tempo hadden en ik van de een naar de ander moest hollen. Maar in de loop van de ochtend begon de tijd per ooi te variëren en kwam ik in een ritme. Was de zak volgepropt, dan pakte ik een houten, twintig centimeter lange pin uit een emmer, stak die twee keer door beide kanten boven aan de zak om die dicht te maken. Met vier pinnen was de zak dicht en dan sprong een van de scheerders omlaag om me te helpen hem naar de zijkant van de schuur te slepen.

Ik was om zes uur uit de loods vertrokken en de ochtend was lang, met om halfelf een pauze en daarna om één uur lunch. De middag leek nog langer, met om vier uur een pauze, waarna we tot zeven uur doorgingen. Aan het eind van de dag kwam de boer met de laatste lichting schapen. De rammen. Gespierde, Texelse beesten. Als die op hun achterste zaten, waren ze bijna even groot als de kleinste scheerder. Toen dat eenmaal klaar was, eindigden we met het loslaten van de schapen: de geschoren dieren naar het ene weiland, de schapen die nog geschoren moesten worden naar een ander. Daarna de rit terug. Even na acht uur kroop ik de plastic loods weer binnen.

'Hoe was het?'

'Ach, het was prima. Meer dan ik ooit heb gedaan, maar ik voel me goed.'

Ik stond onder de douche en groene lanoline spoelde door de afvoer. Ik at een kom soep en sliep om negen uur. Midden in de nacht werd ik wakker met pijnlijk kloppende armen, stond op, slikte een handvol ibuprofen en ging weer slapen, op mijn rug met kussens onder mijn armen, tot om halfzes de wekker ging.

En zo verder.

Sommige bedrijven waar we kwamen waren kleine familieboerderijen, drie generaties op enkele tientallen hectaren, diep in de glooiende heidevelden. Andere waren intimiderend grote, industriële fabrieken met duizenden ooien. Het hechte groepje schapenscheerders sprak zelden tegen mij, en beperkte zich tot gesprekken over gereedschap en schapenrassen. Maar ik keek toe; ik had geen behoefte aan praten. Dagen werden weken, met alleen vrij op dagen dat het regende, in een warme, droge, vroege zomer. De Rayburn was aangesloten, het schilderwerk was af, de gordijnen hingen. Ik praatte met Polly, en we bouwden weer iets van de vriendschap op die er tussen ons was geweest toen we jong waren. Toen onze relatie nog niet was aangetast door de tijd en de gebeurtenissen. Het kon nooit meer hetzelfde worden. Ik was nu onbetaald werknemer, huurder, ontvanger van haar soort liefdadigheid, dankbaar, gehoorzaam, en me altijd bewust van mijn positie. Zij was hospita met een huurder die geen huur betaalde, werkgever van een werknemer die geen loon kreeg, had een leven dat alles vertegenwoordigde wat haar vriendin had verloren. Zij bepaalde wat er gebeurde. Heel af en toe nodigde ze me uit in haar eigen huis en dan zaten we in de tuin op de heuvel en keken naar de sterren. De Grote Beer stond nog steeds in het noorden, terwijl alles eromheen veranderde.

'De loods ziet er geweldig uit, mooier dan ik had gehoopt. Blijf maar zolang jullie willen, voor altijd, als je wilt.'

Een thuis, een plek om te zijn, een basis om weer op te gaan bouwen. Kon dat werken?

Er was een snelle worsteling terwijl iedereen de ooi probeerde te pakken te krijgen voor ze van het platform sprong. Dit gebeurde minstens vijf keer per dag; de ooien in de race stonden zo dicht op elkaar gepakt in hun pogingen te ontsnappen, dat als er één door de deur werd getrokken, de volgende zich achter haar naar buiten drong, het platform over holde en tussen de al geschoren schapen sprong. Zo ging er kostbare tijd verloren met pogingen het beest er weer uit te krijgen.

De grote kruising van Leicester- en Suffolk-schapen produceerde een dichte, dikke, loszittende vacht, waarvan er maar half zoveel nodig was om de zak te vullen. Terwijl Gordon de ooi door de deur trok, barstten er twee andere uit, die met hun grote vachten door een half geweven soep van wol en groene drek slierten. Nee! Een van de twee draaide zich om en sprong naast mijn hoofd van het platform; instinctief greep ik haar bij haar wol en hield vast. De vloer van de schuur die aan het begin van elke dag droog en schoon was, was nu nat van de lanoline en mest, en het schaap zette het op een lopen, terwijl het mij achter zich aan sleepte tot mijn voet bleef steken in het kapotte beton op de vloer en we samen omrolden in een plas slijm, twee hoofden en zes voeten gevat in groen.

'Scheer jij die maar, Gordon, ik blijf eraf.'

'Shit, tijd voor een pauze, volgens mij.'

Ik waste mijn handen en haar onder een brandkraan voordat ik mijn thermosfles thee opendraaide.

'Je hield wel vast, dat moet ik je nageven.' Hoorde ik er ineens bij, dankzij mijn groenheid? Praatte Gordon echt tegen me? 'Jullie hebben een goed stukje werk geleverd met die oude vleesloods; ik vind het mooi, de vloer ook.'

'Heb je die gezien dan?'

'Ja, Polly heeft me alles laten zien – jullie waren er niet. Nee, dat is prima voor mij.'

'Prima voor jou?'

'Meer heb ik toch niet nodig, sinds mijn vrouw weg is. Terug naar het vrijgezellenbestaan. De huur is wel hoog voor wat het voorstelt, maar hij ligt handig voor mijn werk.'

Ik dronk mijn thee op, terwijl hij me over zijn verhuizing naar de loods vertelde; *blijf maar voor altijd, als je wilt*, weerklonk in mijn hoofd.

'Er is geen bouwvergunning voor, hoor.'

'Des te beter – geen gemeentebelasting.'

Toen ik thuiskwam, was Moth bijna klaar met wat stucwerk rond het rookkanaal van de Rayburn; die was nu geïnstalleerd, een en al glimmend chroom en roomwit email. 'Waarom verbaast het me niet? Ze moeten geld verdienen waar ze kunnen, neem ik aan. Ik vraag me af wanneer ze het ons had willen vertellen? Na het schapenscheren, zeker. We moeten een plan maken.'

'Ik weet het, maar wat voor plan?' Ik keek naar Moth die, stram en gebogen en nauwelijks in staat om zijn handen boven zijn schouders te krijgen, stond te stuken met een kleine troffel, zo dicht mogelijk bij de muur. Wat voor plan konden we in hemelsnaam maken?

'Ik heb veel nagedacht, de afgelopen maanden terwijl jij weg was. Het is duidelijk dat ik geen lichamelijk werk meer kan doen, maar ik ben het grootste deel van mijn leven bezig geweest met het milieu; ik heb zoveel kennis die ik kan doorgeven. Dus misschien kan ik les gaan geven. Misschien kan ik naar de universiteit gaan om een graad te halen en dan een lerarenopleiding gaan doen. Opnieuw beginnen. We zouden een goedkoop studentenflatje kunnen krijgen.'

'Maar denk je dat je dat aankunt? Stel dat je achteruitgaat? Het gaat al veel slechter dan toen we hierheen kwamen. Ik dacht dat ik degene was die in de ontkenningsfase zat.'

'En stel dat ik niét achteruitga? Ik heb op internet gekeken. Ik zou in Cornwall een studie kunnen volgen – daar is een campus die bij de universiteit van Plymouth hoort. En dan ergens anders een lerarenopleiding. Het is nog niet te laat om me in te schrijven; ze hebben nog plaats. Misschien hebben mijn hersens wel een extra impuls nodig. Wat gebeurt er als ik mezelf dwing? Kijk hoeveel beter het met me ging toen ik mezelf dwong om te wandelen; wie weet werkt dat voor mijn hersens ook wel. Ik moet het proberen.'

'Waarom heb je niets gezegd?'

'Omdat jij weer bij je vrienden was. Ik dacht dat je gelukkig was.'

'Echt? Nou, ja, het was ook af en toe wel prettig om bij mensen te zijn die we zo goed kennen. Maar zelfs als het voorgoed zo zou zijn doorgegaan, was het moeilijk geweest hier een nieuw leven op te bouwen.'

Moth meldde zich aan, voerde een Skype-gesprek en werd aangenomen. We vroegen studiefinanciering aan – gelukkig vormde onze kredietgeschiedenis geen belemmering voor dat betrouwbare vaste inkomen. Met z'n tweeën konden we wel van één studentenlening rondkomen tot ik werk vond; we hadden op minder geleefd. We zouden afwachten wat er met de verpakkingsloods gebeurde voordat we een definitieve beslissing namen. Het leek een onnatuurlijke zet om de zekerheid van een dak boven ons hoofd op te geven en vrijwillig weer de afgrond van de dakloosheid in te stappen.

De zomer werd warmer en het was begin juli. Ooien die nog niet van hun vacht waren ontdaan, kregen last van maden. Vliegen leggen eitjes in de vuile wol van de schapen, meestal rond hun achterste; uit de eitjes komen maden die door de wol heen naar de huid kruipen, waar ze zich naar binnen vreten, zodat de wol loslaat en er rauwe, ontstoken zweren ontstaan. Als er te lang niets aan gedaan wordt, komen ze onder de huid bij de ruggengraat, en dat betekent uiteindelijk de dood van het schaap. Ik trok lappen maden uit de laatste vacht van het seizoen en liet de laatste groene handvol wol, huid en visvoer op de grond vallen. Tweeënhalve maand werk waren achter de rug. We gingen naar de pub, en Gordon gaf iedereen zijn loon voor het afgelopen seizoen. Het was de enige betaling die we kregen, maar ik had wel 1500 pond in mijn handen. Een fortuin vergeleken bij die dag in Bude toen we maar elf pond hadden voor een hele week.

We borgen het geld op in een metalen blikje onder het bed en ik bleef in de wasserij werken en vakantiehuizen schoonmaken. Moth had zoveel pijn dat hij overwoog weer aan de pregabaline te beginnen. Was het een stom idee om naar de universiteit te gaan? Hij ging zo snel achteruit, leek het. Als we gewoon hier bleven, zou Gordon misschien helemaal niet in de loods trekken, misschien klopte het niet wat hij had gezegd. We zeiden niets tegen Polly over de aanmelding voor de universiteit, omdat we toch ook niet zeker wisten of Moth het aan zou kunnen. Tot een warme middag in Polly's keuken, toen zij met haar armen over elkaar tegen het aanrecht geleund stond en met een bezorgde blik uitlegde dat ze hard op zoek moest naar extra inkomsten voor de boerderij, omdat ze financieel erg krap zaten.

Dat begreep ik wel; zelfs in de beste tijden is het bestaan op een boerderij onzeker, en ik zag dat ze iets probeerde te zeggen wat haar moeite kostte. Ik moest het voor haar zeggen. Dit was het moment. Als we een stap vooruit wilden zetten in ons leven, moesten we dat nu doen. Ik haalde diep adem en vertelde haar dat Moth zich bij de universiteit had ingeschreven. Zo sprong ik geestelijk van de rand van het klif, met gespreide armen in een vrije val.

'Gordon had me al verteld dat je hem de loods hebt laten zien, dus als zijn huur jou goed uitkomt, gaan wij er zo snel mogelijk uit.'

We pakten onze spullen in, betaalden de belasting en verzekering voor het busje, zetten genoeg geld voor een borg en een maand huur op de bank en gaven de sleutels terug. We konden nog nergens woonruimte huren, want we zouden pas eind september het geld van de studentenlening krijgen. Meer dan twee maanden lang hadden we geen plek om naartoe te gaan. Moths gezondheid was op een dieptepunt. Met nog tweehonderd pond op zak laadden we het busje in en namen afscheid. Maar ik voelde de wind al in mijn haren.

We reden weg, opnieuw met het vooruitzicht van dakloosheid, maar deze keer wisten we waar we heen gingen.

19

Levend

De wind blies warme lucht vanaf het Kanaal. Deze keer hadden we ervoor gekozen op het zand te gaan staan met het zout in ons haar. Blauw water kabbelde tegen onze voeten, het levenswater dat komt opzetten met onstuitbare getijden, stijgend, onweerstaanbaar. Nog niet, voorlopig waren wij er nog boven, ademend, levend. Nog steeds dakloos, maar deze keer had dat een mogelijke einddatum.

We stapten van de veerboot uit Poole en namen een foto van de richtingaanwijzer met de vertrouwde witte eikel erop: 1014 kilometer van Southhaven Point naar Minehead. In een ander leven, waarin we op wonderbaarlijke wijze een winter wildkamperen zouden hebben overleefd, was dit ons eindpunt geweest. Maar nu begonnen we aan het eind en zouden in westelijke richting naar Polruan wandelen, naar het punt waar ons pad bijna een jaar geleden zo abrupt was geëindigd. Nog maar vierhonderd kilometer te gaan; een oneindig aantal stappen die misschien nooit worden gezet. Het stalen beeldhouwwerk van een kompas en zeilen markeerde het eind van het kustpad, blauw tegen een blauwe lucht, een begin aan het eind.

Moth stond gebogen onder het gewicht van zijn bagage, zijn spieren weken voor de opkomende tau. Verwarring spoelde in golven over hem heen, zodat hij stilletjes uiteenviel, als een zandkasteel in het eerste water van de vloed. Het begin van het geestelijke verval dat bij CBD hoort. Zout water klotste tegen mijn benen, steeds hoger, als warme limonade, kleverig. Hierheen gebracht door het zweet en de tranen van het vorige jaar die het zoutpad markeerden dat we hadden gevolgd en dat ons terugbracht naar de zee waar we elke zandkorrel konden voelen wegebben. Zo snel werd de barricade tegen de zee de door het tij geribbelde zeebodem.

Voorbij de verstikkende duinen liepen we verder over het pad van platgetrapt helmgras en heide. Onze ogen richtten zich op de zee, golven van opluchting brachten zoute stromen die van mijn voorovergebogen gezicht omlaag dropen. Na maanden van gevangenschap in het binnenland welde de blijdschap in me omhoog om het opgaan in een plek die ons niet vasthield, om het terugkomen in de cocon van een ongrijpbare horizon. We gingen de hitte uit, naar de beschutting van de bomen. Over het pad van kort, open gras trok een processie van mensen naar de witte bogen en staken van Old Harry Rocks over naar de rand van het klif. Zwaluwen doken in de warme lucht, en hapten insecten op boven de lage, stugge bremstruiken vol gele bloemen. Diep inademend en met onze rug naar de toegestroomde fotografen hieven we ons gezicht naar de wind en naar het pad dat zich in het westen ontrolde over de witte kalkstreep van de Jura-Kust.

Vanaf de rotsen van Old Harry loopt het Werelderfgoedgebied 150 kilometer langs de zuidkust naar Orcombe Point in de buurt van Exmouth. Dit is een gebied van kusterosie, met kale rotsen die meer dan 185 miljoen jaar geschiedenis van de aarde laten zien, uit de perioden van het Trias, het Jura en het Krijt. In het gesteente en de modder zitten gefossiliseerde overblijfselen van dieren en planten, van boomvarens tot insecten, van slakken tot zoogdieren, sommige worden zelfs gevonden met de overblijfselen van hun laatste maaltijd nog in hun lijf. Rotsen overbruggen de reis van zout naar aarde, bevriezen het leven en houden het vast tot in de eeuwigheid.

Mijn voeten hervonden het korte, door de wind laag gehouden gras, de zon, de wind, het zout op mijn lippen, de vertrouwdheid van het onbekende die de weg gemakkelijker maakte, de magnetische kracht van het pad die me voorttrok. Hoe het ook zou aflopen, dit voelde goed. We kampeerden op Ballard Down en keken naar de lichten van Swanage aan de overkant van de baai, die glinsterend weerspiegelden in het zwarte water.

'Is het wel verstandig wat we doen?' Moth had vier pijnstillers ingenomen en zat op een steen terwijl ik zijn schouders inwreef met een Chinese gel tegen de pijn die we bij een kruidenwinkel hadden gevonden. Het spul rook naar doodgekookte kool en hielp niet, maar het gaf ons het idee dat we iets deden.

'Hoe zou het niet verstandig kunnen zijn? We betalen straks voor een kamer met geld dat we hebben verdiend, jij gaat je omscholen en ik vind wel ergens werk. Zo niet, dan ga ik me ook ergens voor omscholen. Maar dan hebben we een eigen plek om te wonen en zijn we niet afhankelijk van andermans liefdadigheid.'

'Ja, dat weet ik wel, dat is duidelijk. Ik bedoelde weer het pad op gaan.'

'Dat is het verstandigste wat we ooit hebben gedaan.'

'Mooi. Ik hoopte al dat je dat zou zeggen.'

We maakten ons op voor een warme nacht in splinternieuwe drieseizoenenslaapzakken. Daaraan hadden we vijftig pond en ruimte in de rugzakken opgeofferd. We konden best zonder borden of reservezaklantaarn, maar warmte was onontbeerlijk.

Vergeleken met het begin aan de noordkust was het zuiden gemakkelijk; af en toe een trap die steil omlaag ging en dan weer drastisch omhoog, gevolgd door lange stukken gemakkelijk wandelen over met varens en heide begroeide hellingen. Dit was de reden waarom we onze tocht oorspronkelijk vanaf hier hadden willen lopen, voordat we ontdekten dat we dan de wandelgidsen van achter naar voren moesten lezen. Dat vonden we nu minder belangrijk: we waren zo vertrouwd geraakt met Paddy's manier van schrijven dat we ook achterstevoren wel begrepen wat hij bedoelde. Boven het pad in de buurt van Dancing Ledge graasden rode herten, terwijl daaronder rotsklimmers aan de kliffen hingen, allebei zich zo te zien niet bewust van elkaars wereld. Wij liepen ertussenin, onzichtbaar voor allebei, en lieten alleen het spoor achter van Moths linkerbeen, dat zwaar en onhandig was, zodat hij ongelijke voetafdrukken maakte in het stof.

Donkere wolken pakten zich samen en dreven in groepen over de avondhemel, terwijl wij op een grasrichel kampeerden langs een helling van St Aldhelm's Head. Aan de voet daarvan botsen de stromingen op elkaar en is het één schuimende massa kolkend water. Kleine boten onderweg naar Poole probeerden een voor een hun weg te vinden door de onregelmatige golven, ze worstelden zich vooruit, maar werden telkens weer teruggeworpen. Een vissersboot die het gebied naderde, maakte een wijde omtrekkende beweging over zee om die botsing van zeestromen te vermijden en was al lang aan de andere kant toen de andere bootjes nog steeds met de waterchaos worstelden. Het licht vervaagde tot tinten grijs en zilver. Voordat de duisternis ons helemaal omgaf, zag ik uit mijn ooghoek op het pad iets bewegen; uit het donker kwam een breed zwart lijf tevoorschijn, en de witte streep op het dassengezicht glansde in de schemering. Op twee meter bij ons vandaan bleef hij ineens staan: zijn vaste avondpad werd geblokkeerd door de tent; de tijd stond stil, minuten- of secondelang, terwijl we alle drie in het donker staarden, niet zeker wat te doen. Langzaam draaide de das zich om en verdween tussen de varens, om een andere route te zoeken. Nog lang nadat hij was verdwenen, staarden wij hem na, betoverd door dit wilde moment, dat een afdruk had achtergelaten in het donker.

De volgende ochtend waren er nog steeds kleine bootjes die probeerden hun weg te vinden in de getijdenchaos, onder het toeziend oog van twee oude mannen in een uitkijkpost van de kustwacht.

'Mogen we hier alstublieft onze waterflessen vullen?'

'Dat kost een pond per fles.'

'O, nou, ik denk dat we het zo wel redden.'

'Geen foto's maken hier, hè?'

Was fotograferen verboden? Dat was al te gortig; ik wist dat we in de buurt van militair gebied kwamen, maar dacht dat het alleen oefenterreinen waren.

'Afbrokkelende rotsen, snapt u. Een week geleden kwam hier een man die een selfie wilde maken, hij deed een stap achteruit, en daar ging hij, over de rand. Het volgende wat we van hem zagen, was daarbeneden op het strand.'

Moth en zijn luie been gingen een meter verder van de rand lopen.

We vulden de flessen gratis bij een bron aan de voet van West Hill en begonnen aan een heel langzame wandeling over Hounstout Cliff omhoog naar de Kimmeridge Ledges, waaraan rotsklimmers bungelden in moeiteloze patronen van Lycra en krijtzakken. Als twintigers waren wij elk vrij weekend gaan rotsklimmen langs de steile wanden van het Peak District, maar nu ik naar de soepele lichamen keek die langs de rotswand slingerden, was het of ik me het leven van iemand anders herinnerde; hoe hard ik ook mijn best deed, ik kon me niet meer voor de geest halen hoe het voelde om zo gemakkelijk te kunnen bewegen.

'Zo goed zijn wij nooit geweest.'

'Ik weet zeker van wel; zij hebben gewoon betere spullen dan wij toen.'

Maar dat was een ander leven, lang geleden, en nu leek het of we langzaam ons huidige bestaan uit liepen, naar een onbekend leven waar ons alleen verraderlijk verval te wachten stond. In een volgend millennium zou iemand in het gesteente gefossiliseerde wandelaars vinden. Laatst genoten maaltijd: noedels. De dreigende schaduw van onze toekomst kreeg vorm, maar ik hield me vast aan de herinnering van Portheras Cove, de tent hoog boven het hoofd van Moth, en bleef hopen.

Het werd steeds heter terwijl we door tarwevelden liepen. Onze rugzakken, ons haar en onze kleren raakten overdekt met stof en kaf van vroege oogstmachines. Het jaar dat was verlopen sinds we ons eigen land hadden verlaten, was af te meten aan het vuil dat we hadden verzameld en de zeldzame dagen dat we schoon waren geweest. Modderig van het pad, groen van de schapen, stoffig van het stucwerk. Vuil was bij ons leven gaan horen. Zonlicht dat tussen de wolken door viel, glinsterde op een parkeerplaats in Gaulter Gap. Dit oostelijke deel van de zuidkust is zachter, dichter bevolkt dan het noorden, waar we alleen maar hadden kunnen dromen van de luxe dat we ons hoofd onder de kraan in een toiletblok konden wassen, of onze rugzakken op het gras bij een ijskraam konden laten vallen. Het viel niet te onderschatten hoe fijn het was om altijd water te kunnen vinden wanneer we dat nodig hadden, maar toch keken we al uit naar de ruigere, wildere en meer afgelegen plekken.

Op het gras lag een vrouw met een hoed over haar gezicht en een grote rugzak bij haar voeten.

'Hallo, bent u ook backpacker? Die komen we niet veel tegen.' Ze ging overeind zitten en zette haar zonnebril af: van onze leeftijd én backpacker, dat zag je niet vaak. Toen werd het donker. Iets groots en zwarts schoof voor de zon; het had een zonsverduistering kunnen zijn, maar langzaam verscheen aan beide kanten het silhouet van twee ijsjes en het ging zitten.

'Krijg nou wat, zijn jullie backpackers? Die zien we nooit, hè Ju? Nee, niet liegen, in de buurt van Swanage hebben we er twee gezien die de andere kant op gingen. Ze beweerden dat ze van Minehead af kwamen. Dat geloofden we niet, hè Ju? Ze zagen er te schoon uit. En nog die andere twee, maar die waren alleen maar een weekend op stap, dus dat telt niet echt, toch? Wij zijn vanaf Poole gekomen. Nou ja, vanaf Bournemouth eigenlijk. We wilden de bus nemen naar de veerboot en toen dachten we: ach, nee, we kunnen net zo goed gaan wandelen, en zo kwamen we hier en ja, ze hebben hier ijs, verdomd lekker. Kamperen jullie? Wij kamperen gewoon waar we uitkomen. Hebben net onze voeten gewassen in het toiletblok. Ze stinken behoorlijk, mijn voeten.'

'Dave, rustig aan nou.'

'Wat? Ik vertel ze alleen maar wat wij doen, en zo.'

'Ja, wij kamperen ook wild.'

'Dat dacht ik al. We stonden vannacht naast de kapel van St Aldhelm's Head. Zijn jullie ook door al dat stof gekomen? We konden geen hand voor ogen zien, hè Ju? God, dat was lekker; ik ga er nog zo eentje halen.'

De zon kwam tevoorschijn terwijl hij terugliep naar de ijskraam. We keken elkaar aan; toen zochten we in de rugzak naar de portemonnee. We mochten hen meteen, en Davids enthousiasme was aanstekelijk. Onbezonnen kochten we twee ijslolly's en gingen op het gras liggen voor een praatje, wat voornamelijk betekende dat wij luisterden en af en toe wegdoezelden, tot de zon achter Tyneham Cap in de zee begon te zakken. We lieten hen met een kop koffie achter op de parkeerplaats en liepen door, op zoek naar een plek om de tent op te zetten.

De heuvel voor ons zag er veelbelovend uit, tot we een jaknikkende oliepomp tegenkwamen en op een zes meter hoog hek van messcherp prikkeldraad stuitten. Dat was het begin van Lulworth Ranges, het militaire oefenterrein waar het leger zich in het struikgewas verstopt en roestige afgedankte tanks besluipt, en dat helemaal doorloopt tot aan Lulworth, kilometers naar het westen. Op een groot bord stond dat het verboden was te kamperen, vuur te maken, te drinken, te rennen, foto's te maken of onnodig te ademen, maar het was weekend, dus het pad was wel open. We konden teruggaan om op de parkeerplaats te kamperen, maar daar zouden we zeker zijn weggestuurd, of we konden proberen Tyneham Cap te halen voor het te donker werd, de tent ergens uit het zicht opzetten en hopen dat we niet werden neergeschoten. We gingen het vergrendelde hek door en liepen verder. Moth had te lang stilgezeten op de parkeerplaats, zodat zijn spieren stijf geworden waren en hij wilde niet ver meer lopen. Dus kampeerden we halverwege de heuvel, waar we uit het zicht van het dorp waren en vroeg genoeg weg konden zijn om niet overvallen te worden door als schapen vermomde soldaatjes.

De nacht was niet zo rustig als we hadden gehoopt. Ik werd

wakker van een vreemd klikkend, piepend geluid, dat eerst rondom de tent klonk en zich daarna in de richting van het klif verplaatste. Met ingehouden adem wachtte ik tot het tentdoek opengerukt zou worden en er buiten glimmende laarzen zouden staan, maar het geluid stierf weg, de laarzen kwamen niet en Moth, lekker warm in zijn nieuwe slaapzak, snurkte door. De ochtend brak aan en we gingen vroeg weg, voordat iemand erachter kwam dat we er waren. Toen we over de rug van Tyneham Cap kwamen, zaten Dave en Julie daar op een picknickbank koffie te drinken.

'Wat zijn jullie vroeg, zeg. Wij hebben nog maar net de koffie op staan. Wat vond je van die herten gisteravond? Ik stond op om te gaan plassen en dacht: tjeetje, die krijgen een mooie voorstelling. Ze liepen met z'n allen om jullie tent, herten, wel een stuk of twintig, ze stonden een eeuwigheid bij jullie tent, daarna kwamen ze hierheen en gingen die struiken naast het klif in. Verdomd mooi waren ze.'

'Ik heb wel een raar geluid gehoord, maar we hebben ze niet gezien.'

'Dan heb je iets gemist, hoor. Volgens mij waren het reeën, maar dat kan eigenlijk niet, die leven meestal solitair, behalve als ze bij elkaar komen in de bronsttijd, maar daar is het te vroeg voor. In ieder geval was het een hertensoort en ze gingen het struikgewas in, om zich overdag te verbergen en dat soort dingen, denk ik. Misschien waren het edelherten, maar het was donker.'

Julie zat rustig haar koffie te drinken, en al onderbrak ze af en toe Davids spraakwaterval, ze vond het duidelijk prima om de grote, goedhartige man te laten praten. Zij gingen hun tent inpakken en wij liepen verder.

In de frisse ochtendlucht volgden we het pad omlaag naar Worbarrow Tout, langs Tyneham, het dorp dat in 1943 door het leger is geconfisqueerd. Plaatselijke bewoners beklagen zich erover dat de militairen het niet terug hebben gegeven; na de oorlog waren het land en de gebouwen gedwongen aan het leger verkocht, en dus was dat officieel de eigenaar van het dorp. Maar de dorpelingen waren hun eigen plek kwijt en zagen de band met hun thuis verloren gaan toen de militairen hun geschiedenis, hun herinneringen als schietschijf gingen gebruiken. Vreemd genoeg zijn de beperkte toegang, het gebrek aan intensieve landbouw en af en toe een geweersalvo wel goed geweest voor het wild en de flora op de oefenterreinen. Een soort kaki natuurbehoud, een resultaat dat niemand had verwacht toen de dorpelingen hun huizen verlieten om hun steentje bij te dragen aan de algemene oorlogsinspanningen.

De kliffen van Worbarrow Bay en Mupe Bay duizelden wit tegen de zee, die mediterraan turquoise was in de ochtendzon. De steile klim van Flower's Barrow herinnerde ons ruw aan de ware aard van het kustpad. Droog en knapperig in de warmte ging het gladde gras zo steil omhoog dat kruipen gemakkelijker zou zijn geweest dan lopen. Uiteindelijk bereikten we hijgend de top en werden stil van het uitzicht naar het noorden over de glooiende heuvels en dalen van Dorset en naar het westen langs de witte krijtrotsen naar Lulworth. Even steil als Flower's Barrow omhoog was gegaan, ging Bindon Hill omlaag. We hadden een gemakkelijke wandeling langs de rand kunnen hebben en dan een geleidelijke afdaling naar Lulworth Cove, maar we misten de afslag en liepen het steile pad omlaag naar Mupe Bay, dankbaar toen we even stil konden staan om een grote familie die omhoog kwam te laten passeren. Gewapend met picknickmanden, dekens, koelboxen en honden liepen ze in een rij langs ons heen: jonge tantes die zich vermaakten met fittere neefjes en nichtjes, daarna geplaagde vaders en moeders met klapstoelen, honden die achterblijvende kinderen omverliepen, tiener-kleinkinderen die mokkend in mobiele telefoons fluisterden, en op het laatst grootouders die elk ogenblik stilstonden om op adem te komen: 'Waarom doen we dit ook al weer elk jaar?' Toen waren ze voorbij en onze knarsende afdaling ging verder: kniegewrichten die met elke stap jaren extra slijtage opliepen. Beneden rustten we uit op een richel om de enorme gefossiliseerde groeisels in de rotsen onder ons te bekijken: bulten van zeker een meter breed met een holte in het midden, als reusachtige, pas uitgeknepen acne. Volgens Paddy is dit niet het fossiel van een pubertrol, maar zijn het de overblijfselen van naaldbomen die hier 135 miljoen jaar geleden groeiden, in hun oorspronkelijke grond.

Met een lijf dat pijnlijk en moe was en elke stap van deze wandeling door de tijd voelde, hielden we aan het eind van het militaire gebied stil om onze schoenen uit te doen. De teennagel die de afgelopen winter was genezen, zat nu weer los. Ik deed er tape omheen en hoopte dat hij op zijn plek bleef, waarna ik over de kiezels aan de voet van de kliffen rond Lulworth Cove liep. Witte rotswanden dooraderd met zwart, zodat de baai was bestrooid met een mooie mengeling van zwarte en witte kiezels. Een opvallend plaatje: de baai is waarschijnlijk een van de meest gefotografeerde plekken aan het South West Coast Path en het krioelt er altijd van de toeristen. Maar nu de zon begon te zakken en de kliffen de zachte tinten van het late middagzonlicht aannamen, zouden hun foto's zeker de moeite waard zijn. In het dorp namen we een folder mee en probeerden erachter te komen of we van het Krijt naar het Jura liepen, maar gaven het op en gingen een paar chocoladerepen en heet water kopen. Vroeg in de avond lieten we het dorp achter ons en volgden de kust van steenhopen en pilaren naar de grote rotsboog van Durdle Door.

Het werd al schemerig op de witte achtbaan toen we eindelijk de tent opzetten voorbij Swyre Head en ik zag hoe het laatste licht de kliffen blauw en roze kleurde, terwijl ik niet alleen werd verwarmd door de drieseizoenenslaapzak, maar ook door de geluiden van de meeuwen en scholeksters in het donker. Er kwam een rust over me die ik niet meer had gevoeld sinds ik op Pencarrow Head de slechtvalk had gezien, en voor het eerst in weken viel ik in een lange, rustige slaap.

Aan het spektakel van de hoge witte kliffen kwam een einde toen het pad naar zeeniveau afdaalde in de richting van een keet waar ontbijt werd geserveerd. De ochtend was zonnig en helder geweest, maar de lucht werd donkerder nu er steeds meer paars in kroop achter het eiland Portland, waardoor dat extra fel oplichtte. Portland is niet echt een eiland, maar een in de zee hangende bult die met een lint van kiezels en weg nog aan het vasteland vastzit. Op een dag zal ook dat lint wegspoelen en dan is het echt een eiland. We waren bijna door onze proviand heen en deelden een worstenbroodje en een pot heet water, want we wilden echt geen beroep doen op de luxe van het geld dat nog in de rugzak zat, maar konden ook de ontbijtgeur niet weerstaan. Een groep duikers kwam druipend het strand op als pinguïns in drysuits, met hun flippers in de hand. De duiker die het dichtst bij de keet was, pelde het droogpak af, waaronder nog een tweede, zeer vrouwelijk gevormd, wetsuit tevoorschijn kwam, en trok haar neopreen capuchon af, zodat haar lange donkere haar los wapperde in de opstekende wind. Met veel moeite bevrijdde ze zich van de zwarte, nauwsluitende huid, en de bejaarde vissers aan het tafeltje naast ons vielen stil. Toen ze eindelijk het pak over haar dijen omlaag rolde en een volmaakt lichaam in een rode bikini onthulde, gleden ze bijna van de bank af.

'Goeiehemel, schat, je moet echt iets aantrekken, je vat nog kou zo.'

Ze keek op naar Dave, zich schijnbaar niet bewust van het effect dat ze had zoals ze daar druipend, halfnaakt voor de vissers stond, die nu haast in katzwijm lagen.

'O, nou bedankt, dat zal ik doen.'

Haar hese stemgeluid was meer dan een van de oude mannen kon verdragen: hij legde zijn hoofd in zijn handen en begon heen en weer te wiegen. Zijn vrienden schonken een bekertje water in en gaven hem dat.

'Neem je hartpil, Doug, en kijk de andere kant op.'

'Niks aan de hand, vriend, als je flauwvalt kan ik je reanimeren.' Dave en Julie zaten aan de andere kant van de picknickbank. Zij liepen al sinds Tyneham Cap achter ons aan, steeds een kilometer of twee na ons, maar nu hadden ze een andere route naar

Lulworth Cove genomen. 'Vreselijk hè, oude mannen? Ik wil niet oud worden, hartkwalen en suiker, artritis en dat soort narigheid. Nee, ik blijf gewoon wandelen, en dan komt het wel goed met ons, hè Ju?'

'Dat hoop ik.'

'Dat hopen we allemaal.' Moth keek me aan met een blik die zei: 'Niet zeggen.' Voor ieder ander leek het of hij gewoon vrolijk thee zat te drinken. We lieten Dave en Julie achter terwijl ze een enorm ontbijt wegwerkten en verwachtten niet dat we ze ooit nog zouden zien.

Het pad was gemakkelijk en liep laag tussen bomen en hoge heggen door. De wind deed de zaden van de brem rammelen in hun peulen en de gaspeldoorntakken kraken. Onder dat baldakijn zagen we de paarse gloed in het oosten niet, en evenmin de muur van water die vanuit zee kwam opzetten. Zonder waarschuwing vooraf ging de hemel open en viel er een loodrechte stroom op ons neer, die het stoffige pad veranderde in verraderlijke soep. Harde pegels regen boorden zich in ons gezicht, zo hard dat we nauwelijks konden zien waar we liepen. Opeens verloren mijn voeten hun houvast en ik zag ze in slow motion de lucht in vliegen terwijl de wereld draaide als een gyroscoop. De lucht was voor me, dan onder me, en de heg kwam vanuit het niets. Nu draaide ik niet meer rond en ik probeerde op te staan, maar zat met tientallen stekels vast aan een gaspeldoornstruik. Toen ik uiteindelijk weer rechtop stond, trok Moth ze er een voor een uit, waarna er een kloppend rood speldenkussen van handen en benen overbleef. Het niet-waterdichte pak was nu nog minder waterdicht, en ik zat van top tot teen onder de modder. We ploeterden voort door Osmington Mills langs tientallen mensen die onder tuinparasols schuilden. De zon keerde even snel terug als de regen was gekomen en scheen over Weymouth Bay, zodat de modder opdroogde tot mozaïek en van me af viel. De stekelwonden klopten behoorlijk. We trokken de laatste stukjes doorn uit en volgden de avondlichten de stad in, met het plan wat proviand in te slaan en op het strand te kamperen als we geen andere plek konden vinden. Dat was het plan, maar we hadden moeten weten dat het beste plan voor ons was om geen plan te hebben.

Weymouth was verreweg het grootste stedelijke gebied dat we op het pad hadden gezien sinds Newquay, een jaar eerder. We kochten een ijsje bij het standbeeld van George III en slenterden door de stad in de drukte die bij de eerste week van de zomervakantie hoort; gezinnen die ergens gingen eten, vermoeide kinderen die in bed hadden moeten liggen, schoonmoeders en schoonzoons die het niet erg zouden vinden als ze elkaar nooit meer zouden zien. Ik voelde een vreemd gevoel opkomen in mijn binnenste, alsof mijn maag tot het formaat van een erwt kromp en dan weer snel uitzette tot een voetbal. Misschien was ik gewoon moe, of had ik iets verrekt bij mijn val, of had ik honger. Het zwellen en krimpen ging sneller en ik was gloeiendheet en toen braakte ik in een heftige kramp het ijsje op, plus wat er over was van het worstenbroodje van die ochtend. Na een halfuur produceerde mijn maag alleen nog maar vreemd schuimende, groene gal, maar ik bleef kokhalzen. Moth vond een taxi en vroeg de chauffeur ons naar een camping te brengen.

'Dat heeft geen zin, vriend, die zitten allemaal vol.'

We gingen op een bank op het strand zitten en het kokhalzen ging maar door. Na twee uur was ik niet meer in staat ergens heen te lopen en zweefde tussen slapen en braken.

'Kun je een stukje lopen? Ik heb een B&B voor ons gevonden.'

Ik had niet eens gemerkt dat Moth weg was gegaan.

'Dat kan niet; dat kost ons alles wat we nog hebben.'

'Het kan wel, het is al gebeurd.'

Het hotelletje had een lift en een bed en een toilet, en dat was 36 uur lang alles wat ik zag. Ik lag op het bed, gaf over in de toiletpot en wankelde daartussen heen en weer, waarna ik telkens even sliep en dan weer wakker werd. Dan gaf ik nog wat over. Daarna sliep ik. Het was een uur of vijf in de ochtend toen ik me realiseerde dat het niet dezelfde dag was, dat dit al onze tweede nacht in het hotel was. Ik schudde Moth wakker.

'Wat doen we hier? Dit kunnen we niet betalen.'

'Het is goed, het is allemaal betaald, ga maar weer slapen.'

Ik sliep en droomde van groene ijsjes.

De volgende ochtend ging ik op eigen kracht de kamer uit naar de ontbijtzaal en at wat droog geroosterd brood, al had ik nauwelijks genoeg energie om het naar mijn mond te brengen.

'Ben je weer opgeknapt? Zo te zien niet.' Een grote, bekende figuur viel neer op de stoel tegenover me. Dave. 'Moth vertelde ons over de gaspeldoorn. Al moet ik zeggen dat ik nooit eerder heb gehoord dat het misselijkheid veroorzaakt. Wel artritis. Wij wandelen vandaag Portland rond. Ik vind Weymouth wel leuk, we hebben inkopen gedaan, geprobeerd de was te doen, maar die wil niet drogen, dus hebben we nieuwe sokken en T-shirts gekocht, zijn naar een museum geweest, ze wist me zelfs een kunstgalerie in te krijgen, hè Ju? Niet lang hoor. Dus nu gaan we naar Portland. Doen we twee dagen over, denk ik, dus we zien jullie hierna niet meer.'

'Wat doen jullie hier? Ik weet niet of het door de gaspeldoorn kwam. Het kan ook het ijs geweest zijn.'

'Er was geen andere plek meer te vinden, hè? Alle campings zaten vol, van de politie mochten we niet op het strand kamperen, dus nu zitten wij ook hier, de enige plek waar ze nog kamers vrij hadden. Toch vind ik Weymouth wel leuk, hoor.'

Na het ontbijt zwaaiden we ze uit, een uniek en opvallend stel met hun grote rugzakken en wandelstokken, volkomen misplaatst tussen de vakantiegangers. Jammer om weer afscheid van hen te moeten nemen.

Het zou een boulevard zijn geweest als in elke gewone Engelse badplaats, ware het niet dat hier prachtige achttiende-eeuwse gebouwen stonden; ooit was dit het domein van koninklijke hoofden en de aristocratie, het toneel van chique feesten voor de vakantievierende rijken van het land, nu hadden zich er hotels en pensions, cafés en souvenirwinkels gevestigd. Het strand, waar men vroeger discreet en beschaafd onder een parasol flaneerde om de gezonde zeelucht in te ademen, was nu een zee van ligstoelen, opblaasbedden, patat en zilvermeeuwen, roze vlees en ruziënde families. Ik weet niet of George III op zijn sokkel rilde om wat er van dit oord geworden was, of wenste dat er in zijn tijd ook opblaasdinosaurussen en slippers waren geweest. Ik ging op een bank liggen met mijn hoofd op de knie van Moth en lag een uur te slapen, en sliep toen verder op het strand tot de straatlantaarns aan gingen.

'Jullie kunnen hier niet slapen, hoor. Zodra het donker wordt, stuurt de politie je weg. Je kunt beter maken dat je de stad uit komt.'

Twee mannen stonden op het zand, beladen met rugzakken en boodschappentassen. Ze waren even smerig als wij, donkerbruin verbrand, hun haar weggestopt onder een muts. Backpackers mogelijk; dakloos misschien. Nee, geen backpackers, gezien de grootverpakkingen voedsel in de tassen. Ook niet dakloos, met al dat eten.

'Wonen jullie dan hier?'

'Nee, buiten de stad. Waar willen jullie heen?'

'Dat weten we niet precies.' Moth stond al overeind, maar ik had niet de wilskracht om op te staan. 'De campings zijn vol, Ray is ziek geweest, voedselvergiftiging misschien, dus we kunnen niet ver lopen vandaag.'

De oudste van de twee keek naar mij. Zijn gezicht ontspande zich een beetje, zodat de rimpels verdwenen en de lichte huid daaronder zichtbaar werd, een gezicht dat lang bloot had gestaan aan de elementen, maanden de ogen had dichtgeknepen tegen de zon en de wind. Hij ging zitten, maar liet de tassen niet los. Er was iets in de manier waarop zijn kleren wijd om hem heen hingen, in de stevige greep van zijn hand op de boodschappentas.

'Hallo, ik heet John. Dus wat zijn jullie dan, backpackers?' Er was ook iets in de manier waarop zijn grijze haar onder zijn haveloze wollen muts uit krulde.

'Nou, ja.'

'Dat is een goeie keus, als je geen plek hebt om naartoe te gaan, om gewoon te blijven bewegen. Blijven staan haalt mensen omlaag. Ja, er zijn er genoeg die te lang stil blijven staan – die hebben het opgegeven en zich erbij neergelegd dat de straat nu hun thuis is.'

'Hoe wist u dat? Bent u hulpverlener of zo?'

'Nee, jullie verraden jezelf. Door daar zo te liggen, op je rugzak, met je armen nog door de banden. Een backpacker zou de rugzak af hebben gedaan, maar jullie niet; wat in die rugzak zit, is te belangrijk voor jullie om het in de stad los te laten.'

'O ja?'

'Kom maar met ons mee, als je wilt. We wonen buiten de stad; jullie kunnen er kamperen. Alleen vannacht maar. Het is wel een eindje weg, maar we hebben een busje.'

Onbezonnen, of instinctief, vertrouwden we hen. Moth hielp mij overeind en we liepen achter hen aan naar een busje dat op straat stond geparkeerd. We lagen op dekens achterin, terwijl het busje de straatlantaarns achter zich liet en wegreed van de zee, door het donker over landweggetjes. Ik doezelde weer weg en sliep een halfuur, of misschien langer, tot het busje stilhield op grind. We stapten uit en stonden op een parkeerterrein in een bos, waar grote dennen boven ons hoofd ruisten in een stevige wind.

In het donker liepen we achter John en Gav aan over bospaden, diep het bos in, met alleen het zwakke licht van de maan. Er kwam iets meer ruimte tussen de bomen en er viel meer licht over het pad van dennennaalden. Tussen de bomen voor ons, zwak verlicht door ledlampjes, werden gestalten zichtbaar. Tenten, dekzeilen, hutten gemaakt van afgevallen takken. Een dorp van bosbewoners, die rustig bij elkaar zaten te kletsen en eten klaar te maken. John wees ons een plek waar we onze tent konden opzetten, en daarna gingen we bij hen zitten terwijl Gav de boodschappen uitpakte die ze van hun tweewekelijkse boodschappentochtje hadden meegebracht. De anderen pakten hun aankopen op en gingen naar bed, maar John bleef zitten en vertelde ons over hun woonplek.

'We zouden niet in een stad kunnen leven; als het platteland je in je botten zit, hou je het daar niet vol, het zuigt al het leven uit je.'

Hij was al zijn hele leven landarbeider. Hij had altijd in een huisje gewoond dat bij het land hoorde waarop hij werkte, maar toen de boerderij werd verkocht, werden de huizen apart van het land aangekocht als tweede huis; hij werd dakloos. Hij had wel ander werk gevonden, maar bij die baantjes hoorde nooit een huis en hij verdiende nooit genoeg om een hoge plattelandshuur te kunnen betalen. Zo was hij in het bos gaan kamperen. Anderen hadden al snel zijn voorbeeld gevolgd, tot hun kamp een semipermanent dorp werd van mensen die kwamen en gingen, naargelang hun behoefte.

'Als iedereen tegelijk zou komen opdagen, zijn we hier met een stuk of dertig mensen, maar meestal zijn we zo ongeveer met zijn achttienen.'

De meesten werkten: in losse, parttime, slechtbetaalde banen, seizoenswerk, waardoor het moeilijk was een huurhuis te krijgen.

'Maar we kunnen hier wonen, en zo houden we nog wat zelfrespect over. Sommigen gaan weg als het goed gaat, komen weer terug als het misloopt. We houden het hier netjes; we zijn niet verslaafd, zoals veel daklozen op straat, we zijn gewoon plattelandsmensen; het platteland is ons thuis, maar we zijn weggeconcurreerd.'

Ze hielden hun leven hier verborgen, maakten nooit vuur uit angst dat de rook hen zou verraden. In de winter gebruikten ze gasbranders en dikke dekbedden, en legden ze dennentakken neer tegen de modder. 's Zomers was het leven gemakkelijker; dan sliepen ze op warme nachten onder het baldakijn van bomen, omringd door de geur van naaldhout.

'Ik weet zeker dat er wel mensen zijn die weten dat we hier zitten, maar we zorgen ervoor dat we nooit als groep worden gezien;

er zijn verschillende wegen om hier te komen of weg te gaan. Maar ik weet niet hoelang we hier nog kunnen blijven. Er gaan geruchten dat ze het bos willen kappen; de puristen willen het weer terugbrengen tot het oorspronkelijke heideland, zoals het in de tijd van Thomas Hardy was. Ik dacht dat ze toen ook al bossen hadden; heeft hij niet dat boek over bossen geschreven? *The Woodlanders* (De boslanders), dat is het. Blijkbaar kunnen ze de schoonheid niet zien van wat we nu hebben.'

'Dat waren loofbossen, vóór de commerciële bosbouw.' Ik had dat boek ook prachtig gevonden.

'Maar de naaldbomen zijn hier nu al zo lang. Ze horen nu net zo goed bij het landschap als de oude bossen. Ik weet dat het hier te donker is voor veel leven, maar er zijn buizerds, die hier elk jaar nestelen, en vossen, dassen, houtsnippen en hazelwormen en wormen en adders in de heide aan de randen en op de open plekken. Waar moeten de buizerds dan heen? Het is hun thuis. Het is ons thuis.'

We gingen slapen in het donker van de tent, met boven ons het geruis van de wind door de takken, maar warm en beschut op het zachte bed van dennennaalden.

De volgende ochtend zette John ons op weg naar zijn werk af bij Ferrybridge.

'Kom maar terug als je een plek nodig hebt. Nou ja, dit jaar tenminste nog; daarna is er misschien geen bos meer.'

'Ik hoop dat jullie een andere plek vinden, als dat gebeurt. Pas goed op jezelf.'

'Jullie ook.'

John reed weg in zijn busje en wij stonden op de weg en keken de lange strook asfalt af die het eiland Portland verbond met het vasteland. Er leek geen einde aan te komen.

'Zullen we Portland overslaan? Gewoon een paar dagen langzaamaan doen over Chesil? Ik ben gesloopt.'

'Tuurlijk. We zijn toch zeker geen wandelpuristen?'

Chesil Beach is geen strand, maar een 15 meter hoge en 27 kilometer lange kiezelbank, die van Portland in het oosten tot voorbij West Bay in het westen loopt. Zo'n bank wordt een schoorwal of tombolo genoemd, en is waarschijnlijk gevormd in een periode dat de zeespiegel steeg. De kiezels zijn perfect afgerond door duizenden jaren beweging met de kracht van de zee. In de buurt van Portland zijn ze vuistgroot, maar bij West Bay hebben ze het formaat van een druif, wat kan betekenen dat ze uit twee afzonderlijke beddingen zijn meegenomen en door de stijgende zee hier zijn afgezet op het punt waar de golven braken. Aan de landzijde van de bank ligt de Fleet Lagoon, een getijdenlagune die door de bank wordt afgeschermd, maar nog steeds onderhevig aan het eb en vloed van de zee, net zoals Portland vol en leeg stroomt vanuit het vasteland. Bij Ferrybridge in het oosten, waar de zee binnendringt, is het water van de lagune zout, maar aan het westelijke uiteinde, waar zoetwaterstromen in uitmonden, is het zoutgehalte nog maar de helft. Een uitgestrekt gebied van land en zee die samen bewegen, een nooit eindigend partnerschap waarin de partners allebei evenveel verliezen en winnen, maar geen van beide kan bestaan zonder de ander.

Het was gemakkelijk wandelen langs de lagune. Door het wazige zonlicht en de zwakheid na mijn ziekte kreeg de dag iets dromerigs. Kleine hutjes stonden verspreid aan de landzijde van de kiezelbank, soms met een roeiboot ernaast. Langs het pad liep een lang prikkeldraadhek waarop kraaien zaten, meer dan vijftig stille zwarte vogels een meter van elkaar langs de rand van een akker. We hielden stil, omdat we niet voorbij de wachters wilden lopen. In de Welshe mythologie is de *Mabinogion*, de kraai, de brenger van de dood, maar hij is ook de gedaante die bezitters van magische krachten aannemen om aan gevaar te ontsnappen. In andere culturen worden ze gezien als de voorbode van verandering. Of gewoon als zwarte vogels, die heel vreemd op een rij boven op een hek zitten. Nog twee stappen en ze vlogen op als een zwarte, krassende wolk.

'Maar goed dat we niet bijgelovig zijn.' Moth liep lachend verder, zijn omtrek wazig in de hitte van de droge grond, zijn voetafdrukken stevig in het zand.

Het pad kronkelde door rietlanden en langs schietbanen en kwam uit bij een smalle weg en een groepje schilferig blauw en groen geschilderde schuren, die afbladderden in de warme, zoute lucht. Op een houten bank in de schaduw van een schuur zaten drie knoestige oude mannen, even verweerd en gebarsten als de verf, gekleed in hemd, strooien hoed, slobberige katoenen werkbroek en blote voeten. O nee, alweer waarzeggers. Een van hen sprak ons aan:

'Waar gaan jullie naartoe?'

'Naar het westen.'

'Dat is een eind weg.'

'Ja.'

'Verderop is een hotel, voorbij de zwanen.'

De struikenhaag en het stoffige akkerland gingen door, vlak en gemakkelijk, en onze benen werden een metronoom van bewegen zonder nadenken. Een witte nevel verzamelde zich in de kromming van de lagune, en bleek van dichtbij een troep van meer dan honderd witte zwanen die daar rondzwommen, hun veren gladstreken en de oever op gingen.

'Ik dacht dat hij het overdrachtelijk bedoelde, zoals in: "U zult wandelen met een schildpad." Ik verwachtte geen echte zwanen.'

'Ik ook niet, deze dag wordt met de minuut surrealistischer.'

En voorbij de zwanen was een hotel dat Moonfleet Manor heette, net als het verhaal van John Meade Falkner over smokkelen en zaken die het daglicht niet kunnen verdragen.

'Laten we eens gaan kijken. Ik heb *Moonfleet* gelezen toen ik jong was; ik wist niet dat het echt bestond.'

We gingen in de tuin zitten met heet water en één theezakje en zaten het grootste deel van de middag te fantaseren over maanverlichte nachten en duistere praktijken. Voordat we vertrokken, ging ik naar het toilet om even van de luxe van het doortrekken te genieten. Toen ik het ene toilet uit stapte, kwam Julie het andere uit.

'Wat? Nog surrealistischer.'

We wasten onze handen in het warme water, verzachtten onze verbrande huid met verrukkelijk geurende handcrème, als oude vriendinnen die elkaar al hun hele leven kenden.

Zonder veel te zeggen liepen we verder, door de stroperige lucht van de volmaakt windstille avond. De zon ging al onder en zette de lucht in de zachte zuidelijke kleuren van eind juli. Het land voor ons kleurde blauw in de invallende schemering en het werd stil in de lagune, de vogelgeluiden stierven weg en het water trok zich zonder golf of beweging terug, zodat in het modderige zand alleen nog hier en daar een smal stroompje overbleef. Een bootje voer terug naar de oever, een zwarte schaduw die rustig over de stromen gesmolten lucht bewoog en verdween waar modder en steen samenkwamen in de lage stralen van het laatste weerspiegelde licht. Er kwam mist opzetten terwijl de lucht zilver en nachtblauw kleurde, en de rietkragen werden donkere silhouetten tegen de lijn van de kiezelbank en de verduisterende lucht. We zetten de tenten op tussen het moerasgras waar we alleen de avondroep van de waadvogels en het geritsel van aren in de zachte wind hoorden.

De volgende dag gingen we samen verder en kampeerden in de buurt van West Bexington, op de kiezelrand van het strand. Overal langs de kust waren makreelvissers in de weer, de lichten van hun lantaarns zwaaiden door de nacht en het geratel van voortdurend bewegende kiezelstenen klonk spookachtig in de duisternis. Zodra het licht werd, pakten ze hun biezen, met emmers vol vis.

Terwijl we de tent afbraken, ging de voorste tentstok kapot: het aluminium brak open, zodat het kunststof hulsje waar de buis in ging, openspleet. Dave wroette in zijn enorme rugzak en haalde een tang tevoorschijn, een kleine zaag en een rol ducttape. We sneden het kapotte plastic door, plakten tape om de breuk en gingen verder.

In West Bay namen we afscheid van Dave en Julie, die daar de bus namen om naar huis terug te gaan. Terwijl we ze omhelsden, wisten we dat het nu echt de laatste keer was. Het was een opluchting geweest het pad met hen te delen, een vrolijke afleiding van ons eigen leven, en zonder hen had het zonlicht iets minder glans. We kochten een rol ducttape en liepen verder, terwijl we nog kilometerslang achteromkeken, in de verwachting dat ze weer zouden opduiken.

Onder Thorncombe Beacon knielden we in de koude zuidwestenwind neer om de tentstokken te inspecteren. Van bijna alle kunststof hulzen begonnen de uiteinden te splijten; het was een kwestie van dagen of een harde windvlaag voordat de tent onbruikbaar zou worden. Het was bijna donker toen we elk uiteinde met tape hadden omwikkeld en de nu dikke stokken door de te smalle zomen hadden gekregen, door ze zachtjes op hun plek te laten glijden.

'Zo moet hij het wel houden – ik hoop alleen dat we hem nooit in haast hoeven op te zetten.' Ik wreef de schouders van Moth in met gekookte koolzalf terwijl het harder ging waaien, en we stopten alle losse spullen in de rugzakken voor het geval de ducttape het niet zou houden.

Die hield het, maar bij het aanbreken van de dag bracht de harde wind een plens regen met zich mee die ons vooruit de heuvel af duwde, razend door een maïsveld, kletterend op de hoge stengels, opgewonden en gretig tot hij overwaaide en even snel verdween als hij was gekomen, met achterlating van een dikke, plakkerige mist. We liepen langzaam Golden Cap op in een wolk die zo dik was dat we niet konden zien wat daar 'Golden' aan was, maar het was wel het hoogste punt aan de zuidkust en dat moest gevierd worden.

Het topmonument stond tussen groepjes bremstuiken; in alle richtingen liepen paden – het was onmogelijk te zien waarheen. Ons huis in Wales had diep in het bergland gelegen en altijd als we maar even tijd hadden, gingen we in de heuvels wandelen. De kinderen hadden nog niet eens de lagereschoolleeftijd toen ze hun eerste berg beklommen, maar toen ze groter werden, was er soms wat fantasie voor nodig om ze mee naar buiten te krijgen voor een zware wandeling in de kou. Elke keer als we een topmonument bereikten, sprong Moth erop en ging dan liggen voor de foto: op zijn buik op de zuil deed hij alsof hij vloog, allemaal om kinderen die aan het eind van hun Latijn waren, op te vrolijken. Het werd een familietraditie, dus de aanblik van het monument op de Golden Cap was te verleidelijk, CBD of geen CBD.

'Denk je dat je het kunt, zonder je pijn te doen?'

Hij zette zijn rugzak neer, legde zijn handen om de bovenkant van de zuil en hees zich erop. Ik wachtte op de kreet van pijn, van het onvermijdelijke zelfverwijt hoe hij zo stom had kunnen zijn. Die kreet kwam niet. Hij spreidde zijn handen wijd uit en vloog de wolken in, vrij en zwevend, alsof hij eeuwig zou leven. Ik holde rond om foto's te maken, alsof dit de eerste keer was dat hij zo vloog, of de laatste.

'Misschien komt het door dat koolsmeersel.'

Zijn gezicht stond ontspannen, hij verborg zelfs geen pijn en hij lachte. In de hei die onzichtbaar was door de mist, omhelsden we elkaar en sprongen op en neer, lachend, zoenend, schreeuwend. Was dit mogelijk? In nog geen twee weken tijd van niet uit bed kunnen komen terug naar sterk zijn en meester over zijn ledematen. Dit zou niet mogelijk moeten zijn. Maar het was het wel. Ik had moeten opmerken dat ik niet langer het slepende in zijn voetafdrukken zag, maar het was niet tot me doorgedrongen.

'Misschien komt het doordat we uitgerust hebben in Weymouth. Misschien heeft mijn lichaam zich nu sneller aangepast, net zoals je aan hoogte went.'

'Maar hoe dan? Hoe kan het dat je zo snel minder stijf bent geworden? Aan de noordkust duurde dat weken.'

'Ik heb geen idee. Ik wist wel dat het de afgelopen paar dagen gemakkelijker ging, maar ik durfde niet te hopen.'

'Denk je dat het iets te maken kan hebben met zuurstof? Ik weet dat we dat al eerder hebben gedacht, omdat je door het pad zo diep gaat ademen. Die grote golf zuurstof – kan die op een of andere manier de hersens beïnvloeden? Maar nee, dat kan niet. Als het zo eenvoudig was, zou het ziekenhuis gewoon zuurstofflessen uitdelen.'

'Ik weet het niet. Het heeft duidelijk iets te maken met zware duurtraining. Die moet een reactie veroorzaken die we niet begrijpen. Ik weet niet hoe het werkt, maar ik voel me gewoon geweldig.' We sprongen en dansten rond in de mist van Golden Cap.

'Voorzichtig met traplopen.'

'Niet te ver vooruitplannen.'

'Dat hoeft ook niet, daar hebben we Paddy voor. Ook al zegt hij alles achterstevoren.'

20

Aanvaarden

Leven met een doodvonnis, geen idee hebben wanneer dat zal worden voltrokken, is alsof je met je voeten aan weerszijden van een afgrond staat. Elk woord of gebaar, elk zuchtje wind of elke druppel regen is pijnlijk belangrijk. Voorlopig waren we daar nu aan ontsnapt. Moth zat in de dodencel maar had in beroep mogen gaan. Hij wist dat de CBD niet op wonderbaarlijke wijze was verdwenen, maar op een of andere manier werd de ziekte voor een tijdje op afstand gehouden. Pas toen we ruimte hadden om helder na te denken, toen de dood niet rond de tent waarde als een kwaadaardige achtervolger, iets om bang voor te zijn, vond Moth dat hij het moest zeggen.

'Als het toch komt, het eind, wil ik dat je me laat cremeren.'

Er was een plek geweest in het veld achter onze boerderij, bij de heg, met uitzicht op de bergen, waar we begraven wilden worden toen we nog dachten dat dit altijd ons thuis zou blijven. Maar nu was er geen veld, geen godsdienst, geen plek waar hij zich veilig genoeg voelde om te willen liggen.

'Want ik wil dat je me dan bewaart in een kistje of zo, en dat de kinderen dan als jij ook doodgaat, jou erbij kunnen doen, ons flink door elkaar schudden en ons dan uitstrooien. Samen. Dat vond ik nog het ergst van alles, het idee dat we niet meer samen zouden zijn. Ze kunnen ons uitstrooien aan de kust, in de wind, en dan gaan we samen op weg naar de horizon.'

Ik klemde me aan hem vast, mijn keel zat zo dichtgesnoerd dat ik niets kon zeggen. Het was gezegd: de dood was erkend. Hij zou vechten, maar uiteindelijk zou hij verliezen. Moth was van het begin af aan sterk genoeg geweest om dit te zien; nu was ik kalm genoeg om te weten dat het waar was en het te aanvaarden. We lagen in de tent aan de rand van Lyme Regis, op een lapje gras tussen de kreeftenvallen en de vakantiehuisjes, en lieten de dood binnenkomen. En het leven kwam mee. De kartelige, versplinterde, verloren scherven van ons leven samen waren weer langzaam, wonderlijk netjes in elkaar gepast.

We liepen weg van de zee en gingen de bossen in, met rugzakken die zwaar waren van op het strand opgeraapte gefossiliseerde inktvissen, overblijfselen van andere levens, andere millennia, uit een tijd dat wij vissen waren. De bomen sloten zich achter ons en we gingen de Undercliff binnen: een spookachtige, vochtige Britse jungle, die op kerstavond 1839 is ontstaan, toen acht miljoen ton aarde naar zee schoof en een grote kloof achterliet. Schapen, konijnen, een theesalon en een gebied dat geiteneiland werd genoemd, werden meegesleurd. Een akker met tarwe gleed in zijn geheel omlaag en kon de volgende zomer gewoon geoogst worden. Sindsdien is de strook land aan de natuur overgelaten, en nu bestond die uit elf kilometer varens, klimop en bomen die in de gestage regen dropen en wasemden van het water. Een land dat in een oogwenk totaal veranderde en daarin nu gevangenzit. Wilde planten hebben zich zonder menselijke bemoeienis op hun eigen manier ontwikkeld, hun eigen vorm aangenomen, vrij om naar hartenlust knoesten te vormen en zich te draaien en uit te zaaien. Het pad is de enige weg om erin of eruit te komen en het kronkelde twaalf kilometer voort, tot we eindelijk weer in het licht kwamen.

Onze krachten leken met de dag toe te nemen, we stonden op de automatische piloot en de kilometers gleden soepel onder ons door. Seaton en Beer gingen voorbij in een flashback naar de jaren vijftig en we hielden stil op het strand van Branscombe, waar we de brander stevig op het kiezelstrand pootten om eten klaar te maken. Branscombe ligt nog steeds aan de Jura-Kust, nog steeds binnen het Werelderfgoedgebied, maar in 2007, toen de MSC Napoli in het Kanaal in de problemen kwam, werd van hogerhand besloten het grote containerschip niet naar de haven van Falmouth te dirigeren, die veel dichterbij lag, maar naar Portland. Natuurlijk haalde het schip het niet en het liep aan de grond, anderhalve kilometer voor het strand bij Branscombe, een gebied dat van groot belang is voor overwinterende zeevogels en bedreigd onderwaterleven op de zeebodem. Het schip kapseisde en de overboord geslagen goederen spoelden aan op de kust. Parfum, wijn en BMW-motorfietsen. Hoe ze ook hun best deden, de autoriteiten konden de strandjutters niet tegenhouden, en later werd over hen gezegd dat ze alleen maar 'hadden geholpen bij de schoonmaakoperatie'. Toen wij over het strand liepen, was er geen spoor meer te zien van wat er zich zeven jaar eerder had afgespeeld, maar bij het weggaan ontdekten we wel het glanzende chroom van een motorfiets in het schuurtje achter het café. We kampeerden op een volmaakt vlak gemaaid veld dat in 1935 door ene meneer Cornish aan de gemeenschap was geschonken. De gemeentegrond naast het veld was een strook laag struikgewas, en wij zaten op een bank onder zilveren berkenbomen, met uitzicht op de lichten van Sidmouth beneden. Een das liep stilletjes langs ons heen, en verdween over een van de vele paadjes die kriskras door de varens liepen. Alsof hij zich totaal niet bewust was van de geur van mensen die al dagen geen douche hadden gezien, verdween hij in het groen, om weer snel op een ander pad tevoorschijn te komen. Een paar tellen later dook hij uit nog weer een ander pad op, om uiteindelijk weer terug te zijn waar hij was begonnen. Hij was ofwel erg snel, óf er liepen meer dassen rond door de varens. Gezien de sporen in de overvloedige dauw de volgende ochtend leek het erop dat dassen in troepen jagen. Maar het was prachtig dat meneer Cornish en anderen zoals hij veilige plekken hadden gecreëerd voor wild en wandelaars; beiden hadden aan deze kust een toevluchtoord nodig.

Sinds we Dorset achter ons hadden gelaten en Zuid-Devon in

waren gelopen, waren niet alleen de rotsen rood geworden, maar lag er ook zo'n beetje om elke hoek een caravanpark en werd het steeds moeilijker een kampeerplek te vinden. Toen we bij het vallen van de avond Budleigh Salterton uit liepen, leek dat vrijwel onmogelijk. Het werd donker en wij waren op het pad gevangen tussen hoge heggen en een prikkeldraadhek zonder openingen rond een golfterrein.

'Ik zei toch dat we naar het strand terug hadden moeten gaan.'

'Nee, dat lag te dicht bij de stad.'

'Beter dan dit – er is gewoon niks.'

We kwamen op de top van een heuvel, met schouderhoge brem en braamstruiken aan beide kanten van het smalle pad. Beneden ons spreidden zich in de verte de lichten van Exmouth uit, maar op de voorgrond zagen we een raster van wegen en stadionlichten: een uitgestrekt vakantiepark, al leek het eerder een gevangenkamp dan een plek waar je uit vrije wil met vakantie zou gaan. We hadden geen andere keus; we klommen over het hek de golfbaan op. De zestiende hole was ervoor gemaakt om een tent op te zetten. Volmaakt vlak met een fluwelig kort gemaaid grasveld en een bank. Ideaal. Het was aardedonker, afgezien van het schijnsel van de lichten beneden. De golfbaan liep landinwaarts, maar aan de kant van de zee vormde de begroeiing een wal tussen ons en het pad dat twee meter lager lag, precies genoeg om ons aan het zicht van vroege hondenuitlaters te onttrekken. Als we weg waren voor de eerste golfers verschenen, zaten we goed.

De tentstokken vielen met hun gebruikelijke gerammel uit de zak. We hoefden niet stil te doen; we zaten minstens anderhalve kilometer van de dichtstbijzijnde bewoning – tenzij er ergens in de brem een huis verscholen lag, maar die kans leek niet groot. Hoe dan ook, we hadden doorgaans op het pad geen problemen met mensen gehad – afbrokkelende rotsen, mensenetende mieren, al te hartelijke honden, maar nooit mensen. Toch kregen we een ongemakkelijk gevoel toen er geritsel in de struiken klonk. We stonden stil, ter plekke bevroren. Het kon een das zijn, of een vos; die waren er meer dan genoeg, en daar hoefden we niet van te schrikken. Weer hoorden we het geritsel. Een paar meter verder naar links. Het geluid trok om de omheining heen, in de struiken, niet op het pad. Misschien was het een hert, misschien een kleine muntjak? Was dat een hoofd met schouders dat daar opsprong en weer verdween? We hurkten onder de doornstruiken. Toen zagen we hem. Een zwarte gestalte, die zich vastklampte aan het hek en uitkeek over het golfterrein, met licht haar dat het schijnsel van beneden ving. Er klonk geen ander geluid terwijl hij daar stond; hopelijk was hij alleen, maar wie weet lagen er ergens nog meer op de loer. Wij bleven dicht bij de grond, met kramp in onze knieën, en probeerden niet hard te ademen. Hij liep rond, weer naar rechts. Ging hij weg over een paadje landinwaarts? We wachtten een eeuwigheid, tot we het niet langer volhielden op onze hurken en moesten opstaan. De man schrok, schoot omhoog vanuit de brem twee meter voor ons en viel achterover omlaag door de struiken. We hoorden hem rondkruipen en daarna het pad af rennen. Zou hij terugkomen? Zou hij alleen terugkomen? We durfden de tent niet op te zetten en bleven op de bank zitten, in de verwachting dat hij elk moment zou terugkomen met versterking.

Tegen middernacht gaven we het op en zetten de tent neer, koud en nat van de opkomende dauw. Te moe om een maaltijd klaar te maken aten we een karamelreep, maar we waren nog niet in slaap gevallen, toen we een diep gerommel hoorden, als onweer in de verte. Niet alleen een geluid, maar ook een gevoel dat door de grond omhoogkwam. Was hij terug met een leger? Stil lagen we te wachten op stemmen die niet kwamen. We gingen de tent uit in de door sterren verlichte nacht, maar er was geen geluid te horen, geen beweging te zien, alleen een bootje dat de baai op voer met lichten die ritmisch over de kliffen zwaaiden.

Voor zes uur de volgende ochtend pakten we de tent in en gingen op de bank zitten om thee te zetten. De zon kwam op, baadde de rode kliffen in rijke roestkleuren en verlichtte de zestiende hole. Behalve aan de verdwenen dauw was nergens aan te zien dat wij hier hadden gekampeerd. We hadden ons de finesses van het wildkamperen eigen gemaakt en 'geen sporen achterlaten' tot hogere kunst verheven. In de verte liep een man met een hond over de golfbaan; hij zigzagde tussen de holes heen en weer, maar kwam onmiskenbaar op ons af. Uiteindelijk liep hij green nummer zestien op.

'Hallo. Wat een mooie plek voor een zonsopkomst, hè?' Zoals altijd gooide Moth meteen zijn charme in de strijd. De man keek naar ons en knorde wat. Met de twee honden die om hem heen holden, liep hij over de green en controleerde duidelijk of zijn gras niet was beschadigd. Maar dat was het niet; we hadden bij het uittrekken van de haringen zorgvuldig de losse stukjes aarde weggewerkt.

'Dus u gaat weer weg als u uw ontbijt op hebt?'

'Ja, natuurlijk, we kwamen alleen voor de zonsopkomst.'

Hij knorde iets en liep weg, terwijl zijn witte haar de zonnestralen ving. Opgelucht keken we hem na en kookten water voor een tweede kop thee.

We liepen omlaag in de richting van het vakantiekamp en al heel snel werd duidelijk waar het gerommel vandaan gekomen was. Er was een grote aardverschuiving geweest, een paar honderd meter bij ons vandaan. Een lang brok rode aarde en stenen was het water in gegleden en kolkte nu als roestkleurige soep rond de voet van het klif. Het hele stuk land tussen de golfbaan en Straight Point zag er even kwetsbaar uit als het gedeelte dat verdwenen was. Elk moment kon het vakantiepark minder gras te maaien hebben en kon onze witharige vriend meer aan zijn hoofd hebben dan de verplaatsing van een paar korreltjes aarde.

Langs de in slagorde opgestelde caravans en chalets, over een lang stuk asfalt naar Exmouth en voor we het wisten lag de Jura-Kust achter ons. We kochten rijst, tonijn en chocoladerepen en namen de veerboot over de monding van de rivier de Exe naar Starcross. Vanaf de steiger volgde het pad de weg en kronkelde vervolgens tussen stukken spoorlijn, struikgewas en beton door.

Uiteindelijk kwamen we uit op Dawlish Warren en zetten, toen het donker werd, de tent op achter het bezoekerscentrum van het natuurreservaat.

'Aan de kaart te zien krijgen we zo nog 45 kilometer. Bebouwd gebied, spoorlijnen, boulevards. Nergens een plek om te kamperen. Wat zou je ervan zeggen als we het laatste geld aanspreken en de trein nemen, en dan de bus naar Brixham? Dan zijn we terug in het open land en zitten we weer goed. Het is óf dat, óf we komen ergens in een portiek terecht, en daar hebben we geen behoefte aan.' Moth zat heen en weer te bladeren in een gedeelte van de gids.

'Oké. Gek gevoel om nog een stuk over te slaan, maar misschien komen we op een dag terug om dit stuk en Portland alsnog te doen.'

'Volgens mij maakt het niets uit. Het is toch geen pelgrimstocht?'

*

In Brixham stapten we uit de bus en zochten onze weg terug naar de kust bij Sharkham Point. Het leven was weer normaal. Rugzakken vol rijst en noedels, dertig pond in onze zak en mijn neus rood en schilferig. Het was augustus, hoogseizoen en overal op dit populaire stukje kust waren mensen. De route naar Plymouth zou door drukke steden en over krioelende strandboulevards lopen en minstens vijf veerboten omvatten. Nu we de trein hadden genomen, zouden we de komende week nergens anders geld voor hebben dan voor bootkaartjes.

'Nou, ik heb een idee. We hebben maar een beetje geslenterd sinds we weer zijn begonnen, en het is nogal makkelijk gegaan.' Als jij het zegt, Moth. 'Stel dat we het tempo een beetje opvoeren? Dat we deze etappe zo snel mogelijk doen, tot en met de laatste veerboot. We weten niet wat de veren kosten, dus dan hebben we die tenminste achter de rug en weten we hoeveel geld we nog hebben voor eten.'

'Hoe bedoel je, het tempo opvoeren?'
'Nou, dat we proberen Paddy bij te houden.'
'Je maakt een grapje.'
'Dat kunnen we best.'
'Ik had je liever toen je ziek was.'

Man Sands, Long Sands, Scabbacombe Sands, Yvy Cove, Pudcombe Cove, Kelly's Cove, Newfoundland Cove, o kijk, een zilvermeeuw, Mill Bay Cove, veerboot, Compass Cover, Combe Point, slapen. Striemende regen die het schuim deed bruisen rond de voet van de Dancing Beggars-rotsen voor de landtong, en afzwakte tot motregen toen we de tent afbraken.

Moth keek op de kaart.

'Vandaag wordt een lange etappe. Denk je dat je het aankunt?'

'Denk ik dat ik het aankan? Jij bent degene die ziek is. Maar dit is waanzin; we kunnen ook best een paar veerboten doen en het dan gewoon uitzitten tot we weer wat geld krijgen.'

'Dan is het volgende week hetzelfde liedje, dat we niet durven te eten omdat we niet weten hoeveel de veerboten kosten. Laten we het gewoon doen, dan weten we waar we aan toe zijn. Na Plymouth komt er een groot strand; daar kunnen we een week lang blijven hangen als je dat graag wilt.'

'Ja, dat wil ik graag. Nou, gaan we nog wandelen, of niet?' Wat was hier aan de hand? Sterker, meer energie, helderder van geest. Maar ik durfde niet te hopen; er zou een punt komen dat we zouden stoppen, dan zouden we zien hoe het echt met hem ging.

We zaten in de rietkragen tussen de hoofdweg en natuurreservaat Slapton Ley: een lange kiezelbank die ruim twee kilometer zoetwatermeer scheidt van het zoute water van het Kanaal. Volgens een informatiebord aan het uiteinde van het meer was er kans dat we allerlei wild zouden zien, waaronder futen en otters. Een kwaad kijkende reiger stond passief op één poot te schommelen, en een paar mussen kwetterden in het riet, maar nergens was een fuut of een otter te bekennen. Misschien zaten de wilde dieren met z'n allen aan de andere oever van het meer, weg van de voortdurende stroom verkeer die voorbijkwam op de hoofdweg over de kiezelbank.

In Beesands stopten we even om van een virtuele maaltijd te genieten bij de pub, waar een jong stel aanviel op hoog opgetaste borden vis en sla, een halve bakkerij aan knapperig brood en een toetje dat droop van de room en chocola. We hielden onze adem in op het smalle paadje over een stenige richel rond Start Point, maar toen de motregen optrok en zich een heldere avond voor ons opende, konden we helemaal terugkijken tot aan Portland, of we dachten dat we dat konden, bijna. Bij Prawle Point zetten we de tent op een beschut plekje in een holte uit de wind en warmden wat rijst en tonijn op.

'Ik had dat eten bij die pub best kunnen eten.'

'Volgens mij had je het niet eens op gekund, al had je het gekregen. Mijn eetlust is verdwenen.'

'De mijne eigenlijk ook; het zag er alleen zo lekker uit.'

De volgende ochtend had de eetlust moeten wekken, langs een heel stuk kust met namen van vleeswaren: Gammon (gerookte ham) Head, Ham Stone, Pig's Nose, veerboot. Salcombe. We liepen snel door het stadje heen, waarbij we erg ons best deden niet naar al dat eten te kijken, en verder rond de stenige, onbeschutte Bolt Head. Eindelijk zetten we de tent neer op Bolt Tail en keken naar de lichten van de schepen die op weg waren naar Plymouth.

Het werd warmer toen we de veerboot over de zeearm namen van Bantham naar Bigbury-on-Sea. De aura die van ons afstraalde, rook vaag naar dood dier. Het gezin dat al in de kleine houten veerboot zat, schoof steeds verder op in de richting van de veerman terwijl we over de zeearm tuften. Tegen het eind van de korte oversteek zaten de andere passagiers zo dicht bij de veerman achterin dat de voorkant van de boot uit het water omhoog begon te komen. We lieten onze race langs de veerboten voor wat hij was en sprongen de zee in, waar mijn uitgedroogde huid het koele water opzoog, terwijl lagen vuil en zweet wegspoelden met de vloed. We zwommen rondjes, drijvend op de rustige golven tot we alleen nog maar naar ozon en zout roken. Onze smerige kleren lagen te weken in een rotspoel terwijl wij opdroogden in de zon. Mijn haar, dat de hele winter had kunnen bijkomen, had weer zijn vertrouwde piekerige staat, en mijn huid, die zich langzaam had ontdaan van de laagjes gebarsten droogte, werd nu weer snel een soort leer dat zich onafhankelijk van de spieren eronder leek te bewegen.

Verder weer terwijl de middag koeler werd. Verfrist, gesterkt, met onze natte kleren aan onze rugzakken gehangen om te drogen. Toen het licht zwakker werd, stonden we op Beacon Point en keken hoe de zon boven land wegdook achter de golvende horizon van Dartmoor, voor we omlaag liepen naar het kruispunt van Erme Mouth. Het werd eb, maar het water stond nog te hoog om over te steken, dus gingen we onder de bomen zitten en aten de laatste rijst op. De duisternis viel in en langzaam kwam er een maan op, glinsterend op het terugtrekkende water. We hadden kunnen wachten tot halverwege de ochtend en dan kunnen oversteken, maar we liepen het water van de rivier in, dat tot onze dijen kwam, en zochten in het maanlicht langzaam onze weg naar de overkant, waar een bosuil riep vanuit de bomen langs de oever. We kampeerden in een veld voorbij het bos en luisterden naar de uil die zich telkens vanaf een andere plek aan de rivieroever liet horen.

De ochtend kwam met golven regen, zacht en alles doordringend, doorschijnende gordijnen regen, die mijn gezicht streelden in de lichte wind. We schudden de tent en rolden hem op, wetend dat hij kletsnat zou zijn als hij later weer uit de zak kwam. We zeiden nauwelijks meer iets terwijl we ieder in onze eigen gedachten verzonken en zwijgend door de miezerregen liepen. Plymouth lag voor ons en het leek een barrière, een grote stedelijke poort waardoor we een onbekende toekomst binnen zouden gaan.

Vanaf Plymouth was het nog maar een paar dagen verder naar

het westen en dan waren we in Polruan, op het eind van onze route. De twee volgende oversteken per veerboot waren een symbool geworden voor de laatste etappes van onze tocht. Het pad had ons zekerheid geboden, een gevoel van veiligheid omdat we wisten wat we morgen en overmorgen en de dag daarna zouden doen: de tent inpakken, de ene voet voor de andere zetten, en lopen. Ik was bang en al werd het niet uitgesproken, ik wist dat Moth ook bang was. Niet alleen voor een onbekende toekomst op een vreemde plek tussen mensen die we nog moesten leren kennen, of voor financiële problemen die we zouden krijgen, voor de praktische kanten van een nieuw begin. Het was een veel grotere, dieper doordreunende angst. Wanneer we uiteindelijk moesten ophouden met wandelen, zoals we zouden moeten doen om weer in de wereld te gaan leven, wat zou er dan met Moth gebeuren? Die vraag achtervolgde ons als een vlucht meeuwen die onze tonijn roken. We kampeerden boven Wembury, omdat we er niet voor voelden de hoek om te gaan en Plymouth in ons blikveld toe te laten.

Bij Mount Batten kregen we met meer alledaagse vragen te maken. De vragen die de gewone problemen van ons leven waren geworden. Zouden we voor drie pond de veerboot naar de Barbican nemen en dan daar vanaf de veerhaven de lange oversteek maken naar Cawsand voor acht pond, of de korte naar Mount Edgcumbe voor drie pond? Of hielden we het geld in onze zak en kozen we voor de lange wandeling van acht of negen kilometer door de stad in de hoop dat we op tijd bij de veerhaven kwamen voor de laatste oversteek? Cawsand lag dichter bij de open landtong, en het zou dus gemakkelijker zijn daar ergens een kampeerplek te vinden, maar het zou meer kosten. Maar, al was het goedkoper, als we 's avonds door Mount Edgcumbe Country Park liepen, zouden we onvermijdelijk de bewakers van het hertenpark tegenkomen en dan moesten we waarschijnlijk in het donker op zoek naar een kampeerplek. Of als we door de stad liepen om het geld voor de veerboot uit te sparen en niet op tijd bij de veerhaven waren voor de laatste boot, zouden we in de stad een plek moeten vinden om te slapen. Te veel keuzes. We hadden nog vijftien pond, een pak noedels en een halve rol winegums. We kozen ervoor naar de Barbican over te steken, dan de aansluitende boot naar Mount Edgcumbe te nemen en daartussendoor tijd te nemen om de laatste negen pond uit te geven aan eten waarmee we de komende twee dagen konden doorkomen.

We stapten van de veerboot af en slenterden door de artistieke, rijke wijk van Plymouth, vonden uiteindelijk een winkel waar ze eten verkochten dat niet al op een bord lag, kochten wat we konden en slenterden terug naar de veerhaven met nog een halfuur de tijd voor de laatste overtocht. We wachtten op de metalen loopbrug, samen met een groep anderen en aten een broodje en een banaan. De veerboot kwam niet. De mensen in de rij werden onrustig. Hij kwam nog steeds niet. Uiteindelijk kwam er een veerboot aangevaren en we liepen er allemaal naartoe, maar de veerman deed de slagboom dicht.

'Nee, ik ga niet naar Mount Edgcumbe. Daar gaat pas morgen weer een boot naartoe.'

'Maar waar is hij dan? We staan al een uur te wachten.'

'Hij zit vast op een zandbank. Niet goed op het tij gelet, zeker. Die gaat vanavond nergens meer naartoe.'

De anderen in de rij liepen weg, mopperend over lange busritten en taxiprijzen, maar wij bleven op de verende metalen loopbrug staan.

'Nou, dat is balen.'

'Karamelreep?' Moth ging op zijn rugzak zitten.

'Dus wat nu? Waarom maakten we vroeger nooit plannen? O, ik weet het alweer, omdat ze altijd zo aflopen.' Ik voelde een golf van paniek opkomen: dit was geen plek waar ik wilde zijn.

'Een rondje Plymouth dan maar? Toch niks beters te doen.'

'Ik dacht dat we altijd zouden zorgen dat we niet in een stad hoefden te slapen. Te veel mensen op straat – er kan van alles gebeuren.'

'Laten we gewoon een beetje rondlopen; dan slaan we tenminste een paar uren stuk.'

We verlieten de welvarende wijk Barbican met zijn uitgaanspubliek en toeristen die liepen te kletsen en te lachen en al voor de avond was begonnen de nodige drankjes op hadden, en zwierven doelloos rond. Toen de straatlantaarns aangingen, stonden we midden in het centrum van de stad. Het winkelgebied uit, daarna verder tussen de gebouwen van de universiteit.

'De volgende maand hoor ik bij die universiteit; nu loop ik hier en heb ik niet eens genoeg geld voor de bus.'

'Je wordt student; dan hebben we nog steeds niet genoeg geld voor de bus.'

De duisternis viel en een dakloze installeerde zich op het beton in een onderdoorgang, waar hij zijn karton en slaapzak klaarlegde. Goeie slaapzak; ik vroeg me af waar hij die vandaan had. Veel betere kwaliteit dan de slaapzakken die wij vorig jaar hadden. Toch zag hij eruit alsof hij al heel wat tijd buiten leefde.

'Heb je wat geld, vriend? Ik heb wat te eten nodig voor vanavond. Heb de hele dag nog niet gegeten.'

'Ik heb ook geen geld, het spijt me.' Ik voelde hoe Moth in gedachten de inhoud van de voedseltas naging. 'Ik heb wel wat brood en een blikje tonijn.'

'Bedankt, man, dat is hartstikke aardig van je.'

We verlieten de onderdoorgang, terug naar de open voetpaden en gingen op een bank zitten kijken naar mensen die zich door hun leven haastten. Er kwam een man aan die op de bank tegenover ons ging zitten en naar ons staarde. Ik probeerde mijn ogen ergens anders op te richten, maar hij bleef staren. Ik schatte hem achter in de veertig of in de vijftig – het was moeilijk te zeggen: mensen worden op straat sneller oud dan op de bank voor de televisie. Een slobberige werkbroek, merkloze gymschoenen, een gescheurd fleecevest over een hoodie heen verraadden hem, maar de splinternieuwe Carhartt honkbalpet paste niet in het plaatje. Misschien dacht hij wel hetzelfde terwijl hij naar ons zat te kijken.

'Ik kan jullie niet plaatsen. Wat doen jullie hier?' Hij stond op, stak het pleintje over en kwam op onze bank zitten. Ik voelde een steekje van angst en snapte zelf niet goed waarom. Was het een irrationele angst uit mijn andere leven, het leven waarin ik zelf niet dakloos was geweest? Of kwam het doordat we nu in een stad waren en ik er nerveus van werd dat iemand ons benaderde? 'Zijn jullie wandelaars? Zo zie je eruit, maar er is iets aan jullie waardoor ik het idee heb dat er meer aan de hand is.'

'Wandelende daklozen. We zijn hier maar voor een nacht.' Moth voelde zich kennelijk helemaal niet bedreigd.

'Wandelende daklozen – grappig. Nou, jullie zijn niet de enigen vanavond; we zijn met aardig veel. Waar gaan jullie slapen? Pas wel op dat je niet iemands vaste plek inpikt. Daar kunnen ze een beetje humeurig van worden. Ik heet Colin. Zin in een biertje?'

'We hebben geen geld, sorry.'

'Nee, ik heb een biertje; wil je een slok?'

Moth pakte het blikje bier aan, nam een slok en gaf het weer terug.

'Ik heb het alleen maar omdat mijn dochter vandaag langskwam. Ik ben jarig; ze heeft me die biertjes gegeven en deze pet, mooi, heel mooi.'

'Je hebt een gezin, en je woont niet bij ze?'

'Nee, nou, ja, ik had alles, een vrouw, kinderen, een huis. Toen viel alles in duigen. Nu schamen ze zich voor me.'

We bleven zwijgend zitten. Wat viel er te zeggen? Hij hoefde ons niet uit te leggen hoe gemakkelijk een leven in duigen valt. Een jongere man liep over het pleintje, muts diep over zijn gezicht getrokken, een slobberige gescheurde parka.

'O shit, daar gaan we. Pas op je woorden. Hallo, Dean, man, hoe gaat-ie?'

Dean was jonger, had iets branieachtigs, toch verraadde zijn magere, hologige verschijning dat zijn leven een worsteling was.

'Nou al aan het drinken, man, zonder mij?'

'Ja, nou, het is mijn verjaardag. Het was een cadeautje.'

Dean pakte het laatste blikje, alsof hij daar alle recht toe had.

'Met vreemden drinken, en niet met mij, man, zo doen we dat niet. Wie zijn jullie trouwens, verdomme?'

'Rustig maar, man, het zijn dakloze wandelaars, ze gingen net weg, hè?'

'Met vreemden zitten drinken, man, hoe zit dat, verdomme?'

De man in de onderdoorgang rolde zijn karton op, stopte het onder zijn arm en liep door de tunnel weg. Dean hield zijn gezicht vlak voor dat van Colin, die met zijn hand gebaarde dat wij weg moesten gaan.

'Rot op, jullie twee, ik snap toch al niet wat jullie hier te zoeken hebben.'

We liepen langzaam weg, al had ik het het liefst op een lopen gezet. Toen we vijftig meter bij hen vandaan waren, zaten ze al te vechten op de bank.

'Ik heb het idee dat het onze schuld is en dat we hem in de steek hebben gelaten.' Ik had weg willen gaan, maar nu voelde ik me verantwoordelijk.

'Het is niemands schuld. Dat zag je aan de manier waarop Colin reageerde. Het gaat waarschijnlijk elke avond zo.'

We zwierven door de stad, onzichtbaar voor de mensen in het uitgaansleven, en zetten koers naar het grote openbare park, de Hoe, in de hoop dat we daar een rustig plekje zouden vinden. Maar elke zijstraat of bank had zo te zien al een bewoner. In een slaapzak of opgerold onder een deken, of gewoon op de grond in foetushouding om te proberen nog wat warmte vast te houden. Volgens officiële cijfers waren er in het najaar van 2014 dertien buitenslapers in Plymouth. Als dat klopte, hebben wij ze die avond, net als in Newquay, allemaal ontmoet, en nog een paar extra.

We vonden een stukje gras bij de toren van Smeaton en rolden in het meest verborgen hoekje de matrassen en slaapzakken uit – de tent durfden we niet op te zetten, want die zou te veel opvallen. Het werd niet donker, de straatverlichting zorgde voor een voortdurende schemering. Ik voelde me onbeschermd, kwetsbaar, zoals ik me op het pad nooit had gevoeld. De wilde rauwheid van de natuur had me nooit nerveus gemaakt, maar hier in het land van dicht opeengepakte mensen voelde ik voor het eerst in mijn dakloze leven angst; bij elke voetstap, elke stemverheffing of dichtslaande autodeur schrok ik op met een stoot adrenaline.

Bij het aanbreken van de dag pakten we de slaapzakken in en gingen op een bank zitten om water te koken, opgelucht dat de nacht voorbij was.

'Hoe kunnen ze zo leven? Het is doodvermoeiend.'

'Zoals met alles, denk ik, ze wennen er gewoon aan.'

We liepen door de lege straten terwijl het licht van de dag opkwam en zagen mensen vanonder stapels vodden tevoorschijn komen en zich uitrekken in het daglicht. Het leven ging door; hetzelfde vaste patroon dat telkens weer herhaald werd.

We kwamen langs een geldautomaat en bleven staan om de rekening te controleren, zonder zeker te weten welke dag het was en of er geld op zou staan. Dankbaar namen we de dertig pond op die het apparaat te bieden had. We vonden een café dat open was en gingen met een broodje worst voor ons samen bij het raam zitten kijken hoe de ochtendstad op gang kwam. Tussen de hippe winkeleigenaren en restaurantmedewerkers kwam een man de smalle straat af geschuifeld met zijn capuchon op, die nauwelijks zijn bont en blauwe gezicht verborg. Moth kocht nog een broodje en liet dat inpakken.

'Colin!' riep hij naar de man in de straat, die bleef staan en zich aarzelend omdraaide.

'O, jeetje, jij bent het, man. Ik kom hier normaal nooit, maar moest gisteravond maken dat ik bij Dean vandaan kwam. Hij is een beetje opgefokt de laatste tijd. Heeft geen rem, die jongen.'

'Gaat het wel met je? Je ziet er beroerd uit. Hier, ik heb een broodje voor je.'

'Wat? Heb je een broodje voor mij gekocht? Shit, bedankt. O, worst, daar ben ik gek op.'

'Wij nemen zo de veerboot. Hou je haaks, vriend.'

'En jullie ook, wandelende daklozen. Misschien ga ik dat ook wel doen op een dag: gewoon een eind wandelen. Ja, op een dag.'

21

Gezouten

De tent klapperde en schudde in de harde wind die rond Penlee Point de Baai van Plymouth in zwiepte. Onder de stenen muur van de Queen Adelaide's Chapel kregen we de volle laag van de storm. We hadden beter aan de zwakte van onze met ducttape omwikkelde tentstokken moeten denken, maar na Plymouth waren we blij dat we weer op de rand waren. Devon lag nu achter ons, we waren terug in Cornwall en zo dicht bij onze finish in Polruan. De stof van de tent klapperde en de stokken kraakten terwijl we naar een reusachtig verlicht schip keken dat de baai uit voer, wegdrijvend in een plas glanzend geel. In een ander leven waren we passagiers geweest op die veerboot, met de nachtboot op weg naar Santander in Noord-Spanje. De kinderen waren nog klein, wij waren begin dertig en het leven leek zijn richting gevonden te hebben. De lichten werden kleiner, zwakker, tot ze uiteindelijk verdwenen. Ons oude leven was weggevaren en wij lieten het gaan en wendden onze blik met een sprankje hoop naar het westen.

Op Rame Head kwam de wind aan twee kanten vanaf de zee omhoog, en botste daar tot een hanenkam van lucht, waarin de meeuwen ombuitelden en dan met hoge snelheid werden weggeblazen. Witte wolkenbanken joegen voorbij, met achterlating van lapjes blauwe zeespetters en het eindeloze zand van Whitesand Bay dat zich voor ons uitstrekte. We hadden nog maar een paar dagen te wandelen, tijd om stil te houden en te rusten, om stil te zijn, een rustig moment voor het begin van een nieuw leven. De stenige helling van varens, gaspeldoorn en brem werd een steile afgrond naar de zee, en langs de vele kilometers daarvan stond hier en daar een keetje of een chalet wankel op een in de helling uitgehakt plateau. Achter een bosje doornstruiken liep een oude man voorbij, dus we bleven staan om er een opmerking over te maken.

'Wat eigenaardig, al die gebouwtjes, zo ver van elkaar; zoiets hebben we nergens anders op het pad gezien.'

'Het zijn stukjes grond die tussen de twee wereldoorlogen aan mensen werden gegeven. De plaatselijke boeren verhuurden ze voor een schijntje en de mensen die zo'n lapje huurden, hakten een platform uit en zetten daar een tent of een schuurtje op. Na de Tweede Wereldoorlog kwamen er anderen die bij de bombardementen op Plymouth hun huis waren kwijtgeraakt. Zo is mijn familie hier ook gekomen en daarna zijn ze gewoon gebleven; ach ja, waarom niet? De huisjes zijn van de ene generatie op de andere overgegaan, en in de loop der jaren vergroot en verstevigd. Nu is het land van de gemeente. Ze hebben geprobeerd ons eraf te gooien, maar we hebben toch het recht gekregen om te blijven. De huur is nu wel veel hoger. Het zijn nu natuurlijk bijna allemaal vakantiehuizen, zoals overal.'

Het pad kronkelde verder door het struikgewas, tot we een doorgang vonden naar het strand, waar we onze rugzakken op de rotsen gooiden. Achter ons rees het klif hoog op, naar het westen strekte zich een eindeloze strook zand uit, een lichtblauwe zee brak wit en schuimend met een lawaai dat elk ander geluid overstemde. Er is een citaat – het zou van de IJslandse schrijver Porbergur Pordarson zijn – dat zo gaat: 'Wanneer de branding hoog was, klonk het geluid van de zee als één doorlopend gebulder, zwaar, diep, donker, somber, met alle mogelijke variaties, en op het hoogtepunt voelde je het ook uit de aarde onder je voeten komen.' Dit was die IJslandse Zee, onderdeel van hetzelfde stuk water dat het noordelijk halfrond omgeeft in één eindeloos, oorverdovend gebulder dat de aarde onder mijn voeten deed trillen.

'We moeten een plek boven de vloedlijn zien te vinden; in het westen ziet het er veelbelovend uit.'

Het had geen zin om te proberen boven het lawaai uit te schreeuwen, dus liepen we zwijgend over het zand, en mijn gedachten gingen terug naar de gebouwtjes en de gezinnen die hier ooit kwamen uitkijken over zee, mensen op zoek naar een plek, verpletterd door de oorlog, die zaag en timmerhout oppakten om een schuilplaats te bouwen en een nieuw leven te beginnen. Hoe komt het dat maar zo weinig mensen begrijpen dat iedereen behoefte heeft aan een plek voor zichzelf? Is er een crisistijd voor nodig om te zorgen dat we de narigheid van daklozen kunnen zien? Moet je aan een oorlogsgebied ontsnapt zijn om in nood te zijn? Kunnen wij als volk alleen op nood reageren als we die erg genoeg vinden? Als de daklozen van ons land bijeen werden gebracht in een vluchtelingenkamp, of uit wanhoop in bootjes de zee op gingen, zouden we dan onze armen voor hen openen? De daklozen uit ons eigen land passen niet in dat patroon; wij geloven liever dat hun narigheid hun eigen schuld is en dat het er maar weinig zijn; en toch zeggen meer dan 280.000 individuen in het Verenigd Koninkrijk geen huis te hebben en het percentage van mensen dat door een verslaving in die situatie terechtkomt, is klein. Als zij – wíj – allemaal bij elkaar zouden gaan staan, mannen, vrouwen, kinderen, zouden we er heel anders uitzien dan die ene man alleen in de portiek van een winkel, verslaafd aan iets waarmee hij kan ontsnappen. Hoe zouden we dan bekeken worden? 280.000 mensen? Of meer, of minder? De juiste cijfers zijn niet bekend. Vluchtelingen uit een westerse beschaving, losgeslagen van hun leven in een boot die zelden een haven vindt.

'Kun je je voorstellen dat de gemeente Plymouth een stukje grond op het klif aan Colin zou geven?'

'Of aan ons?'

'Ik zou wel een schuurtje op een richel willen bouwen. Ik denk dat ik daar altijd zou blijven.'

Het was moeilijk te zeggen waar de vloedlijn lag: op verschillende hoogtes lagen schelpen en aangespoeld wier, het bewijs dat de zee onbelemmerd deze baai bestormde en pas stilhield wanneer ze daar klaar voor was. We klauterden een rotsachtig stukje land op en vonden een betrekkelijk vlakke plek in het struikgewas, waar we de tent opzetten met uitzicht over het Kanaal, en diep ademhaalden.

Bij het aanbreken van de dag gingen we naar het strand en liepen het helemaal af, en weer terug. Met laagwater verzamelden we zeewier en we deden de slijmerige lapjes bij de noedels om een pan schuimig groen glibberig eten klaar te maken. Slijm als smaakmaker bleek geen succes, en dus hielden we het bij blaaswier, dat we stoomden met blikjes tonijn en taaie zeeslakken, zo van de rots in de pan.

Scholeksters renden in groepen over het vlakke zand, waarbij ze ritmisch hun kop bogen, als volksdansers op oranje laarzen. We zwommen in de schuimende opkomende vloed, surften mee op machtige golven zout water dat misschien ook de kust van IJsland, Spanje of Amerika had geraakt, een bulderend tumult dat misschien duizenden kilometers had gereisd, of misschien maar twee. We lagen op onze rug op warm zand te stoven in de zon. Gezouten, geconserveerd. Later, in het duister van de groene koepel, voelde ik zijn hand langs mijn dij strijken, en daarmee het elektrische kloppen van een behoefte die er altijd was geweest. Er daalde een stilte neer; alles stond stil; ik bewoog niet, bang om een verlangen te wekken dat niet bevredigd zou worden, of een hoop te verliezen waaraan ik me altijd had vastgeklampt. Hij aarzelde een lang moment, met zijn hand warm tegen mijn koude huid, een moment dat tussen ons in hing als een onbeantwoorde vraag.

Dagen gingen voorbij. Wolken kwamen vanuit het zuidwesten aanzetten, witte, opbollende stapelwolken die landinwaarts verdwenen. De wind veranderde telkens van richting: vochtig en zacht uit het westen; droog en verkoelend uit het oosten; kouder vanuit het noordwesten met de voorbodes van een ander jaargetijde dat snel zou komen; daarna zacht vanuit het zuiden, de zomer nog niet helemaal voorbij. De hitte straalde van de platte stenen, die minder ruw waren dan de rotsen rond de inham. We droogden er kleren op, zetten de brander er plat op om slakken te koken, sloegen er een ei op stuk, in de hoop dat het zou bakken, maar toen dat niet lukte schraapten we het op en maakten er roerei van, waar we zandbrokjes en steenschilfers uit haalden. We lagen erop en werden knapperig, leerachtig bruin. Lichamen die veertien maanden geleden nog gebogen en vermoeid waren geweest, slap en bleek, waren nu lenig en gebruind, met een hervonden spierkracht waarvan we dachten dat we die voorgoed kwijt waren. Ons haar was gefrituurd en viel uit, onze nagels waren gebroken, onze kleren tot op de draad versleten, maar we leefden. We ademden niet alleen, in de 30.000 dagen of daaromtrent tussen leven en dood, maar voelden elke minuut voorbijgaan, en verkenden al ronddansend de tijd. De rots volgde de boog van de zon en gaf de warmte terug, meeuwen riepen in verschillende toonaarden wanneer de zee de kust verliet en daarna weer terugkwam, mijn handen werden rimpelig van ouderdom en mijn dijen veranderden met elke afgelegde kilometer van vorm, maar toen hij me naar zich toe trok en me kuste met een aandrang die geen twijfel kende, met een vuur dat het niet liet afweten, keerde de tijd om. Ik was tien miljoen minuten en negentien jaar geleden, ik zat in de bushalte en stond op het punt terug te gaan naar zijn huis, wetend dat zijn ouders niet thuis waren, ik was moeder van peuters die momenten stal in een inloopkast, wij waren ons, elke seconde van ons, een lang gestoofd gerecht met de ingrediënten van het leven. We waren alles wat we wilden zijn en alles wat we niet wilden zijn. En we waren vrij, vrij om dat allemaal te zijn, en daardoor sterker. Huid op lang gemiste huid, het leven kon wachten, de tijd kon wachten, de dood kon wachten. Deze seconde was de enige in de miljoenen seconden, de enige waarin we konden leven. Ik was thuis, er was niets meer om naar te zoeken, hij was mijn thuis.

Dagen gingen voorbij. Zware, striemende regen kwam uit het westen met woedend paarse wolkenbanken; bliksemschichten dansten over zee; uit het zuiden kwamen buien lichte regen aandrijven als zachte mantels van vocht uit ondoordringbaar grijze luchten. Donkerblauwe nachten werden verlicht door eindeloze lichtpuntjes en het fonkelen van vele vallende sterren, de Perseïden aan het eind van de zomer, meteorenregens uit een andere wereld. We haalden water uit een beekje dat na de regen van de rotswand klaterde, dronken zoveel we wilden, spoelden het zout uit droge keel en huid. Dikke zwarte mestkevers scharrelden rond de lage struiken, icarusblauwtjes warrelden door de lucht, toen de zon terugkeerde met een koelere, zachtere warmte dan daarvoor. We waren ons er voortdurend van bewust dat Moth niet te lang stil moest zitten, dus brachten we de dagen door met wandelen en zwemmen, maar we rustten wel uit. Sterk maar vredig, gevangen aan de rand van de oceaan, buiten de tijd en er dichter bij dan ooit. Twee keer per dag keek een hondenuitlater vanaf het pad op ons neer. We waren er al langer dan een week, onze voedselvoorraad raakte op, we kregen genoeg van de slakken en het was tijd om verder te gaan.

Het pad kronkelde geleidelijk verder, nu eens op de weg en dan weer ervan af, tot het bij het beton rond het fort van Tregantle kwam. Dit fort is in de negentiende eeuw aangelegd ter afschrikking van de Fransen, en werd in de Tweede Wereldoorlog een opleidingscentrum waar jonge soldaten werden voorbereid op de verschrikkingen van een gasaanval. Wij ademden diep de kristalheldere lucht in en liepen verder, eeuwig dankbaar dat we die tijd niet hadden meegemaakt. Voorbij het dorpje Portwrinkle werden de kliffen grilliger, steiler en knoestiger, meer Cornwall, begroeid met dik, laag struikgewas. We klauterden door de brem en over een kapot hek terwijl de wind aantrok en zware wolkenbanken kwamen opzetten, en vonden een betrekkelijk vlakke plek in een veld, op de hoogste, meest onbeschutte plek die er maar kon zijn. Er is geen beste manier om de tent op te zetten in een wind die uit alle kanten wervelt. We kropen bij elkaar en hoopten er het beste van, terwijl de regen op volle kracht neer striemde en de storm aan de zijkant van de tent rukte, met een oorverdovend gebrul van woest geweld. De tentstokken werden in vreemde, elliptische bochten gewrongen, en we lagen te wachten tot ze het zouden begeven. Maar ze hielden het en toen de dag aanbrak, stierf de wind weg en vielen wij in slaap tot de zon fel door de voortjagende wolken scheen. De tent had de storm doorstaan, gehavend, gebogen, maar niet gebroken.

Inhammen met blauw, groen en zwart gleden voorbij, de kleuren van Cornwall, altijd verlicht door de witte streep water dat op de voet van de zwarte kliffen brak. Het eind was zo dichtbij dat we het bijna konden zien. Binnenkort zouden we terug zijn op Pencarrow Head, en dan zouden we op zoek moeten naar een studentenkamer, in de hoop dat de zekerheid van een studielening zwaarder zou wegen dan onze belabberde kredietwaardigheid. En als het niet lukte?

Het pad liep omlaag naar Looe, een vissersdorp dat in tweeën wordt gedeeld door de rivier en waar het in de smalle straten wemelde van de toeristen. We persten ons onhandig door busladingen oude dames en kinderen die om gevallen ijsjes huilden. We wilden een doorsteekje nemen door een steeg in de hoop de drukte te kunnen omzeilen, maar de weg liep dood bij een cafeetje met drie tafels. De roodharige Poolse serveerster bracht ons een pot thee voor één met twee kopjes.

'Dat zijn erg grote rugzakken voor mensen van jullie leeftijd. Waar gaan jullie naartoe?'

'Naar het westen over het kustpad.'

'En waar zijn jullie begonnen? Er komen hier veel wandelaars voorbij; meestal zijn ze begonnen in Seaton, jullie ook?'

Moth keek mij aan en trok zijn wenkbrauwen op: was dat Seaton zes kilometer terug naar het oosten, of een van de vele andere Seatons aan de zuidkust? Ze begonnen door elkaar te lopen.

'Nee, Poole in Dorset.'

'Maar dat is een ander graafschap.'

'Dat klopt, en daartussen ligt nog Devon.'

'En waar slapen jullie dan, in pensions?'

‘Nee, in de tent, we kamperen in het wild.’

‘Dat is wel het geweldigste wat ik ooit heb gehoord. Dus jullie hebben dat hele eind gewandeld, en jullie zijn nog wel zo oud. Dat moet ik aan mijn vriendin vertellen – die zegt altijd dat ze iets avontuurlijks wil doen, maar dat ze geen geld heeft. Ik zal haar over jullie vertellen. Oude mensen, die gewoon lopen en in een tent slapen, dat is pas inspirerend.’

‘Zo oud ook weer niet.’

We liepen het dorp uit, smerig, tot op de draad versleten, maar op een vreemde manier lichter. Inspirerend? Wat een opbeurende gedachte. Een jonge vrouw op de stoep aan de overkant zwaaide naar ons en rende de straat over, terwijl haar rode haar opwaaide door een plotselinge windstoot.

‘Mijn vriendin belde me net. Ze zei: “Ren naar buiten en praat eens met die oude mensen met die grote rugzakken.” Slapen jullie echt in een tent? Hoe ver hebben jullie gewandeld?’ Zo te zien had de vriendin van het meisje bij het café dezelfde haarverf gebruikt.

‘Vanaf Poole, maar vorig jaar vanaf Minehead naar Polruan. Over een dag of twee hebben we het hele pad gelopen.’

‘Het hele pad? Hoe lang is dat pad?’

‘1014 kilometer, maar we hebben ongeveer zestig kilometer overgeslagen. Op een dag gaan we terug en dan doen we ook nog de stukken die we hebben gemist, maar niet dit jaar.’

‘Dat is geweldig. Ik wil ook zoiets groots en belangrijks doen, maar ik vind het eng, het schrikt me af.’

‘Eng? Jij bent naar een vreemd land gekomen om te werken – hoe kan het daarbij vergeleken eng zijn om een eind te gaan wandelen?’

‘We zijn met een groep gekomen, een soort tussenjaar, zeg maar. Maar dit tussenjaarwerk heeft me niet gegeven wat ik zoek. Ik zoek iets, iets vanbinnen.’

‘Dan moet je het doen. Als je het gevoel hebt dat je een vraag hebt, moet je die beantwoorden. Doe het dan voor je naar huis teruggaat.’

'Dat zal ik doen, dat zal ik doen, en als ik ga, dan zal ik aan jullie denken. Oude mensen die een wandeltocht maken.'

Het pad klom steil omhoog over een eindeloze reeks traptreden met weidse blauwe uitzichten, terug over Portnadler Bay naar St George's Island en nog verder. Op de top gingen we zitten, snakkend naar adem.

'Worden we echt oud? Hoe vaak hebben mensen dat nu al niet tegen ons gezegd?' Ik probeerde mijn vingers door mijn haar te halen, maar ze raakten verstrikt in de klittende ragebol.

'Nou, we zijn toch ook niet jong? Ik geloof dat ik aan de zuurstof moet.'

'Je weet best wat ik bedoel.'

'Nou, en? Wat kan het ons schelen? Je kunt niet zeggen dat we niet geleefd hebben, toch? Trouwens, wat was dat voor onzin: "Je moet je innerlijke vraag beantwoorden"?'

'Dat is geen onzin. Als wij dit niet hadden gedaan, zouden er altijd dingen zijn geweest die we niet hadden geweten, een deel van onszelf dat we niet hadden gevonden, een veerkracht waarvan we niet wisten dat we die bezaten. Zoals die rechtszaak. Als we niet hadden geprobeerd onszelf te verdedigen, zouden we altijd zijn achtervolgd door "stel dat?". We hebben verloren ja, maar we hebben tenminste de waarheid gevonden en we weten nu dat we hebben gedaan wat we konden en het toch niet wisten tegen te houden, dus we hebben onszelf niets te verwijten. Als we dit pad niet waren gaan wandelen, waren we gaan zitten wachten op een sociale huurwoning, hadden we ons verstopt en het opgegeven. Wie weet hoe erg jij dan achteruit was gegaan? Dan waren we bitter geworden, en boos en hadden we "stel dat" zitten mompelen in ons kopje thee met melk. Of misschien hadden we wel alles laten zakken en waren we op straat terechtgekomen, verdwaald, zoals Colin. De meeste mensen laten hun hele leven voorbijgaan zonder hun eigen vragen te beantwoorden: wat ben ik, wat heb ik in me? De belangrijke dingen. Wat een verspilling.'

'Oké dan, Yoda, ik maakte maar een grapje.'

'Hoe denk je dat rood haar mij zou staan?'

'Alsjeblieft niet.'

De landtong glooide voor ons uit; het was halverwege de middag en er hing een koelere frisheid in de lucht. Niet het vochtige gevoel van naderende regen, maar de verzachtende, verfrissende aankondiging van eind augustus wanneer de warmte verandert en al geurt naar de komende nachten vol dauw en ochtenden vol spinnenwebben. Het eind van de tocht was nabij, we hadden nog maar een dag te gaan. Over minder dan drie weken zou Moth aan zijn studie beginnen; we zouden ergens een kamer in een studentenhuis moeten vinden, al huiverde ik inwendig een beetje bij de gedachte aan een kamer in een huis vol tieners. Dat had ik al eens meegemaakt en gelukkig waren ze volwassen geworden. Het enige alternatief was misschien een plek voor langere duur op een camping waar de sanitaire voorzieningen in de winter openbleven. Ik probeerde er niet aan te denken maar pakte Paddy Dillon en streelde het vertrouwde plastic omslag. Van Minehead tot Polruan waren de pagina's met een haarelastiek bij elkaar gebonden, net als van Poole tot Looe, nog maar een magere twee bladzijden hingen los, nog onontdekt. Heel binnenkort zouden alle bladzijden van *The South West Coast Path. Minehead to South Haven Point* bij elkaar gehouden worden door een rafelig elastiekje; er zou niets anders meer zijn om naartoe te gaan dan de toekomst, hoe die er ook uitzag.

Een trap af, steil en zonder genade, zoals al die trappen, naar de kleine inham van Talland Bay, waar het pad zich tussen de banken van een café aan de rand van een vakantiepark door kronkelde. We lieten onze rugzakken op de grond vallen en diepten een theezakje op om in de zoveelste gebietste pot heet water te laten zakken.

'Verdorie, die auto wil weer eens niet starten.'

Een kleine, tengere vrouw met een zwaar noordelijk accent kwam naast ons op de bank zitten. 'Hij is pas nog naar de garage geweest en nu doet hij het alweer niet – altijd hetzelfde als je in zo'n gat als dit zit. O, sorry, jullie zijn niet van de caravans, hè?'

'Nee, we komen hier alleen maar langs vanwege het kustpad.'

'O, natuurlijk, het kustpad, dat had ik aan de rugzakken moeten zien. De dagen worden nu snel korter – waar zijn jullie naar op weg? Naar huis binnenkort, zou ik denken; jullie wandelen toch niet het hele pad in deze tijd van het jaar?'

'We lopen gewoon naar het westen. We hebben eigenlijk geen huis om naar terug te gaan.' Moth deed niet langer alsof we ons huis hadden verkocht, maar vertelde de waarheid aan iedereen die ernaar vroeg, en vond het dan grappig om te zien hoe mensen reageerden. Ik trok de riemen van mijn rugzak vast strakker aan, voorbereid om weg te gaan zoals altijd nadat Moth mensen had verteld dat we dakloos waren en wildkampeerden. Normaal gesproken voelden zij zich dan ongemakkelijk en gingen wij weg.

'Dus jullie zijn echt dakloos?'

'Ja, dat zijn we.' Ik deed mijn rugzak op, klaar om te gaan.

Tot mijn verbazing vertrok de vrouw geen spier.

'Kom mee het café in, het is frisjes hierbuiten. Ik bestel koffie en dan kunnen jullie me meer vertellen over jullie tocht.'

'En de auto dan?'

'Ik heb schoon genoeg van dat stomme ding. Ik neem wel een taxi.'

In het café was het warm en droog, het geurde er naar zeewier en zoete chilisaus, en de ramen keken over bedden blaaswier heen uit op de zee. Bij koppen warme koffie vertelde Moth een verhaal van gouden zomers onder canvas doek, van weersveranderingen boven het hoofd van twee mensen die midden in de natuur leefden. Over een smal pad naast de drukke wereld maar ook daarvan gescheiden, alsof het in een andere dimensie lag. De vrouw, Anna, hing aan zijn lippen, in de ban van zijn verhalen, betoverd, zoals mensen altijd zijn. Hij had net zo goed uit *Beowulf* kunnen voorlezen.

'En nu is de zomer afgelopen, dus waar moeten jullie dan heen?'

‘We moeten stoppen. Ik begin volgende maand aan de universiteit, dus we zullen een dak boven ons hoofd moeten vinden.’

‘Wat, als student? Op jouw leeftijd?’

‘Een late start, ik weet het, maar hopelijk ook een nieuwe.’

‘Krijgen oudere mensen ook studiefinanciering?’

‘Ja, al ben ik misschien wel dood voor ik die heb terugbetaald.’

Anna zweeg even en keek van Moth naar mij en weer terug.

‘Hoor eens, ik heb een flat in Polruan. Mijn huurders vertrekken morgen, maar ik heb nog geen nieuwe advertentie gezet; ik wilde er eerst foto’s van maken als zij vertrokken waren.’ Op de stoel naast me werd Moth heel stil. ‘Jullie kunnen hem huren. Als je wilt. Het zou perfect voor jullie zijn: het kustpad loopt pal langs de voordeur.’

Was dit echt, kon dit werkelijk gebeuren? Rustig blijven, doorademen.

‘Wil je dat aan ons verhuren, zelfs nu we je over onze situatie hebben verteld?’

‘Ja, natuurlijk. Als je student bent en je krijgt een lening of een beurs of wat ook, weet ik zeker dat dat genoeg is om de huur te betalen. Het is maar een klein huisje, het stelt niet veel voor.’

‘Meen je het echt?’

‘Ja.’ Anna moest lachen. ‘Ik mag jullie, dus waarom niet?’ Haar taxi verscheen en ze liep het café uit met een zwaai: ‘Tot morgenavond.’

We omklemden het servet waarop het adres gekrabbeld stond. Ons adres.

De schok van iets wat goed gaat, is bijna even krachtig als van iets wat fout gaat. We keken elkaar aan zonder te weten wat we moesten zeggen, alsof we door te praten misschien wakker zouden worden uit een droom en het niet waar zou zijn. Toen renden we samen het café uit en sprongen schreeuwend rond in de blaaswierbedden. De jonge Costa Ricaanse eigenaar van het café kwam ook naar buiten en met z’n drieën dansten we in een kringetje rond, als kinderen.

'Waarom dansen we?'
'Omdat we een dak boven ons hoofd hebben.'
'Is dat iets moois?'
'Het mooiste wat er is.'
'Dan moeten we verder dansen.'

Normaal zouden we in Polperro zijn doorgelopen toen de lichten in de pub aangingen, maar die avond renden we ernaar binnen en bestelden twee glazen bier, voor ieder een. We hadden de borg en de eerste maand huur. We hadden noedels in de rugzak en een studentenlening die over een paar weken zou komen. En een dak boven ons hoofd. Kon het leven nog beter?

Voor de laatste keer zetten we onze tent op, tussen het struikgewas op de helling van het klif, met door de tentopening heen uitzicht over het Kanaal. Naar het oosten toe verdween de kust in het donker: ik zag hem niet, maar voelde zijn aanwezigheid. Ons lange pad was bijna voorbij, bestrooid met de kruimels van het verleden dat we met ons hadden meegesleept. Mijn gezicht werd nat van de koele, vochtige wind en ik wist dat ik, als ik de andere kant op keek, naar het westen, eindelijk een toekomst kon zien die minder dan een dag lopen ver lag.

'Het kan geen toeval zijn dat we gaan wonen waar ons pad ophoudt. Niet alleen nu, maar vorig jaar ook. Dat moet wel voorbeschikt zijn.'

'Vreemd is het wel, dat moet ik toegeven. Maar ik hou het op toeval.'

Voor de laatste keer deden we de tentflap dicht tegen de zuidelijke wind. Ik was opgetogen over dit plotselinge, onverwachte einde van ons dakloze leven, maar wat zou er gebeuren wanneer ik wakker werd en geen rugzak op deed om weer een nieuwe dag over de kliffen te gaan wandelen? Wat zou ik zijn, wie zou ik zijn? Ik wist het niet, maar dat was niet erg; het verleden lag op een andere landtong en ik vond het prima om het daar te laten liggen. Eindelijk kon ik met hoop naar de toekomst kijken.

In de zon pakten we de tent in, vouwden voorzichtig de met ducttape omwikkelde stokken en sloegen Paddy dicht, nadat we de laatste bladzijde onder het haarelastiek hadden geschoven. Er waren geen losse bladzijden meer. De laatste achtbaan voerde ons op en neer in een wervelende climax van hellingen, toppen en dalen. Een witgeschilderde wegwijzer wees omlaag naar een volmaakt plateau met kort gras. De ideale kampeerplek waar we altijd om zeven uur 's avonds naar zochten, maar die we zoals altijd halverwege de dag tegenkwamen.

Geen mens te bekennen, afgezien van een man op de grasrand boven de rotsen. Hij was gekleed als iemand uit de jaren vijftig die op safari gaat: steenkleurige lange korte broek met bijpassend gilet en breedgerande hoed. Hij stond uit te kijken over zee, met zijn linkerhand in zijn zak en in zijn uitgestrekte rechterhand een touw waaraan iets vastzat, een steen zo te zien. Af en toe deed hij een stap naar voren en dan ging de steen mee over het korte, door de wind geschoren gras. We bleven tien minuten naar hem staan kijken, en in die tijd kwam hij drie meter vooruit, stapje voor stapje.

'Ik kan het niet laten, ik moet gaan kijken wat hij aan het doen is.'

Toen we dichterbij kwamen, werd duidelijk dat het geen steen was.

'Hallo. Mooie dag om een eindje met uw schildpad te wandelen.' Het was meer dan een jaar geleden sinds onze ontmoeting in het bos op de tweede dag van onze wandeltocht vanaf Minehead; we hadden het al lang geleden afgedaan als onzin, dat we 'zouden wandelen met een schildpad', zoals de man toen had voorspeld. Toch was dat precies wat er hier, bijna aan het eind van onze reis, vastzat aan een aangepast hondentuigje. Een schildpad, die hapjes gras en kruidige struikjes nam en dan weer verder liep, de ene langzame stap na de andere.

'Sla.'

'Wat?'

'Ze heet Sla.'

We gingen allemaal een stap vooruit.

'Wat doet u met hem – haar – hierboven?'

De man keek naar de riem in zijn hand en daarna naar ons, alsof we wel heel dom waren, alsof het de gewoonste zaak van de wereld was wat hij deed.

'Ik neem haar mee uit wandelen.'

'Uit wandelen? Ze houdt wel van een lange wandeling zeker? Ik vraag me alleen af of u die riem wel nodig hebt, ze zal echt niet ineens wegrennen.'

Als één man zetten we nog een stap.

'Verkijk je niet op haar; ze lijkt wel langzaam, maar als ik even niet oplet, hup, dan is ze weg. Dan moet ik de sla tevoorschijn halen en kan ik gaan zitten wachten; uiteindelijk ruikt ze die dan en komt ze ervoor terug, maar dat kan uren duren.' Hij deed de klep van zijn zak omhoog en liet ons het kropje sla zien dat daarin zat.

'Dus daarom noemt u haar Sla. Zou het niet gemakkelijker zijn om haar gewoon in de tuin te zetten?'

De man sloeg zijn ogen ten hemel terwijl we weer een stap vooruitgingen.

'Dat kun je niet doen. Ze moet eruit om haar poten te strekken. Ik kan haar niet opsluiten; het is een wild dier. Ik ga hier elke dag met haar naartoe.'

'Aha.'

Geen van beiden durfden we iets te zeggen voor we op de volgende landtong waren.

'Wat?'

'Probeer me nou niet te vertellen dat dát toeval was.'

Toen we uitgelachen waren en ons omdraaiden, lag Lantivet Bay onder ons en daar voorbij de vertrouwde vorm van Pencarrow Head. We liepen heel langzaam verder en bleven om de paar minuten staan om rond te kijken, opgewonden dat we bijna aan het eind waren, maar ook wensend dat het eind niet kwam. Die avond, niet zomaar een avond in een mogelijke toekomst, maar die avond zouden we onze rugzakken uitpakken en onze slaapzakken uitrollen op een onbekende vloer. De komende paar weken zouden we het grootste deel van de bezittingen die we nog hadden, verkopen om een huurbusje te kunnen betalen waarmee we het weinige dat we nodig hadden naar Polruan konden verhuizen. Moth zou aan een studie beginnen zonder werkelijke hoop dat hij het eind daarvan zou halen. Ik zou op zoek gaan naar een baan en beginnen te schrijven. En zomaar, zonder verlies en pijn en angst, zouden we even gelukkig zijn als in de tijd dat we twintig waren.

Toen we het niet langer konden uitstellen, liepen we over Pencarrow Head heen. Onze dakloze tocht was voorbij. We zetten onze rugzakken tegen elkaar aan, gingen op een bank zitten met uitzicht op Lantic Bay en aten samen het laatste zakje winegums leeg. Vlak bij ons dook de slechtvalk langs de lijn van het klif omlaag naar de baai, waar ze even later weer opvloog en uit het zicht verdween.

Uit de brem stapte een figuur met dezelfde jas, pet en wandelstok als een jaar geleden.

'Ze is nu een week terug. Ze was op dezelfde dag weg als jullie, vorig jaar. Ik wist dat jullie eraan kwamen, heb iedereen verteld dat jullie eraan kwamen, dat ze jullie terug zou brengen. Het is een teken, hè?'

Hij liep langzaam door naar de weg terwijl de zon naar de horizon begon te dalen en de mist uit diepten opkwam.

We hadden in het verleden geen tijd gekregen om de aardschokken te verwerken en daarna waren we – zoals in alle goede verhalen over de louterende natuur – de wildernis in gegaan, om onze weg in het leven terug te vinden. Tegenslagen hadden als vloedgolven op ons ingebeukt, en zouden ons hebben weggespoeld als we onszelf niet op het pad waren tegengekomen. Onze reis had elke emotie weggenomen, alle kracht en wil uit ons weggezogen. Maar daarna waren we door de elementen omgevormd, net als de door de wind gekromde bomen langs onze route hadden we een nieuwe vorm gekregen, die elke storm vanaf de heldere nieuwe zee kon weerstaan. Ik dacht aan de twee tieners die verstrengeld waren in hun diepste wezen, in de essentie van een passie die het grootste deel van mijn leven was blijven bestaan, van hevige regen en brandende zon, van een slechtvalk die vrij opsteeg op de thermiek van de klifrand, van twee moleculen die bijeengehouden werden door weinig meer dan een elektrische lading, een lading die krachtig genoeg was geweest om een sterke band te smeden, al zou die band misschien binnenkort breken. Eindelijk begreep ik wat dakloos-zijn voor mij had gedaan. Het had elk materieel bezit van me afgenomen en me naakt achtergelaten, een blanco pagina aan het eind van een gedeeltelijk geschreven boek. Het had me ook een keus gegeven, om die pagina blank te laten of het verhaal te blijven schrijven met hoop. Ik koos voor hoop.

Ik had geen idee wat de toekomst zou brengen, hoe die gevormd zou worden door de maanden waarin we buiten hadden geleefd op het kustpad. Ik wist alleen dat we licht gezouten bramen waren in de laatste zon van de zomer, en dat dit volmaakte moment het enige was wat we nodig hadden.

Dankwoord

Heel veel dank aan twee fantastische mensen: mijn geweldige agent Jennifer Christie van Graham Maw Christie en mijn talentvolle redacteur Fiona Crosby van Michael Joseph. Zonder de grote visie van deze twee vrouwen had dit boek misschien nooit de drukpers gehaald. Ook dank ik Jane Graham Maw voor haar hulp en gastvrijheid. Richenda Todd kan ik niet genoeg bedanken voor haar zorgvuldige tekstredactie, het was fijn om met haar te werken, en dat geldt ook voor Angela Harding, die met haar artistieke talent dit mooie omslag heeft gemaakt. En natuurlijk heb ik ook enorm geboft omdat ik mocht samenwerken met de vele andere geweldige mensen van Michael Joseph; hun enthousiasme is inspirerend.

Ik sta voorgoed in het krijt bij Adi en Cara, Sue en Steve, Janette en natuurlijk Polly, voor hun geduld en gastvrijheid terwijl wij van bank naar bank door hun leven gingen. Excuses aan jullie allemaal, omdat we te lang in jullie badkamer bleven hangen en al die theezakjes hebben opgemaakt.

Onderweg zijn we heel veel behulpzame en attente mensen tegengekomen, en velen van hen zijn niet meer terug te vinden, maar ze weten zelf wel wie ik bedoel. Speciale dank aan Dave en Julie voor hun blijvende vriendschap, en aan Anna, die ons gaf wat we het meest nodig hadden: een dak boven ons hoofd. Maar we hebben op het pad één vriend gemaakt zonder wie we de reis niet hadden kunnen volbrengen. Zijn vooruitziende blik, zijn wijsheid en kennis van zaken maakten onmogelijke dagen mogelijk en gaven ons op de moeilijkste momenten een steuntje in de rug. Zonder die vriend in onze zak, Paddy Dillon, hadden we misschien het eind van het pad niet gehaald. Bij het schrijven van dit boek heb ik gemerkt dat hij in het ware leven even enthousiast en betrouwbaar is als op papier.

Maar het belangrijkst: alle liefs voor mijn kinderen, Tom en Rowan; dank voor jullie geloof dat ik in staat was 1014 kilometer te wandelen en een boek te schrijven, toen ik het zelf niet geloofde. En natuurlijk Moth. Lieve, volhardende, inspirerende Moth. Liefde van mijn leven. Dank je.

Benieuwd naar de rest dit verhaal? Raynor Winn schreef het vervolg in *De wilde stilte*, waarover dagblad *Trouw* schreef: 'Mooier nog dan haar debuut. Een verhaal over gevallen zijn en weer opstaan. De personages winnen aan diepte. Beklemmend.'